U0608465

远离空洞理论，直接进入直播间
教你快速成为超级主播和直播变现高手

带你一起做直播

管鹏　刘兴隆　李七喜◎著

当代世界出版社
THE CONTEMPORARY WORLD PRESS

图书在版编目（CIP）数据

带你一起做直播 / 管鹏，刘兴隆，李七喜著. —北京：当代世界出版社，2017.6

ISBN 978-7-5090-1207-9

Ⅰ.①带… Ⅱ.①管…②刘…③李… Ⅲ.①网络营销 Ⅳ.①F713.365.2

中国版本图书馆 CIP 数据核字（2017）第 108574 号

书　　名：带你一起做直播
出版发行：当代世界出版社
地　　址：北京市复兴路 4 号（100860）
网　　址：http://www.worldpress.org.cn
编务电话：（010）83907332
发行电话：（010）83908409
　　　　　（010）83908455
　　　　　（010）83908377
　　　　　（010）83908423（邮购）
　　　　　（010）83908410（传真）
经　　销：全国新华书店
印　　刷：三河市兴达印务有限公司
开　　本：710 毫米 × 1000 毫米　1/16
印　　张：18.5
字　　数：280 千字
版　　次：2017 年 7 月第 1 版
印　　次：2017 年 7 月第 1 次
书　　号：ISBN 978-7-5090-1207-9
定　　价：48.00 元

如发现印装质量问题，请与承印厂联系调换。

版权所有，翻印必究，未经许可，不得转载！

前言 Preface

　　既然这是一本关于直播的书，那么，请允许我用一个直播的案例作为本书的前言吧。

　　2016年4月，美宝莲通过天猫微淘试水直播营销，第一仗就是4月15日举办的新晋代言人杨颖（Angelababy）参与的"唇露"新品发布会。4月6日，悬念预热开始，美宝莲店铺微淘页面发起有奖竞猜："作为新晋代言人，Angelababy会为美宝莲代言哪款产品？"猜对送杨颖代言同款产品。

　　4月9日，美宝莲在微淘发起"Angelababy化妆包又添新宝贝"的话题，公布即将发布的新品——好气色唇露，同时展开"发送你的纽约baby潮妆试妆照拿Angelababy见面会入场券和15支好气色唇露"活动。

　　4月13日，美宝莲又在微淘上推出一波互动："猜猜哪一张是Angelababy的嘴？"在活动中，美宝莲以新品发布会为主线，并穿插杨颖平时的小八卦。同时，新品的预售链接公布，并推出预售减10元的利益点，将用户由话题引入预售的详情页，详情页内设置了提前购买送VR眼镜、400ml眼唇卸妆液、明星签名贺卡等赠品来吸引用户下单。

　　4月14日下午3点，直播上线，微淘顶端横幅广告（banner）弹窗持续预告杨颖行程、预售详情等，将曝光率集中到最顶峰。直播开始后，直播主持人揭晓杨颖美宝莲纽约品牌代言人的身份，并不断向观众传达杨颖在发布会现场的实时状态。同时，一个购物车的小标志被设置在直播页面的下方，观众可以点击将产品放入购物车。

杨颖在直播中以明星私下的赶场、化妆间里的真实面目等形象出现，还在镜头前教大家如何正确地涂口红，显得很真实、亲切。直播也通过50位美妆网红同步到了其他直播APP上，她们通过熊猫TV、nice、美拍等在现场拍摄和播出，后台再把信号源转接到H5页面上，与杨颖同框出现，在美妆网红的微信朋友圈疯传。

此次直播吸引超500万人次观看，卖出10000支口红，实际销售额达142万元。

从这个直播案例我们可以看出，美宝莲对这次直播进行了周密的策划，将每一个直播细节都做到完美，可以说这是一次以直播为切入点的营销战役，既有营也有销，传播与销售两条线紧密交织，毫无违和感，代言人、新品发布和销售三者捆绑起来的打法也极具创新性，大大缩短了消费者"认知→认同→购买"的过程。

2016年是直播元年，也是直播起飞的一年。直播的汪洋大海席卷了无数个领域，没有谁能避开这一轮又一轮大浪淘沙般的洗礼。无孔不入的直播已经将各行各业包罗其中，谁能抓住直播经济中的商机，谁就有可能是未来的赢家。

令人遗憾的是，如今一说到直播，很多人都会觉得很费事或棘手。然而，直播不依靠超强颜值，不依靠超高才智，不依靠复杂谋略，只要你用心学，掌握正确的方法，不管你是多么微小的企业或个人，都可以将直播为己所用。

本书从选择直播平台、直播运营、直播主持人的自我修炼、企业直播的修炼、超级IP的养成、直播变现、直播推广、直播营销等方面详细论述了直播的方法和诀窍。

这不是一本专注于直播理论的书，无论写作手法还是内容安排，都强调以具体、实用、技巧为主，摆脱空洞道理的虚无感，而将如何做直播的方法充分展现出来，帮助企业和个人从新手快速成为直播的行家里手。

不管你是刚进入直播的新手，还是久经沙场的直播老手，或是已经成为行业内的超级主播，如果想让你的直播成功并且与"粉丝"建立长久的联系，那就跟随本书一起开始你的直播之旅吧！

目 录 Contents

第5篇
直播营销：让你的产品有口碑、有粉丝、有利润

第 1 篇

平台挑选与运营：
再不行动就失去了抢占高峰的机会

由于直播平台呈现多样化趋势，越来越多的人加入了直播大军，直播的受众也大增。当明星、网红、企业大佬纷纷玩直播，各大品牌也在直播平台上"试错"的时候，再不行动就失去了抢占高峰的机会。

第 1 章

直播平台：选择好平台，是你"火"的第一步

　　直播的火热催生了主播这个全新的职业。如果你也想成为一名主播，选好平台是你"火"的第一步。本章对直播行业进行整体扫描，详细介绍了国内直播平台的分类及十大主流直播平台的特点，并阐述了挑选直播平台的技巧。

第1节　细数直播平台的四大分类

在本书中，我们将直播定义为：基于互联网平台，将现场直播以视讯的方式上传，以供用户进入网站观看的传播形式。

不管是企业还是个人，选择一个适合自己的直播平台尤其重要。一般来说，在选择直播平台之前，首先要对行业足够了解，下面我们先了解一下直播平台的分类。

2016年的直播平台，归纳起来，主要有以下四大类（见图1-1）。

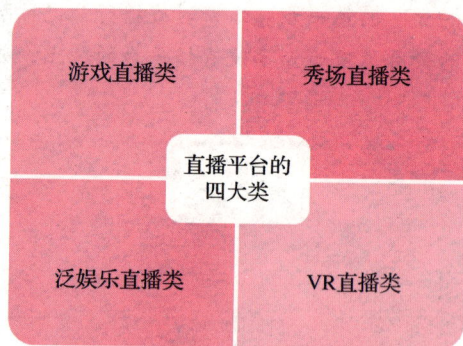

图1-1　直播平台的四大类

游戏直播

2014年，国内的直播平台还屈指可数，而观看直播的人也仅仅局限于资深的游戏粉和电竞爱好者。让人不可思议的是，在短短两三年的时间里，直播平台如雨后春笋般争相涌现，不少直播平台的后台还相当硬。比如王思聪的熊猫TV，不仅签下韩国当红组合TARA，吸引了一大批宅男粉，还通过各种媒体铺天盖地的宣传，使游戏小白都知道了熊猫TV。

游戏直播就是把游戏作为主要内容，以电子竞技比赛和电子游戏为素材，由主播实时解说或演示游戏过程的服务。

目前，国内游戏直播的用户主要集中在斗鱼、虎牙、战旗、龙珠、火猫、熊猫TV等直播平台。

◆**游戏直播平台的特点**

现在的网络巨头之所以特别重视游戏直播平台，是因为这类平台吸引流量的能力非常大，庞大的用户群和可观的网络流量对于抢占行业制高点和进行商业变现都是最有力的依托。为什么游戏直播平台能吸引如此多的观众呢？它的魅力在哪里呢？归纳起来，游戏直播平台主要有以下四个特点（见图1-2）。

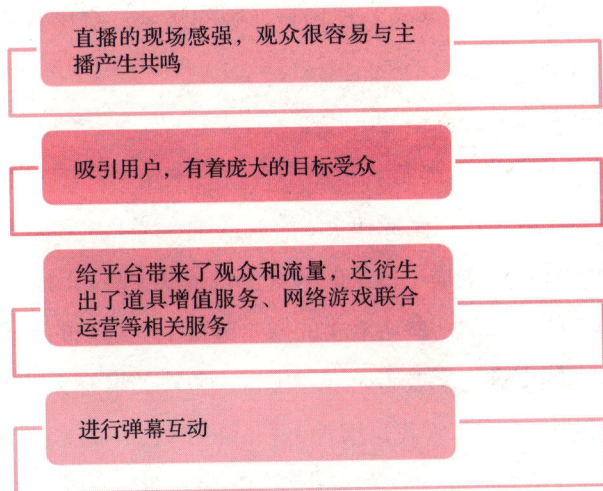

直播的现场感强，观众很容易与主播产生共鸣

吸引用户，有着庞大的目标受众

给平台带来了观众和流量，还衍生出了道具增值服务、网络游戏联合运营等相关服务

进行弹幕互动

图1-2 游戏直播平台的四大特点

游戏直播平台的用户，主要以80后90后男性为主，消费处于中下游水平。

◆**游戏直播平台的商业模式**

艾瑞调研机构在《2016年中国电子竞技及游戏直播行业研究报告》中，总结了游戏直播平台的六大商业模式（见图1-3）。

图1-3　游戏直播平台的六大商业模式

　　虚拟道具即道具打赏，属于社交等级体系；互动营销广告即品牌广告，类似在线视频；游戏联运即与游戏厂商合作，用户观看游戏直播时可以进入联运游戏，更有可能做分发；会员订阅即支付一定的费用，享受不看广告的特权；电子商务包括粉丝经济、推销商品、现场直播版的淘宝；赛事竞猜包括投注、竞猜等。

　　◆ **游戏直播平台的主要内容**

　　既然是"游戏直播"，那游戏自然是直播的主角了。游戏直播主要分为三类——游戏类节目、电子竞技比赛和个人游戏直播。

　　游戏类节目：其实，直播平台上的游戏资讯是很少的，因为游戏迷们更愿意从官网上获取第一手消息。一些游戏类的娱乐节目很受观众的欢迎，这些节目通常会请一些很有名的电竞选手或者游戏主播讲述游戏关卡怎么过、怎么提升技能等。比如NeoTV制作的节目《我是演神》和ImbaTV制作的系列节目《游戏麦霸我最6》就很受游戏迷的青睐。这种充分利用电竞明星和知名主播粉丝效应的娱乐化节目，目前虽然还处于尝试阶段，却极具深入开发的空间和潜力。

　　电子竞技比赛：这里所说的电子竞技是指以《魔兽》《英雄联盟》《星际争霸2》以及《Dota 2》等主流游戏展开的线上或者线下的比赛。电子竞技有很多级别、很多种比赛，其中以"暴雪嘉年华全球战网邀请赛"和"《Dota 2》国际邀请赛（见图1-4）"最为出名。

图1-4　《Dota 2》国际邀请赛直播画面

个人游戏直播：个人游戏直播分为游戏解说和游戏主播两种类型。游戏解说是指解说别人的游戏过程，但是自己不参与游戏；而游戏主播则是一边玩游戏，一边解说自己游戏的过程，主播自己参与到游戏中。现在，游戏主播已经成为直播平台的顶梁柱，他们人数多，直播时间长，流量大，撑起了直播平台的半壁江山。

◆ **游戏直播平台的两种变现模式**

总体来说，国内的游戏直播行业还处在"烧钱"的阶段，但是其摸索出来的一套变现形式初见成效。国内直播平台的变现形式主要有以下两种：

第一，游戏直播平台与游戏厂商联合运营。简单来说，就是游戏厂商把自己的游戏链接放在直播平台上进行推荐，观众通过平台的链接进入游戏，当观众玩到一定等级或者消费一定金额后，就能够获得对游戏帮助极大的道具或秘籍，这就极大地刺激了观众的消费欲望，游戏平台能从中得到一部分提成，游戏厂商也能借助平台为自己的游戏做推广。

第二，来自网络秀场的虚拟道具增值服务。虚拟道具就是我们通常所说的"飞机""游艇""法拉利""玫瑰花"等，观众需要在直播平台上花钱购买这些虚拟道具，然后把这些道具"打赏"给主播，以表示自己对主播的喜爱和支持。"打赏"越多，主播的收入越多，观众的等级越高。购买道具的收入由主播和直播平台按照一定的比例分成。这种方式变现迅速，开发空间也非常巨大。

秀场直播

秀场直播以YY直播、9158、六间房为代表。秀场直播有三个突出特点，即行业格局稳定、铁打的秀场和流水的主播。比如YY主播以其强大、稳定的功能和人性化的设计一直备受各主播的青睐。它的秀场直播一直存在，只是表演的方式和内容稍有改变，主播换了一批又一批。

对此，中国投资资讯网从秀场直播的用户年龄、主播工资情况、用户性别和主要收入来源进行了分析，得出以下结论（见图1-5）。

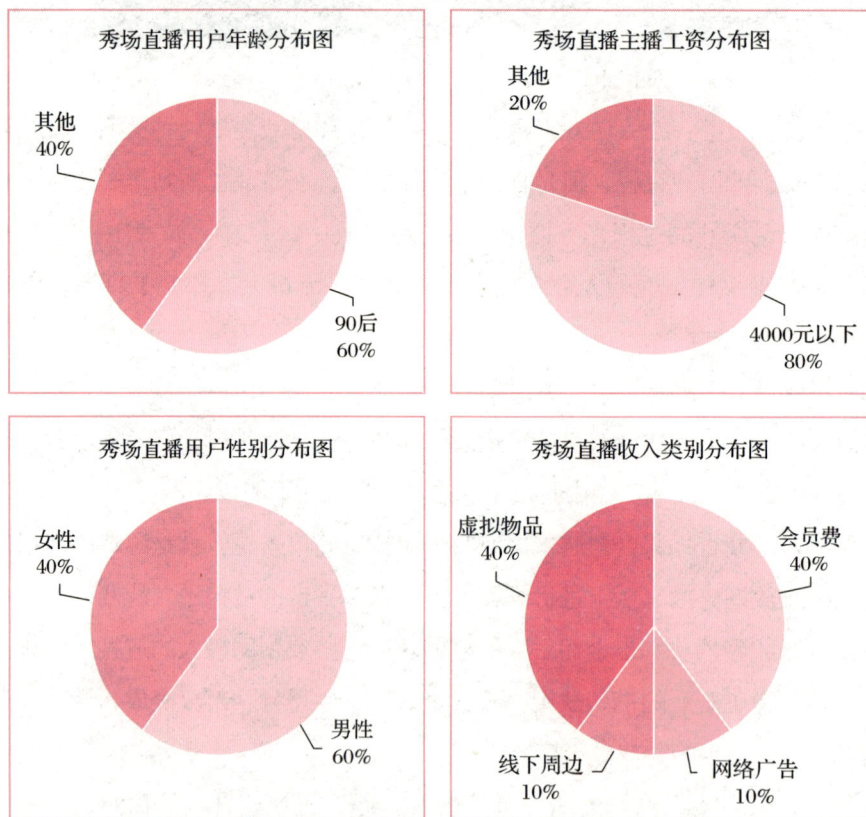

图1-5　秀场直播分析（数据来源：中国投资资讯网）

秀场主播的固定收入是由主播和平台的签约费及工资构成的，主播想要获得高收入，就必须想办法让粉丝多打赏。

从收入类别来看，秀场直播收入分为内容及服务收入、广告收入和其他隐性收入。对于内容与服务，又分为增值付费和预付费，前者的代表是YY、56、六间房等。例如，YY的主播号召粉丝购买虚拟礼物、虚拟鲜花等，之后主播和秀场进行分成。

从收入分成来看，YY和9158的模式存在公会环节，主播、公会、平台三方的大致分成比例为3：1：6，根据具体情况会有所调整。六间房的模式没有公会，主播与平台的分成比例大致为4：6，根据具体情况也会有所调整。

我国的直播经过一段时间的发展和改进，出现了综艺节目、歌唱类节目、小品等娱乐性质的表演，这些表演成为秀场直播内容的新类型。

2015年是秀场主播的黄金时期，在这一年涌现出了多个成功案例，激发了民众对直播的向往。但大量主播的出现并未带来内容的多元化，反而出现了严重的内容同质化现象，使得人们对秀场直播的热情开始减弱，秀场直播不得不开始转型。

泛娱乐直播

泛娱乐直播自2015年以来一直保持着迅猛的发展势头，满足了观众对直播的多样化需求，也满足了观众自己当主播的表现欲。

目前，泛娱乐直播的代表平台有花椒、映客、一直播等，这些平台社交属性强，发展前景广阔。与游戏直播和秀场直播相比，泛娱乐直播的内容更加广泛，设计出五花八门的生活场景。但从另一个方面来说，其对内容把控的缺失很可能让观众产生不适感。

直播平台的高风险主要来自于内容筛查高昂的运营成本和筛查的滞后性，这是泛娱乐直播必须重视的问题。根据网络调查显示，泛娱乐直播的用户群没有明显的集中度，观众黏性较差。

根据CNNIC（中国互联网络信息中心）数据显示，截至2016年10月，我国手机网民达到6.2亿，以移动互联网为基础的娱乐方式塑造了人们全新的消费观念。网络环境的不断优化和生活方式的转变，推动泛娱乐直播进入爆炸式的快速增长阶段。我们统计了2016年我国的直播平台分布数量（见图1-6）。

（家）

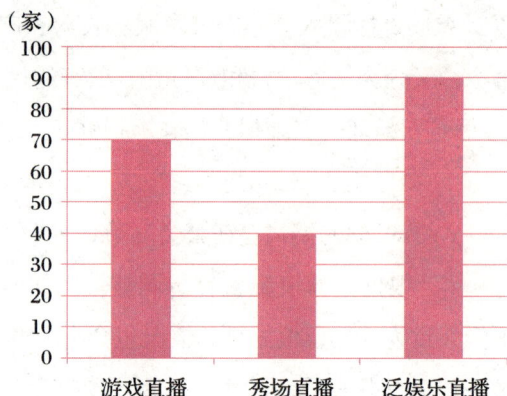

图1-6　2016年直播平台分布

在泛娱乐直播盛行的同时，一大批网红应运而生，从而催生了网红经济产业，"网红节"这一名词也出现在大众视野中，网红的热度可见一斑。据《2016年中国电商红人大数据报告》统计，2016年的红人产业产值接近580亿元，远超2015年的全国电影总票房。

◆ 泛娱乐直播的商业模式

泛娱乐直播常见的三种商业模式及特点、用户分析、盈利方式和发展现状（见表1-1）。

表1-1　泛娱乐直播三种商业模式的特点、用户、盈利分析

商业模式	特点	用户分析	盈利方式	主要直播平台
明星真人秀类	明星真人秀是明星们在预定的时间通过个人直播间与粉丝聊天互动。自带庞大粉丝群的明星上直播，聚集上百万的观众显然轻而易举。	90后00后较多，消费处于中下游水平。	以增值服务（虚拟礼物购买）为主，其他方式还有广告、商业推广、电商等。	美拍、映客、花椒
购物类	网红在"电商+直播"平台上和粉丝互动社交，达到出售商品的目的。	女性居多，以大学生、白领为主，消费水平处于中上游。	商品销售为主，增值服务（虚拟礼物购买）为辅。	淘宝、聚美、唯品会、优酷直播

续表

商业模式	特点	用户分析	盈利方式	主要直播平台
娱乐直播	娱乐直播目前用户量最大	娱乐类用户主要是书法、电影、音乐、舞蹈、美妆等各类兴趣领域的粉丝，消费水平处于中上游。	增值服务（虚拟礼物购买）、广告、周边商品销售。	美拍、斗鱼

VR直播

由于谷歌、Facebook、三星等跨国企业在VR（Virtual Reality，虚拟现实技术，是一种多源信息融合的、交互式的三维动态视景和实体行为的系统仿真，使用户沉浸到该环境中）软硬件生产方面所取得的实质性突破，VR从概念逐步落地为各种产品，将VR应用于视频直播领域后，开启了一个全新的直播时代。

与普通的视频直播相比，VR直播能为用户提供360度的全景画面，将会有更强的视觉效果及沉浸式体验，触手可及的场景道具及逼真的直播环境，能极大地增强用户的参与感及忠实度，最终使视频直播产业实现跨越式发展。

在国内市场，花椒直播在2016年4月举办的北京车展中通过将移动直播与VR技术融合，为用户带来了极致的视听享受；致力于发展体育VR直播的微鲸科技，为用户提供了包括中超联赛、足协杯赛及业余足球联赛在内的诸多国内优质足球赛事。

花椒直播2016年6月运用虚拟现实技术，发布第一个VR直播平台。但是，虚拟现实技术的发展目前还处在探索时期，直播与该技术的结合是否能够达到预期效果，占据优势地位，将竞争对手比下去，确切答案现在还无从知晓。

第2节 十大主流直播平台的特色及用户分析

2016年是直播爆发的一年，许多商企和个人看到直播市场的巨大潜力，纷纷进入。从富集通信工具YY语音、斗鱼TV到IT大佬都搭上了直播的快车，熊猫TV如今已成为电竞天下的佼佼者；百度、小米也纷纷进入，摆出"宁可错投，不可放过"的架势。

搜狐网统计2016年直播平台20强为（见表1-2）。

表1-2 2016年中国直播平台20强

排名	直播名称
1	YY直播
2	斗鱼直播
3	风云直播
4	虎牙直播
5	9158直播
6	直播吧
7	秀色秀场直播
8	映客直播
9	龙珠直播
10	战旗TV
11	熊猫TV
12	KK唱响
13	么么直播
14	六间房秀场
15	繁星直播
16	网易CC
17	花椒直播
18	火猫
19	我秀美女直播
20	来疯直播秀

从移动平台统计的大数据来看，YY以势不可挡的24.4%的占有率高居直播平台榜首；斗鱼也不甘示弱，拿下榜眼的位置。斗鱼在成立短短的两年里就拿下全国网络直播平台第二的好名次，让人不容小觑。

下面我们来看一下十大主流直播平台的功能特色及入驻指南。其中，斗鱼直播、虎牙直播、龙珠直播、熊猫TV属于游戏直播；YY直播、六间房直播、9158直播属于秀场直播；映客直播、一直播属于泛娱乐直播；花椒直播属于VR直播。

斗鱼直播

投资方：腾讯、奥飞、红杉。

火热程度：★★★★★

优势资源：①Dota、和ImbaTV展开合作；
　　　　　②掌握Dota等多项赛事的直播权。

知名主播：Dota专区有Bur Ning、YYF、430、xiao8等。

说到国内最早的游戏直播平台，非斗鱼莫属。它最早来自于AcFun的生放送板块，投资方是奥飞动漫和红杉资本。虽然斗鱼最近频传不好的消息，但是借助于前期沉淀下来的实力和累积的经验，斗鱼作为游戏直播平台的领跑者，其地位依然不可撼动。

当然，游戏并不是斗鱼直播的全部，斗鱼也在发展新的板块，力求给用户不同的直播体验。目前，斗鱼推出了娱乐表演、体育节目、户外直播等板块。同时，原来的游戏直播板块也进行了升级，获得了很多热门游戏赛事的直播版权。斗鱼的直播平台首页（见图1-7）。

斗鱼直播有两种商业变现模式，分别是游戏联合运营和虚拟道具增值服务。在虚拟道具增值服务方面，斗鱼直播的开发比较新颖，不但虚拟道具的种类丰富、支付方便，有些虚拟道具还具有广播和派送宝箱等特殊功能，刺激观众打赏消费的效果显著。

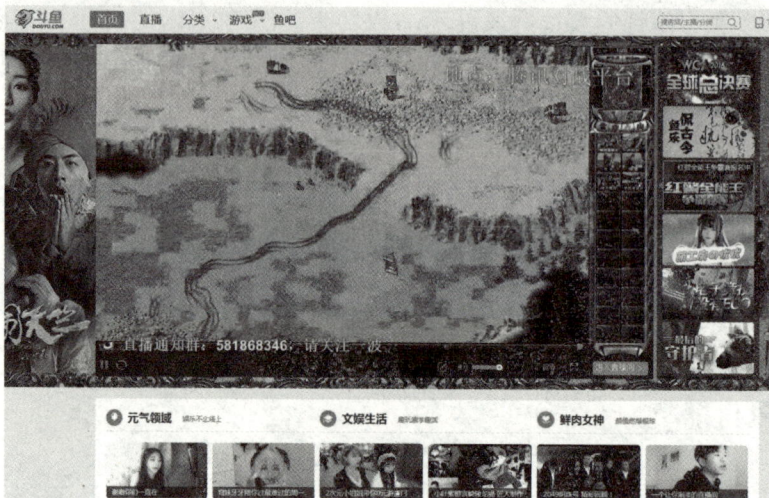

图1-7　斗鱼直播平台首页

目前，在斗鱼直播平台上有三大礼物系统：

斗鱼鱼丸：斗鱼鱼丸是观众通过任务、在线充值或特别活动获得的，斗鱼鱼丸可以用来送给斗鱼主播，斗鱼直播平台会根据鱼丸的数量来结算主播的工资，1000个鱼丸等于1元人民币。

斗鱼鱼翅：观众可以用鱼翅来支持自己喜爱的主播。

酬勤系统：斗鱼直播酬勤是一种全新的体验，当主播完成酬勤任务之后可以获得观众投入的鱼翅回馈奖励，观众也可以获赠大量的鱼丸，酬勤有三个等级（见表1-3）。

表1-3　斗鱼直播酬勤的三个等级

酬勤等级	所需鱼翅数量	奖励鱼丸数量	所提头衔	酬勤任务
初级酬勤	15	1000	30天V1头衔	当月主播直播满30小时酬勤任务完成
中级酬勤	30	2000	30天V2头衔	当月主播直播满40小时酬勤任务完成
高级酬勤	50	4000	30天V3头衔	当月主播直播满60小时酬勤任务完成

斗鱼在广告投放上的成绩也不错，除了在直播中推送联合运营的游戏外，也

尝试着在不显眼的领取虚拟道具奖励的窗口中植入广告。同时，斗鱼还为主播在主页醒目的位置开辟广告位，并对广告的内容进行严格的审核。

虎牙直播

投资方：YY

火热程度：★★★★

优势资源：①单机游戏、手游等游戏直播；

　　　　　②包含英雄联盟、Dota2、DNF、穿越火线、守望先锋等热门游戏

　　　　　直播。

知名主播：电竞网红Miss；Dota项目有Dota界元老LongDD。

虎牙直播是YY语音业务的一个分支，是一个独立的游戏直播平台。前文提到，YY是国内直播的开山鼻祖，在多年的发展过程中积累了大量用户。

虎牙直播平台可以同时为200万人提供包括英雄联盟、穿越火线、守望先锋、Dota2等主流游戏在线高清、流畅的赛事直播。

虎牙直播平台的功能，主要有以下四个方面（见图1-8）：

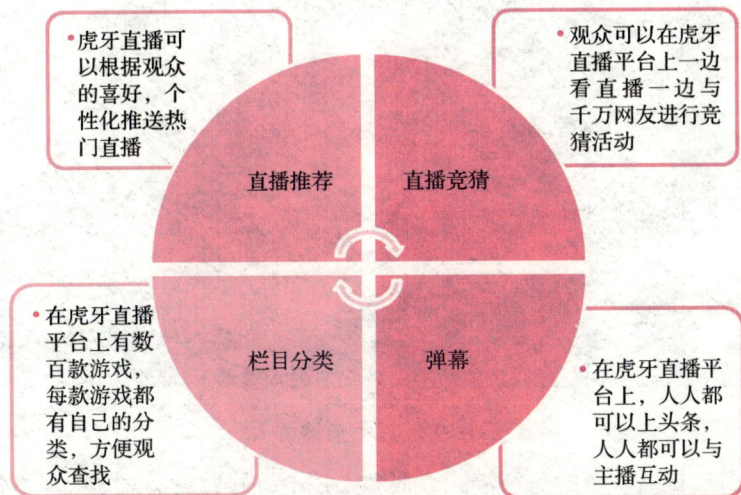

- 虎牙直播可以根据观众的喜好，个性化推送热门直播　**直播推荐**
- 观众可以在虎牙直播平台上一边看直播一边与千万网友进行竞猜活动　**直播竞猜**
- 在虎牙直播平台上有数百款游戏，每款游戏都有自己的分类，方便观众查找　**栏目分类**
- 在虎牙直播平台上，人人都可以上头条，人人都可以与主播互动　**弹幕**

图1-8　虎牙直播平台的四大功能

在直播内容上，YY以传统的秀场直播为主，而虎牙则更专注于游戏直播

和游戏的开发。在首场直播争夺战中，虎牙损失惨重，多名实力主播"离家出走"。但是，虎牙直播凭借其充裕的资金很快"满血复活"，重新组建了更强大的直播队伍，观众数量也逐步回升。

如今，虎牙团队日益壮大，众多世界冠军级战队及著名主播齐聚虎牙，主播有电竞女神Miss、超人气主播董小飒等，战队选手包括英雄联盟S4-S6国服连续三年第一的Dopa、英雄联盟世界冠军EDG战队与世界亚军ROX Tigers战队等，还有大名鼎鼎的中国英雄联盟首个世界冠军诺言。

在商业变现方面，虎牙直播的强项一直是以Y币作为依托的虚拟道具增值服务，种类丰富，支付方便。然而，其游戏联运业务并没有开展起来。

在游戏平台的衍生节目中，电竞竞猜是市场表现最好的。虎牙允许主播在直播游戏的过程中加入各种各样的竞技节目，观众则以虚拟道具作为赌注。虎牙直播平台首页（见图1-9）。

图1-9　虎牙直播首页

对于游戏直播平台的盈利模式，很多人并不看好，其实对于大多数以游戏为主的直播平台来说，短期盈利并不能满足他们。平台盈利并不是虎牙的目标，而在业内占据一定江山、对同行造成威慑才是虎牙的目标。同时，由于虎牙本身就是YY的一个分支，就算不能赢利，其核心用户的忠诚度和衍生价值也足够让YY重视。更何况，虎牙的幕后掌门人是欢聚时代，而欢聚时代的掌门人是雷军。

手机行业的竞争越来越激烈，只凭借硬件和价格优势已经无法打败对手，想要占领更大的市场份额只能在软件上下功夫。YY的传统秀场已经集成在MIUI系统的视频功能中，垂直游戏内容的虎牙直播也将成为加速小米生态链成长和壮大的一个环节。

龙珠直播

投资方：苏州游视网络科技有限公司、PLU、腾讯。

火热程度：★★★★

优势资源："英雄联盟职业联赛""穿越火线电视职业联赛"等赛事的直播权。

知名主播：主播洞主、蛋糕、翠小西、浪子彦、靖哥哥、城管西、秀逗等数十名高人气的游戏主播。

龙珠直播是国内一家综合游戏直播平台，由苏州游视网络科技有限公司创办，它与PLU、TGA和腾讯之间也存在着千丝万缕的联系。PLU拥有国内最老牌的电竞论坛，并且率先在国内直播电竞比赛，龙珠直播就是其旗下的品牌。腾讯科技不仅是PLU的投资方，腾讯旗下的TGA游戏直播平台也是由PLU承包的。

热度超高的"英雄联盟职业联赛"以及"穿越火线电视职业联赛"等赛事，本来都是要在TGA平台上直播的，但是龙珠和腾讯合作后获得了这些赛事的直播权，成为唯一的直播平台。龙珠直播作为腾讯科技战略部署中的一个环节，其更加注重电竞赛事的传播和推广，尤其在挖走斗鱼一批人气主播后，龙珠直播仿佛拥有了洪荒之力。龙珠直播平台的首页（见图1-10）。

相较于国内其他游戏直播平台，龙珠直播平台有三大优势：

优势一：丰富的制作经验。龙珠直播举办过六千多场电竞比赛，其制作经验不可小觑。

优势二：连贯的生产环节。PLU作为龙珠强有力的后盾，拥有自己的赛事品牌，并且丰富的主播资源为龙珠解决了后顾之忧。

优势三：有效的内容分发。龙珠直播平台可以吸引大量的流量，使游戏推广效果达到最佳。

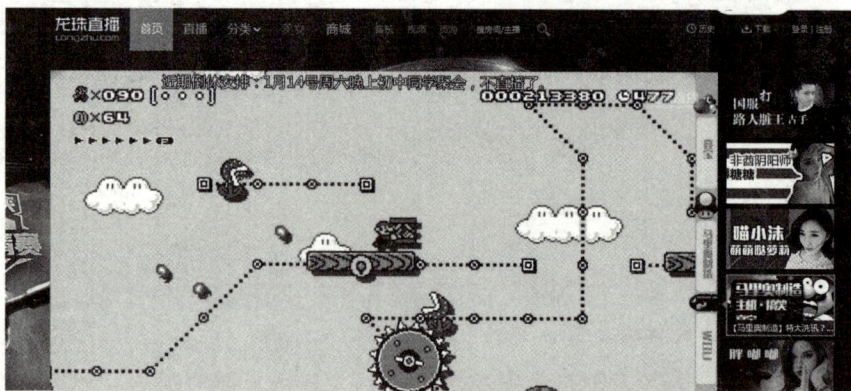

图1-10　龙珠直播平台的首页

龙珠直播也将游戏联运和虚拟道具增值服务作为主要的商业变现形式。利用虚拟道具投注的竞猜项目也开展得非常顺利，不但可以由主播决定竞猜项目，还提供了"大转轮"和"摇一摇"等抽奖项目。

熊猫TV

投资方：王思聪

火热程度：★★★★

优势资源：主播是平台最重要的资源。

知名主播：①英雄联盟板块：著名职业选手和视频解说若风；

②Dota板块：传奇队长2009、前世界冠军zhou；

③炉石传说板块：sol、囚徒、星苏、少帮主、王师傅等；

④人气女星Angelababy；

⑤一批韩国职业主播。

熊猫TV由王思聪担任CEO，这位当家人可谓财大气粗，先是重金挖走斗鱼顶级主播若风和风行云，继而签下Angelababy，加上当红游戏主播小智加盟，熊猫TV在未正式上线时就横扫直播圈。2016年11月，熊猫TV荣登2016年中国泛娱乐指数盛典"中国文娱创新企业榜TOP30"。熊猫TV直播平台的首页（见图1-11）。

在商业变现方面，由于熊猫TV目前还处于完善平台建设和聚拢人气的阶段，所以各种常见的商业变现模式几乎都没有开展。

每个游戏直播平台的目标都不一样，有的是为了实现自身价值，希望成为第二个Twitch；有的是为了完善自身，并提高自己在行业内的竞争力。但是熊猫TV另辟蹊径，整合目前已有的商业体系，打造了一个连接游戏、娱乐、体育等产业的综合聚合口，为后续的商业模式开路。按照王思聪自己的说法就是"电竞生态概念"。熊猫TV今后的内容会更加偏向泛娱乐化，除了游戏内容以外，还会重点开发演唱会直播和体育赛事直播等内容。

图1-11　熊猫TV直播平台的首页

YY直播

投资方：欢聚时代YY娱乐事业部

火热程度：★★★★★

优势资源：①UGC与PGC结合；

②内容生活化、事件化、个性化；

③涉及领域丰富，涵盖户外运动、明星事件、旅游车展、手工DIY等。

知名主播：1931女子偶像组合、知名节目《大牌玩唱会》《怪咖来撩》《世界百大DJ秀》《九宫举》等。

2012年2月，YY直播正式成立，可以说是我国直播事业的开创者，当之无愧地成为2016年直播平台的第一名。截止到2016年12月，YY的在线注册人数已达到10亿人，月活跃人数达到1.5亿人次，通过数据看本质，YY直播的火热程度可见一斑。YY直播平台首页（见图1-12）。

图1-12　YY直播平台首页

"全民娱乐"是YY直播的宗旨，力争把用户的创造力和活力充分释放。从2015年开始，YY鼓励用户自己做直播，不要局限于看别人直播，实现真实的互动，受到了很多年轻人的大力追捧，让年轻人觉得自己也是明星，也能万众瞩目。观众可以在商城中购买虚拟礼物送给主播，然后主播和直播平台进行分成。

六间房直播

投资方：北京六间房科技有限公司

火热程度：★★★

优势资源：独创640×480超高清大画面，真实感和清晰度大大提升，给用户带来全新的视觉体验。

知名主播：小虎牙等。

2006年，第一批互联网代表人物刘岩创立了"六间房直播"，六间房是国内最知名、成立最早的视频网站之一，他的优点就是创新。经过十多年"技术+模式"的跳跃式发展，加上多次行业内洗牌，今天的六间房已经是全球最大的互联网演艺社区，很多喜爱视频直播的观众和年轻的音乐人慕名而来。目前，六间房旗下的签约歌手达到3万多人，每天直播总时长达1万多小时，日均访问量超过500万。

说到六间房，不得不提到其发布的"直播伴侣"，直播伴侣软件在业内独创640×480超高清大画面，大大提升了用户的直播体验，对这一改进，六间房人气主播小虎牙感慨道："相比我以前用过的直播软件，这版直播伴侣非常给力，界面很舒服，功能也很全，与粉丝互动更顺畅。"六间房直播平台的首页（见图1-13）。

图1-13　六间房直播平台的首页

困扰直播的两大难题——流畅性和清晰度，如今已被六间房一一攻破。一位资深业内人士说："直播伴侣让直播更清晰、更流畅，对行业发展的意义非常巨大，可以说是整个直播行业的标杆。"

例如，"画中画"功能可以实现两个视频窗口自由切换，还能随意调整窗口大小，具有非常强的娱乐性。视频K歌操作也非常简单，用户直接去歌曲库里选择，各种曲风，各类歌手，应有尽有，伴唱字幕也很智能，桌面歌词可任意调整大小，让歌唱更加方便。

视频直播的主角以年轻女性为主，她们对自己的形象十分在意，"直播伴侣"的美颜功能满足了女性主播的需求。这一功能让主播们可以任意打扮自己，可以瘦脸，可以卖萌，还可以在直播的过程中随时拍照，成为百变明星。

六间房的录制功能也得到了很大改善，不仅可以录制视频、音频，还能制作属于自己的音乐Demo。不仅如此，六间房还能实时截屏分享给朋友。因此，六间房不仅是一款功能极其强大的视频软件，还是家庭娱乐的不二选择，用户只要打开软件就能K歌，坐在电脑前就能录制Demo，这是多么强大的功能！

除了PC客户端，六间房针对手机和PAD等移动终端设计了"秀场"App，打造掌上视频社交圈，使用户在移动设备上也能自由地K歌、和喜欢的人聊天，视频直播让社交变得更立体、更生动。

9158直播

投资方：欢聚时代

火热程度：★★★

优势资源：以文化娱乐为主。

知名主播：大量草根明星和平民偶像，提供给用户自我展示的空间与天地，成为网络红人、歌手、草根明星的重要发源地之一。

9158其实是一个网络视频卡拉OK平台，文化娱乐是其主要业务，平台上多是草根明星和平民偶像。9158给用户提供了非常广阔的展示空间，也因此成为网红、歌手、草根明星的聚集地。9158直播平台的首页（见图1-14）。

在直播行业，9158的套路似乎让人摸不清。9158在业内非常低调，当年YY成功上市，才让这个如小家碧玉般的平台走入公众的视线。

9158直播深受用户的喜爱。究其原因，是因为以下六大功能特点：

超清晰视频：新版的9158优化了视频编码，清晰度更高，还可以全屏收看直

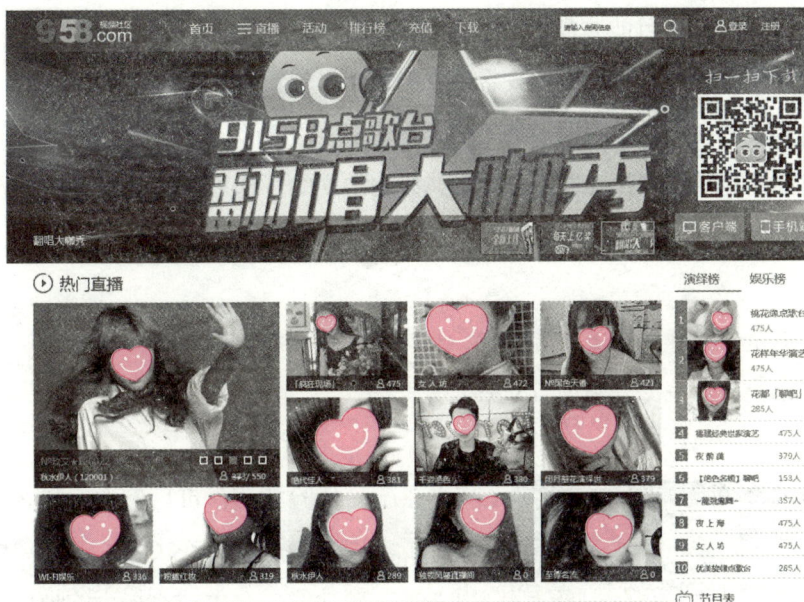

图1-14　9158直播平台的首页

播，让用户有更好的视觉体验。

私麦聊天：直播房间里开通私麦，可以同时和多名好友进行聊天，用户隐私得到保护，并且视频的尺寸和位置还能随意调节。

立体声宽频语音：新版在语音质量方面也有所提升，在同类产品中拥有绝对的优势，语音听起来如同对方就在耳边轻语。

搞怪水印：新版还增加了印章道具，这些搞怪的道具增加了产品的趣味性。

好友即时通讯。这个功能让用户可以随时和平台上的好友联系，尽情交流。

全屏视频对聊：聊天室提供强大的视频对聊功能，用户可以随心所欲地与好友视频通话。视频窗口可以全屏观看，效果较好。

映客直播

投资方：奉佑生

火热程度：★★★★

优势资源：比竞争对手更清晰的盈利模式。

知名主播：网红、明星。

映客直播，是目前非常流行非常高端的手机视频直播平台。2016年11月，映客直播荣登2016中国泛娱乐指数盛典"中国文娱创新企业榜TOP30"。

映客直播在最初上线时就有礼物系统，并且不断优化。由于映客能够把观众和粉丝直接变现，因此大批网红更愿意投向映客的怀抱。

映客直播主要有两大特点：

◎ 邀请网红、明星上映客直播，通过他们的号召力吸引粉丝。

◎ 比竞争对手更清晰的盈利模式。

图1-15　映客直播手机直播平台界面

在产品体验和运营推广方面，映客可谓是下足了功夫。比如映客在IOS客户端1.3版本就引入了美颜功能，对主播有很大的吸引力，后续其他直播平台也纷纷模仿。映客直播手机直播平台界面（见图1-15）。

2016年4月，映客又和湖南卫视《我是歌手》栏目合作，不仅可以实时观看歌手台前幕后的样子，还能和歌手互动，投票决定歌手总决赛的出场顺序。《我是歌手》的观众和映客的目标客户有重合，通过这次合作，又为映客吸粉不少。

另外，映客在推广营销上也下了不少功夫，甚至花大价钱买下了百度的关键字搜索。

目前，映客的首要任务是提升用户量，其次是要提高用户的忠诚度，内外结合，同步提升。映客通过与电视台合作并邀请名人入驻直播间，取得了不错的效果。但是电视台的节目有限，《我是歌手》节目一结束，很多新粉丝便成了"僵尸粉"，而且名人的时间很难调整，不可能有固定的时间直播。

映客目前产品类型较单一，缺乏很强的吸引力，用户的忠诚度持疑，相对于其他直播平台，有待进一步提高竞争力。

一直播

投资方：一下科技公司

火热程度：★★★

优势资源：可以通过微博直接实现观看、互动和送礼。

知名主播：姚晨、周迅、李冰冰、李宇春、华晨宇、陈妍希、蒋欣、袁姗姗、萧敬腾、张钧甯、杜淳、张杰、李沁、张馨予、胡静等三百多位明星开通了一直播，与网友互动。

"一直播"是一下科技旗下的一款娱乐直播互动APP，于2016年5月13日正式上线。一直播与微博达成了直播战略合作伙伴关系，承担起微博直播业务的支持职能。一直播手机直播平台界面（见图1-16）。

所有新浪微博的用户都可以通过"一直播"在微博发起直播，也可以直接通过微博观看直播。也就是说，在使用一直播时，用户不用安装新应用程序，就可以在微博中通过直播的方式和大家互动。

2016年5月，贾乃亮被任命为一直播"首席创意官"；同年11月，赵丽颖被任命为一下科技副总裁，正式入职一下科技；因《太阳的后裔》人气飙升的宋仲基见面会，也被一直播冠名。

一直播正式上线两个月，就有姚晨、周迅、李冰冰、李宇春、华晨宇、陈妍希、蒋欣、袁姗姗、萧敬腾、张钧甯、杜淳、张杰、李沁、张馨予、胡静等300

图1-16 一直播手机直播平台界面

多位明星开通直播账户与网友互动，还有越来越多的明星正在筹划自己的直播首秀，这种明星直播的形势堪比当年明星开微博的狂潮。

归纳起来，一直播主要有以下五大特色：

◎ 直播间十分炫酷，互动更舒心；

◎ 新增"手气红包"，红包抢到你手软；

◎ 国际手机也可轻松注册一直播，直播无国界，生活更多彩；

◎ 直播可以带话题，分分钟抢占热门不是梦；

◎ 可以获取地理位置，同城主播嗨起来。

同时，一直播平台还有六大功能：

◎ 支持横屏模式，可以横屏观看直播；

◎ 底部栏全新升级，推出4底栏模式，模块划分更细；

◎ 个人主页更新，管理更方便；

◎ 发现页升级主推话题，最新直播内容采用全新推荐模式，更适合你的直播；

◎ 热门增加一键直达话题，能够直接进入到话题；

◎ 场控功能升级，主播可以自己设置场控人员，管理自己的直播间。

花椒直播

投资方： 周鸿祎

火热程度： ★★★★★

优势资源： 自制直播节目，涵盖文化、娱乐、体育、旅游、音乐、健身、综艺节目、情景剧等多个领域；全球首个VR直播平台。

知名主播： 数百位明星。

2015年6月，花椒直播正式上线，成为中国最大的具有强明星属性的社交直播平台，聚集了大量90后95后，每天进行实时的生活分享。另外，数百位当红明星入驻花椒直播，观众可以通过直播发现明星们亲民的一面。

花椒直播推出的自制直播节目让人眼花缭乱，内容涵盖娱乐、旅游、体育、综艺、健身、音乐、美食等时下火爆的话题，不管是脱口秀还是乐队表演，都可以在花椒直播上看到。

花椒VR专区在2016年6月2日正式上线，成为全球首个VR直播平台，开启直播新纪元，独创萌颜和变脸功能，让用户体验更丰富。花椒直播平台首页（见图1-17）。

没有明星怎么能叫"强明星的直播社交平台"呢？目前，已有众多明星入驻花椒直播间，比如王祖蓝、柳岩、沈梦辰、胡军、李维嘉、华晨宇等，花椒直播还全程直播了宋仲基台湾粉丝见面会，花椒直播使粉丝与明星实现零距离沟通。

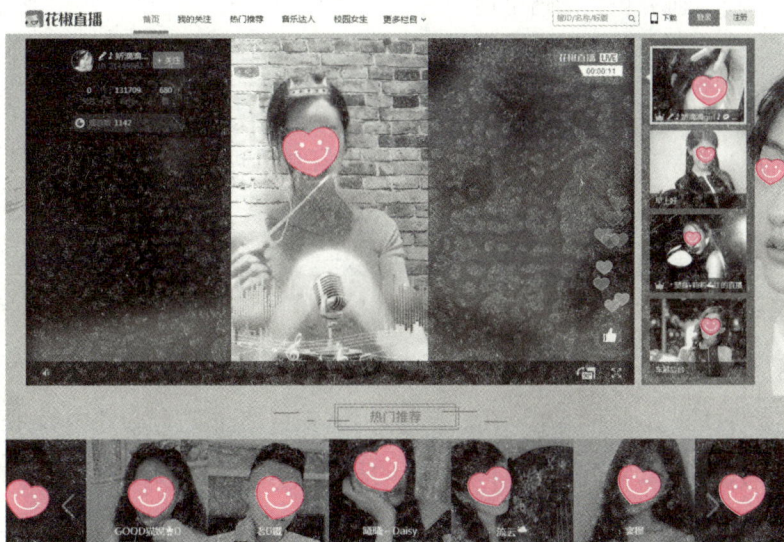

图1-17　花椒直播平台首页

花椒直播形成了明星、网络红人、普通UGC、普通用户四大族群的用户生态结构，通过开展"造星计划"等，建立了一条畅通的道路，让普通用户逐步转变身份，从"主播"变成"明星"。比如人气主播周然应邀主持《超级女声》海选，人气主播徐大宝参加《美丽俏佳人》的录制，还出演影视作品。通过花椒直播，这些人气主播成为名副其实的明星，花椒直播成为网络时代明星的

"摇篮"。

总结起来，花椒直播有七大特色：

云存储：直播期间，视频同时上传至云端，不占用手机内存。

回放：花椒直播支持任何一个直播视频的回放，就算粉丝们错过直播，也可以通过回放观看精彩内容。

VR直播：花椒VR直播采用双目摄像头，并通过手机陀螺仪数据以及技术优化处理，让用户带上VR眼镜后可以看到更加真实的3D场景；同时采用渲染层畸变算法处理，减少观看的眩晕感，从而达到更好的体验。花椒还对网络传输过程和客户端进行了编解码优化，主播在WiFi环境、4G网络下均可实现VR直播。

变脸：花椒采用特征点定位，让细节呈现得更完美，哪怕用户不断地做鬼脸或者不断移动，画面也会清晰呈现。

脸萌技术：通过人脸识别技术，使兔耳朵、皇冠、帽子等小装饰丝毫不差地出现在主播头上，让主播更萌、更美丽。

省流量：直播的同时，后台已对视频进行压缩处理，让主播和粉丝都放心使用流量。

美颜：在直播过程中，花椒直播会自动对主播进行美白、化妆等，使主播展现出最美的一面。

除了七大特色，花椒直播还有两大优势：

全球首家VR直播平台：早在2016年4月，花椒直播就尝试用VR技术进行车展直播，为正式推出VR专区打下了良好的基础。2016年6月2日，花椒直播VR专区正式上线，成为全球首家VR直播平台。同时，花椒直播还斥巨资向用户发放10万台VR眼镜和1000台VR摄像设备，让用户都参与到VR体验中来。

打造"融"平台：同年6月15日，花椒直播发布"融"平台。这里的"融"是指把媒体和媒体之间的界限消除，打造一个"融合性"的平台，用户不再局限于个人，企业同样可以通过直播来营销自己。

"融"平台为花椒直播提供了大量的新鲜内容，花椒因此变得更具包容性。更重要的是，这种跨界合作颠覆了传统的商业模式，为企业注入了新鲜血液，改变了用户的传统消费习惯。未来，"花椒直播+"将带来无限可能。

目前，花椒实现的跨界合作包括：与百合网合作的"百合花椒情感学院"；与《华西都市报》之类的传统媒体以及《美丽俏佳人》等综艺节目合作推出的直播；与途牛网达成合作推出"直播+旅游"的模式；和"型动体育"联手，开展全国健身教练、健身达人选拔赛活动，并推出国内首个直播健身频道。

第3节　新主播挑选直播平台的三个维度

据统计，目前活跃的主播数量超过58000名，这里说的"活跃的主播"，指的是每个月都有固定的直播时间和稳定的观众。在这些活跃的主播中，超级主播大概有500位。超级主播有固定的观众和订阅数，他们基本都与直播平台签约，每个月有固定收入。

归纳起来，目前国内的主播主要有以下三种类型（见图1-18）。

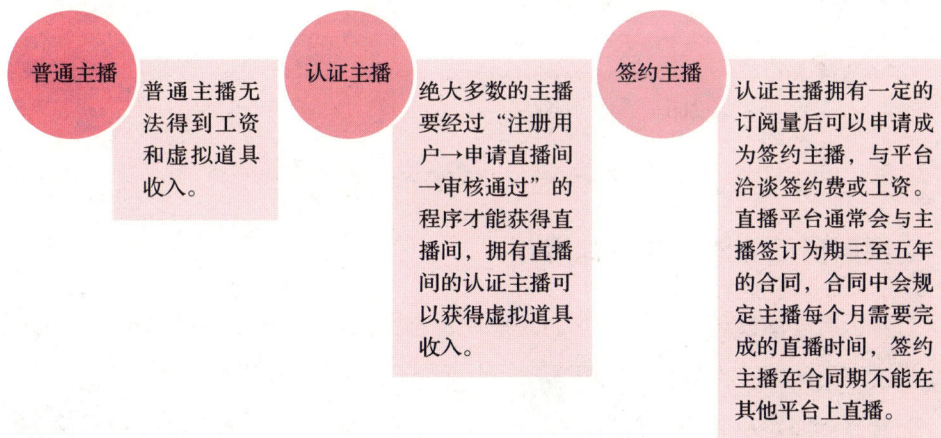

普通主播　普通主播无法得到工资和虚拟道具收入。

认证主播　绝大多数的主播要经过"注册用户→申请直播间→审核通过"的程序才能获得直播间，拥有直播间的认证主播可以获得虚拟道具收入。

签约主播　认证主播拥有一定的订阅量后可以申请成为签约主播，与平台洽谈签约费或工资。直播平台通常会与主播签订为期三至五年的合同，合同中会规定主播每个月需要完成的直播时间，签约主播在合同期不能在其他平台上直播。

图1-18　国内主播的三种类型

作为一个新主播，我们该如何选择适合自己的平台呢？直播平台的选择在很大程度上决定着主播是否能直播成功。下面就向大家提供一些关于选择直播平台的方法和建议，新手主播选择直播平台可以从以下三个维度入手。

看平台人气数

目前，各大网站统计的平台关注数量还是比较靠谱的。新人在选择直播平台时，不妨看看该平台高排名、高等级的主播的关注数有多少，这很能说明这个平台导量的大小。

截止2016年10月，360TV.top直播导航的直播平台实时排名可参考图1-19。

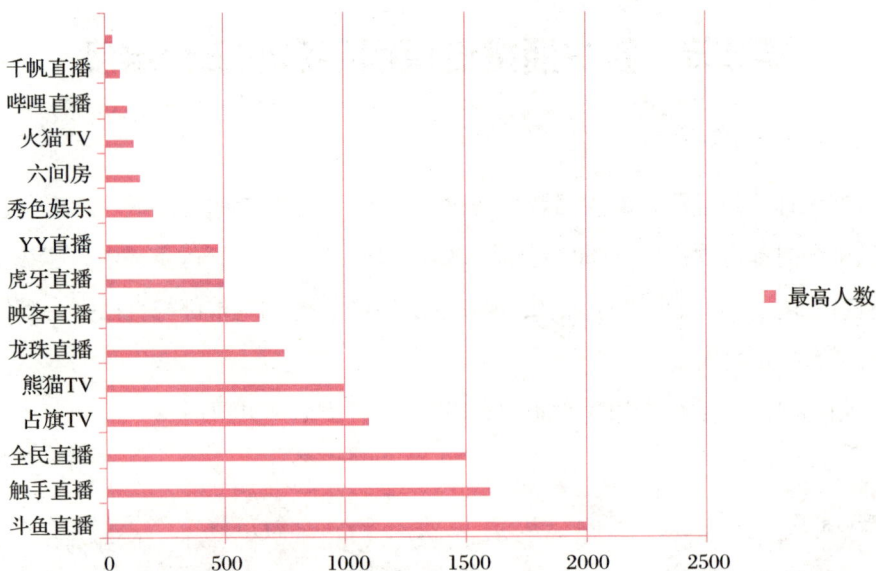

图1-19　直播平台实时排名（数据来源于搜狐网）

根据自己的能力和特长选择

对于有表演欲望和解说天分的人来说，直播简直就是展示自我的天堂。如果用户按捺不住自己的野心，就要选择一个适合自己的平台。

首先，要对自己的能力和才华有清晰的认识。一个优秀的主播必须有优美的声音、迅速的反应和超群的视频操作技能。如果你觉得自己有做主播的天赋，并且具备了主播该有的基本素质，那么你可以选择观众比较多的斗鱼或者YY。

如果你对自己的能力和经验不自信，那么可以在虎牙和9158中选择。对于主播新人来说，并不是观众越多越好。如果你的能力不够，你的观众很快就会被超级主播抢走。流量比较大的几个平台，主播数量已经可以满足观众，但在一些观众相对较少的平台，很容易找到空白领域，而且签约的门槛也比较低。

如果你只是对直播感兴趣，没打算做职业主播，那么选择哪个平台都无所谓。

需要注意的是，每个平台都有自己的特色和侧重点。比如YY直播和花椒直播的娱乐性很强，喜欢娱乐表演和户外直播的观众会比较多；而熊猫TV在"DOTA2"项目上拥有优势，在这里可以找到更多"DOTA2"的观众。

看上、中、下三个层次的主播收入

归纳起来，主播的收入主要来自以下几个部分（见图1-20）：

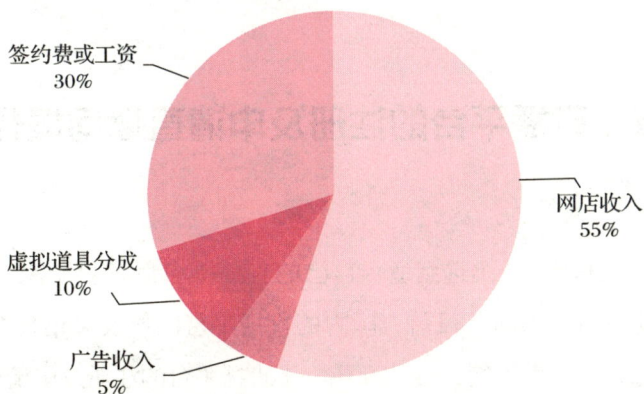

图1-20　主播收入来源

虚拟道具分成：虚拟道具需要观众在直播平台购买，然后在直播中赠送给主播，以表达自己对主播的喜爱和支持。当虚拟道具达到一定数量后，平台会按照一定的标准折现给主播。

拿斗鱼来说，斗鱼直播的虚拟道具分为"鱼丸"和"鱼翅"，"鱼丸"两个月结算一次，"鱼翅"一个月结算一次，"鱼丸"500元起结（100kg=100元），结算时需要扣除20%的所得税，"鱼翅"一元一个。

签约费和工资：人气较高的主播会和直播平台签约。人气越高，签约费就越高。对于普通的主播来说，只要达到了一定的观看人数，直播平台就会主动与你签约。签约后，主播只要完成规定的直播时间，就能获得一定的收入。

网店收入：很多主播有自己的网店，有的经营零食、服装，有的则以游戏周边为主。游戏主播会在直播过程中发布自己的网店地址，并在直播中宣传自己的产品。对于超级主播来说，网店的收入也是比较可观的。

其他收入：有的主播还会接一些比赛解说、游戏直播等，有的主播会通过为企业打广告来获得一些广告收入。

清楚了主播的收入来源，在挑选直播平台时，可看上、中、下三个层次主播的收入，取中等进行分析。

有一点值得注意，有的新主播不看分成比例，只看收入，以为"0"越多收入越高，其实这可能是平台的障眼法。每个平台和主播分成的比例不一样，结算方式也不一样，各位直播新人一定要深入了解，谨慎选择。

第4节　直播平台的注册及申请直播间操作指南

当你按照上面的方法挑选到适合自己的直播平台后，接下来，你要在直播平台上注册及申请直播间。目前，国内的直播平台注册及申请直播间的方法基本相同，我们就以斗鱼为例，具体介绍一下直播平台的注册及申请直播间的操作流程。

直播平台注册的操作步骤

每个直播平台都要先注册一个账号，然后进行实名验证。直播平台注册主要有以下几个步骤：

步骤一：先进入斗鱼直播的注册页面，在跳转的页面中输入昵称、密码，再确认密码，同意《用户注册协议》，点击"注册"继续下一步（见图1-21）。

步骤二：注册完毕后，系统会自动跳转到手机绑定界面，输入你的手机号，收到验证码后，输入验证码，点击"确认绑定"，手机绑定就完成了。接着，在弹出的列表中进入个人中心，进行邮箱验证（见图1-22）。

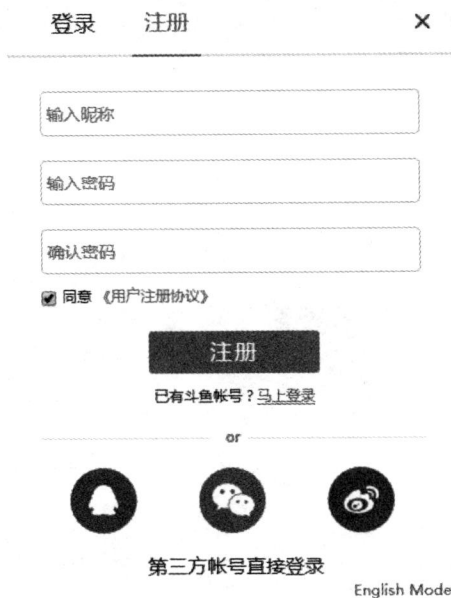

图1-21　斗鱼主播平台的注册页面

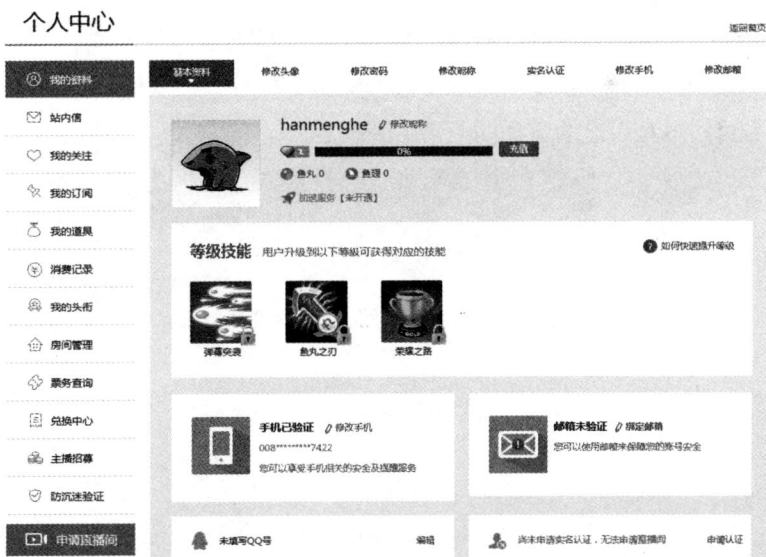

图1-22　斗鱼直播的"个人中心"页面

步骤三：认证完手机号和电子邮箱后，就是最重要的"实名认证"了，点击"实名认证"里的"申请"按钮。按照提示的步骤完成认证即可（见图1-23）。

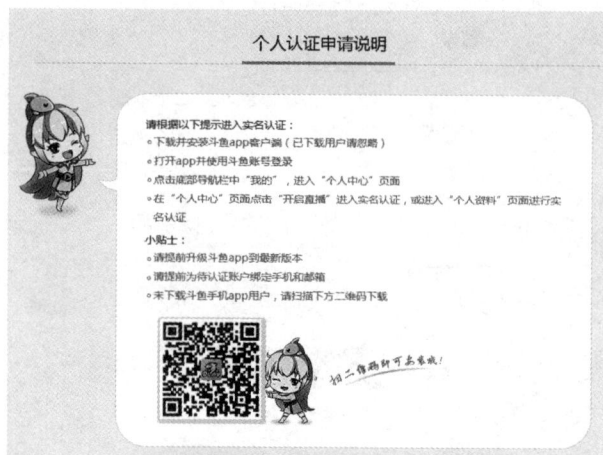

图1-23　斗鱼直播平台的实名认证操作

进行实名认证时，需要上传本人有效身份证件，有些平台还需要申请人手持身份证拍照上传，在上传之前要仔细阅读要求。

游戏直播平台的直播间申请

认证通过后，开始申请直播间。申请直播间的操作方法非常简单，单击"申请直播间"按钮，输入房间的标题和直播内容的描述，选择好直播分类，单击"提交"，你就有自己的直播间了（见图1-24）。

图1-24　斗鱼直播平台认证成功

有了直播间，就意味着你已经是一名主播了，那么，从现在开始，开启你的
直播之旅吧（见图1-25）！

图1-25　斗鱼的直播间

第2章

直播运营：个人直播与企业直播的运营方式大揭秘

　　纵观如今的直播，有这样一个共性：具备个人直播的能力但却不一定具备商业运作的能力。本章将向你讲解个人直播商业化运作的模式，以便你在直播时能更好地选择适合自己的商业模式，运营好自己的直播，实现商业最大化。

　　与自我打造"超级主播"相比，利用知名主播的影响力与现成的粉丝群体为企业带来效益的方式更加省时、省力。本章将向企业介绍三种直播运营模式，企业可以根据自己的情况，选择适合自己的直播运营模式。

第1节　个人直播+孵化公司：首先你得有一定数量的粉丝和观众

如今，越来越多的人走进直播这个行业，在他们看来，吸引粉丝似乎是一件很容易的事，难道所有人都自带流量？并不是，其实直播有一套成熟的运营体系——孵化公司。

下面，我们先了解一下直播与孵化公司是如何运作的（见图2-1）。

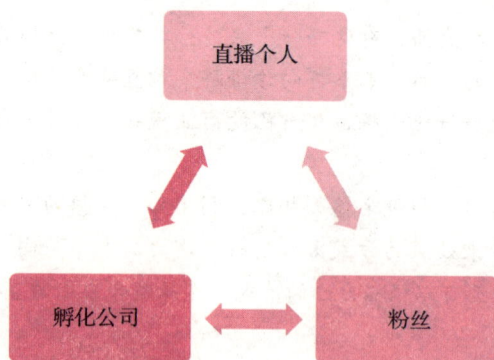

图2-1　直播与孵化公司的运作模式

如果你通过上图还不理解个人直播与孵化公司的运作模式，那么我们来着重阐述一下他们之间的运作动向。

首先，主播通过直播保持和粉丝的高频率互动，以感知他们的消费需求；其次，孵化公司在后端迅速反应，为主播提供生产、销售、客服等一条龙服务。

说到这里，我们再来看看个人直播与孵化公司合作的案例，相信会对你的直播运营有所启发。

张大奕是一位模特，原来在微博上的粉丝就有100多万，加之接触的品牌越来越多，她的审美越来越好。有一家专门做淘宝运营的电商公司找到她，想与她合作，并承诺提供前期费用，负责供货、发货、客服、销售等。张大奕只负责直播就可以了（见图2-2）。在进行考察后，张大奕开始和这家电商合作。

图2-2　张大奕直播画面截屏

张大奕一开始并不知道如何吸引粉丝，而她合作的这家公司提供了如何"吸粉"的建议，告诉她如何与粉丝进行沟通与互动等。同时这家公司给她提供的数据让她知道自己的粉丝的年龄构成。根据这些数据和建议，张大奕不断改进自己的直播。张大奕合作的淘宝店铺在2016年"双11"期间成为直播店唯一一家跻身女装排名的店铺，创造了上亿元的销售额。

看完张大奕直播的变现能力，你是不是感到咂舌？其实，在淘宝上，这种个人直播与孵化公司的合作屡见不鲜。在这种运作模式下，个人直播的工作会相对轻松，每天要做的就是内容输出和与粉丝互动，个人直播介入商业运作的程度并不深。

但是，想要与孵化公司合作运营直播，并不是你单方面就能决定的。目前，不同类型的孵化公司对主播的要求不一样，高水平的孵化公司要求主播至少有几十万粉丝。直播孵化公司会选择粉丝数多、活跃度高、影响力大的主播进行培养、包装、运营、策划来改造和提升其变现能力，对变现能力差的主播进行逐级筛选淘汰，最大限度地实现自身与主播的变现价值。

所以，如果你要与孵化公司合作运营直播，首先你要拥有一定数量的粉丝，这样孵化公司才愿意和你合作。

关于与孵化公司的利益分成，目前来说，有三种方式（见表2-1）。

表2-1 主播与孵化公司的三种利益分成方式

出资方	执行方	利益分成
孵化公司	个人直播	个人直播获得10%～20%的销售提成
个人直播	孵化公司（提供店铺运营服务）	个人直播获得70%～90%的销售提成
个人直播+孵化公司共同出资，共同建设产业链		个人直播按"底薪+利润"分成

第2节 个人直播+经纪公司：收益的增长幅度会较大

除了合作模式外，个人直播深度运营的另一种模式就是签约。目前，在直播经济产业链上游，有许多以培育、包装主播为主营业务的经纪公司。签约与合作的区别在于，合作模式下个人直播的自主性更高些，仅仅在产品销售环节借用了孵化公司的运营流程，而在直播内容输出与粉丝互动环节，个人直播可以自主进行。

到底个人直播与经纪公司签约是如何进行直播运营的呢？下面，我们一起来看一个案例，相信可以从中找到答案。

姚蜜蜜学过四年服装设计而且对服装行业很感兴趣，她毕业后做过很多工

作，最终做了直播，并与缇苏电商签约。

姚蜜蜜与缇苏签约只有小半年的时间，效果并不明显，但有了缇苏在背后提供服装、设计师、运营人员等，要比她之前一个人运营时的效益好很多。缇苏在孵化公司中排名靠前，旗下签约人数超过50人，成功孵化出的品牌有VCRUAN、腻娃定制、榴梿家、小兔定制、EZ14、OMG、毛小兔等。

虽然姚蜜蜜一直认为自己是一个独立的个体，与缇苏只是签约关系，但实际上，个人直播与孵化公司的关系就如同艺人与经纪公司的关系一样微妙。下面我们将通过姚蜜蜜的案例告诉你：当你签约经纪公司后，他们如何运营直播以及你需要做些什么。

在签约模式下，你的自主性会被削弱，更具商业化的经纪公司会从你的形象、直播内容、互动方式、输出渠道等各个层面来进行专业策划，以期获得更好的直播效果与商业效果。为了实现这一目的，经纪公司会为你配备专业的团队，其所负责的工作范围包括化妆、拍摄、策划、产品制作、商业接洽等各个方面。更为重要的是，当涉及商业运作时，经纪公司会以你的代言人的身份进行诸如合作、商演活动等的洽谈与签约。

签约模式下，经纪公司所关注的不仅是电商，其往往更具有社会化营销思维，运作的目的是吸引更多的粉丝，因此最关注的往往是直播所输出的内容。所以，经纪公司通常会为你配备一个专业的策划，能从传播推广的角度把你的直播内容润色得更吸引人。

此外，摄影与剪辑也很重要，直播中画面表现出来的质感和故事性是否符合你的气质，也是经纪公司所追求的。同时，由于直播剪辑出来的效果代表了主播的形象，因此也格外受重视。

在此模式下，你需要听从经纪公司的安排，并接受相关规则与条款的约束。在经纪公司的运营下，你的知名度与身价上升的潜力较大，你的价值可塑性较强，所获收益的增长幅度也会较大。

所以，如果你不太懂如何策划直播内容，也不想在上面花心思，或者你想在短时间内获得很高的变现能力，那么你可以选择这种直播运营方式。但是如果你是一个追求个性化的主播，那么建议你不要选择这种运营模式，因为此种运营模式给人的感觉是你像个"木头人"，任凭经纪公司摆布。

第3节　自建团队运营：完全的自主性与操作性

除了上述两种直播运营模式，个人直播还可以选择自建团队运营。一个叫于梦姣的网红成为这种方式的典范。

于梦姣（见图2-3）是一个网红，目前已经积累粉丝50万，转化的店铺粉丝量已经达到500万。2016年于梦姣的直播变现达到上亿元，比之前提升了近40%。对此，于梦姣坦言，这一切都要归功于团队的力量。于梦姣的团队是她自己组建起来的，经过几年的发展，已经具有一定的规模。

在产品设计上，如果需要在两件不同衣服中做选择，于梦姣会先分别试穿，让运营团队做初步的判断。随后，设计师会根据大家的意见，结合店铺的风格进行细节修改。在直播拍摄上，团队会严格对待，需要花费很长时间，因为呈现的直播效果会影响到后期上新的运营节奏和变现能力。

除了产品方面的工作，团队还有专门的人员负责将社交平台上的粉丝留言进

图2-3　于梦姣团队给她拍摄的直播预告图

行归类，并通过微信、QQ等渠道收集粉丝的反馈，这些反馈信息都成为直播输出内容的判断依据。

"我不会让员工身兼数职，因为这样他们就失去了思考的时间，而且工作没有效率。"在于梦姣看来，虽然团队走的是"直播+网红"的模式，但是团队的组织架构必须完整，各个部门的细分岗位都有专人去做自己擅长的事情，尽量让部门之间的配合更高效。

于梦姣的案例是个人直播自建团队进行商业化运营的典型案例。个人直播自建团队的优势在于，具有完全的自主性与操作性，在利益分成方面也具有主动权。

然而，这并不代表所有的个人直播都能自建团队，这对个人直播的要求要高于前两种运营模式。首先个人要具备相当的商业运作能力与敏锐的商业嗅觉；其次对团队架构、团队管理、直播运营等方面也要有所了解，而且自建团队的运作周期普遍较长。需要注意的是，自建团队需要个人直播者自己出资投入。

因此，在考虑采用此种直播运营模式前，直播者需要在衡量手中资源的前提下，对自建团队的难易程度做到心中有数。

在此，我们的建议是：如果想自建团队运营直播，可以等个人的事业发展到一定规模后再考虑。

第4节　资本投资：钱与影响力的结合

资本投资是快速进入直播经济的一种方式，是企业对已经成名的主播进行投资，用资本的力量把主播与企业绑在一起，持续扩大主播的社交优势与影响力，最终从主播身上获得更多的商业回报。

被认为是第一个获得资本投资的个人主播是papi酱。这个被观众评价为"中国低配版苏菲玛索"的女主播，其直播口头禅是"我是papi酱，一个集美貌与才华于一身的女子"。她的直播内容以自嘲、吐槽为主。很快，她的粉丝数量超过800万，直播总播放量超过2.9亿次，每集平均播放量753万次。

有了如此庞大的粉丝资产，papi酱获得了资本方的垂青，于是便有了真格基金、罗辑思维、光源资本和星图资本对papi酱投资1200万的事。其中投资方占股12%，papi酱团队持股88%，估值1亿元。尽管进行了如此巨额的投资，罗辑思维负责人罗振宇却表示这一估值其实也包含了投资折扣，他认为"以papi酱的美貌智慧和她合伙人杨铭的商业悟性，这个团队应该远远不止现在这个估值"，他甚至认为papi酱的估值应为3亿元。

对于资本对直播经济的关注，长石资本创始合伙人是这样解读的："资本关注到直播是很正常的，因为直播深受年轻人喜欢，深受消费者喜欢，因此他们会成为交易的入口，也会形成一种商业模式。"

资本之所以会投资主播，有以下两方面的原因（见图2-4）。

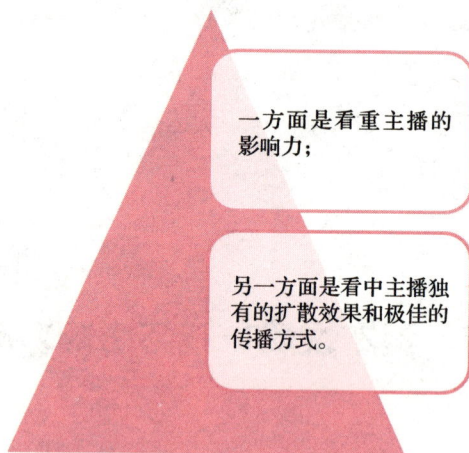

一方面是看重主播的影响力；

另一方面是看中主播独有的扩散效果和极佳的传播方式。

图2-4　资本投资主播的两大原因

能反映主播影响力的直观数据就是粉丝数量和观看人数，作为主播的社交资产，粉丝数量越多越能够体现主播潜在的商业价值。主播采用的传播方式就是通过直播来吸引观众，然后在新媒体社交平台上实现扩散。

由于主播的特长在内容创作层面，对商业化运作和营销并不擅长，因此与资本的牵手也刚好符合主播的本意。我们可以把资本投资主播这种形式，看作是钱与影响力的结合，接下来只需找到合适的商业价值兑现方式就行了，在这里有一个十分典型的例子。

拥有500多万微信粉丝、1000多万微博粉丝的主播"同道大叔"蔡跃栋获得A轮数百万美金的融资，他的个人估值已经超过了2亿元。

同道大叔的案例告诉我们，资本投资主播的声势正在扩大，超级主播们纷纷得到资本的关注，从一个侧面展现出了直播经济的巨大吸引力。

资本投资直播的方式有两种：

> ◎一种是像papi酱这样，直接投资主播本人，资本看重的是主播创意化直播内容的生产能力与粉丝影响力；
> ◎一种是像同道大叔这样通过投资主播出品的项目，间接投资主播本人。

◆资本投资直播之直接投资主播本人

直接投资主播本人的方式，是资本与主播进行全方位合作的一种运作模式，这种模式对双方来说黏性更大，同时对直播商业化收益的分配更明确。采用这种模式，资本方需要对主播个人的商业化能力及未来商业化拓展能力进行综合的考察，其中包含主播的内容创造能力、变现能力、粉丝的黏性、忠诚度、转化度等。

在采用这种投资方式时，资本方需要承担一定的风险。由于直播的变现能力过于依赖粉丝群体，而粉丝对主播的好恶变化不需要付出任何成本，因此一旦因直播运营不当导致主播"掉粉"，这种投资就会面临回报率受损的风险。

此外，直播的持续内容生产能力，也是考验投资效果的关键因素。对那些依靠直播内容获得影响力和粉丝的主播，长期持续的高质量内容生产能力，是其获得粉丝黏性的最有效方式，一旦直播内容下降或内容发布时间间隔变长，就会对粉丝黏性及忠诚度产生负面影响，这也是资本必须要考虑的风险因素。由于主播具有"草根"属性，其言论和行为个性化色彩明显，因此更容易暴露负面信息，这些负面信息的出现对主播形象的影响很大，这也是资本投资的潜在风险之一。

◆资本投资直播之投资主播出品的项目间接投资主播本人

通过投资主播出品的项目间接投资主播本人的方式，也是资本采用的投资直播方式之一。采用这种方式的前提是，主播需要拥有具备商业前景的可操作项目，这种方式与创业项目投资类似，最大的优势在于，主播靠个人影响力具备了一定体量的社交资产，用户积累阶段已经完成，使项目运营有了一定的用户保障。

另外，这种方式其实是给资本一个与主播合作的切入点，通过对项目进行投资来使双方互动完成磨合，一旦项目成功，投资就可以深入进行。对项目进行投资的模式，资本方对主播的依赖程度不会像直播投资那么强，投资成功与否主要是看项目本身的运营能力与盈利能力，主播充当的其实是对项目的保障角色，这就使资本在其中运营的空间更大。

无论采用哪种投资方式，对投资行为本身来说，资本投资仅仅是其进入直播经济的第一步，随后的直播商业化运作才是重点。因此资本在选定投资对象后，需要更多地考虑如何通过双方联手制造出更大规模的影响力，实现更多元化的变现。

对主播本人投资，需要从提升直播内容质量、增加曝光度、持续话题炒作、拓展变现渠道等方面对主播进行包装与运营，重点在于通过资本的力量延长个人直播的生命周期，阻止粉丝产生审美疲劳，提升普通粉丝转变成高质量粉丝的转化效率，提升粉丝变现的变现率，开拓更多元的变现渠道，打造主播的持续盈利能力。

对主播项目的投资在关注上述内容的同时，还要注重项目的可操作性、技术能力、运营潜力、盈利模式及项目实施过程中的即时问题，以确保项目成功。

第5节　合作代言：变相的"兼职雇用"模式

专注于投资的资本方的运作思路与企业存在很大差别。从企业的角度出发，通过主播介入直播经济，除了投资还可以采用合作方式。这对企业来说运作成本较低，时间周期较短，效果也不错。企业根据自己的品牌或产品特点寻找气场相符的主播进行合作，通过主播将企业的品牌和产品推广出去，是最基本的方式。

2016年6月，在苏宁易购主办的红人网购直播间里，斗鱼女主播冯提莫（见图2-5）在直播中推荐的联想ZUK Z2手机，当晚一小时内预约量突破10万台；YY红人沈曼推荐的百草味美味零食，也在短短20个小时内取得了同比上年销量增长5倍的好成绩。

图2-5　冯提莫直播推荐联想ZUK Z2手机画面截屏

联想与主播冯提莫的代言合作的成功之处在于，从冯提莫身上，联想找到了符合品牌气质的契合点，借用冯提莫在直播平台上长期以来形成的个性化形象点燃了品牌的气质之火，从而实现了成功的变现。

代言的方式固然可行，但企业必须找到绝对符合品牌气质的主播，这无疑是有难度的。此外，代言其实更加适合品牌推广，而对中小型企业产品推广来说，主播代言的方式可谓"杀鸡用了牛刀"，相对较高的成本与过长的流程让很多中小型企业望而却步。

对于大多数企业来说，与主播合作更快捷的方式是由主播亲自出面为企业品牌或产品做宣传。主播只要在社交平台上发布关于企业品牌或产品的信息，效果自然就体现出来了。企业采用这种合作方式的目的，就是利用主播的影响力来扩大企业品牌或产品的辐射范围，影响观众的购买决定。这实际上是一种变相的"兼职雇用"模式，企业为此支付给主播合作或代言的酬劳，以换取主播的粉丝影响力。

如今，这种合作方式已经屡见不鲜，合作的方式以广告居多，模式一般是企业找符合品牌气质的主播，或者直接找粉丝覆盖面大的超级主播进行合作，主播通过直播和自己的社交账号发布符合企业需求的广告信息，企业按主播发布的信息条目数给主播结算酬劳。

这种合作方式的好处在于灵活，双方在契约执行层面分歧较小，企业付出的成本较低。企业与主播的合作不必局限于一个主播，可以与多个主播达成合作，以扩大品牌或产品的推广范围。企业通过与多个主播的合作，可以让品牌与产品的影响力更大，信息推送的目标范围更大且更精准。

当然，有利就有弊，采用广告合作方式，产品推广的持续性不强，多为一锤子买卖，另外由于主播发布广告的植入技能不同，粉丝群体对广告的接收程度会有差异，这也成为影响效果的一个因素。

第6节　入局产业链：找到更多的赚钱机会

除了与主播进行合作外，企业资本进入直播经济还开辟了其他道路，随着直播产业规模的扩大，入局直播产业链也成为一种选择。

直播的产业链由七个部分组成，即内容提供方、平台运营方、服务支撑方。

◆ **内容提供方**

内容提供方的产业特点是：明星主播主导用户的流量争夺战、内容构建直播平台的核心竞争力。内容提供方的产业链内容如下（见图2-6）。

图2-6　内容提供方的产业链（图片来源于搜狐网）

◆ **平台运营方**

平台运营方的产业特点是：群雄逐鹿，垂直化、综合化、功能化并行发展。平台运营方的产业链内容如下（见图2-7）。

图2-7　直播平台运营方的产业链

◆ **服务支撑方**

服务支撑方保障直播的日常运营，云服务厂商助力直播平台跨越技术高墙。服务支撑方的产业链内容如下（见图2-8）。

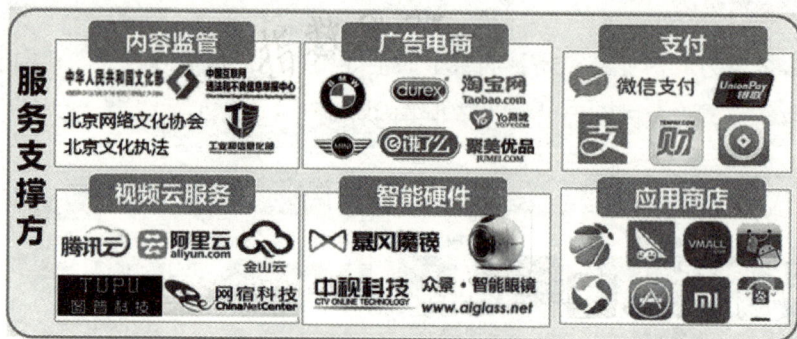

图2-8 服务支撑方的产业链

通过直播经济的三大产业链，我们可以看到直播连接着多个产业，如电子竞技、传播媒体、媒体内容制作、服装等，它的崛起必然会给相关产业更多机会。同时，直播经济产业链的上下游也关联着很多行业，包括制造业、物流运输、计算机硬件与软件行业等，这些产业同样也会迎来更多的发展机会。因此，对于企业来说，入局直播经济产业链具有很大的吸引力。

说到这里，肯定有人会提出反驳：入局产业链只适合大型企业，中小型企业只有观望的份儿。其实，对于中小型企业来说，即使不具备大型企业的资本、资源优势，也可以从自己的角度出发与直播经济结合到一起。比如，中小企业可以通过与上游经纪公司合作的方式把自己的电商平台嵌入主播培育体系，通过提供下游平台来实现与主播的合作，进而在直播经济中打通上下游流程，获得收益。

综上所述，依靠资本与资源的优势入局直播产业链，是企业涉足直播的速成法之一，通过与主播合作或在产业链中找到入局点，企业能够实现在较短的时间里进入直播经济的目的。至于介入成本的高低和介入效果的评估，还需要企业根据自身发展状况来制定相应的策略。

第 2 篇

直播主持人的自我修炼：
如何成为一名超级主播

　　看到这里，你已经选择好了合适的直播平台和运营模式，有的读者已经迫不及待地想要打开直播间一展身手了。但是先别着急，如果你真想把直播当作一份工作甚至是一份事业来做，那么在开始直播之前你需要想好以下几个问题：

　　◇我如何给观众留下良好的第一印象？

　　◇我的主持能力够吗？

　　◇我从心里接受直播这一行业了吗？

　　◇我要直播什么样的内容？

　　◇我要如何积累粉丝和人气？

　　◇我要如何打造出有腔调的直播间？

　　◇我能打造出个人品牌IP吗？

　　如果这些问题你还没考虑好，那么不妨先坐下来把本篇的内容读完，做到心中有数后，最好再制作一份详细的直播计划，这样才能在直播行业中走得更远、更平稳。

第3章

做最受欢迎的主播——直播主持人的五项基本技能修炼

主播，表面看起来，性感吸金，风光无限。很多准备进入直播行业的新手主播以为只要舒舒服服待在家里，唱唱歌、卖个萌就能赚钱，还能赢得千万粉丝，其实不然。作为一名直播主持人，要想获得百万、千万粉丝，实现直播变现，从普通主播进阶为"超级主播"，并不是一件容易的事。新手主播必须进行五项基本技能的修炼，才可能成为受观众欢迎的主播。本章就为你介绍直播主持人的五项基本技能的修炼技巧与方法。

第1节　如何建立良好的第一印象：
"颜值"高，不是成功的唯一条件

图3-1　美女主播miss

所谓"颜值"，就是长得漂亮，身材好。在直播界里，颜值高的主播要比颜值低的主播更容易成功。主播颜值高就具有了先天的优势，在直播相同类型的内容时会吸引更多的观众。比如公认的美女主播小苍和miss（见图3-1）就有着千万级别的签约费。特别是对于娱乐主播来说，颜值高和音色好是非常重要的资本。

当然了，在直播行业中，女主播可不能只有美貌，事实上男性在主播队伍中的比例高达80%，因此女主播需要付出相同或更多的努力才能获得认可。做过电子竞技选手的miss，2009年便开始做游戏解说和视频，如今视频数量累计达到400部，节目时长达1000小时，视频播放次数超过5亿次。人们往往只看到了"美女主播月入百万"这样的标题，却未曾深究标题背后有多少坚持和努力。

有人说现在是一个看脸的时代，但是光靠"颜值高"就可以吗？如果"颜值高"就够了，那光头小眼的游戏主播"叫兽易小星"的千万观众从何而来呢？

　　想成为受欢迎的直播主持人，颜值高是一种优势，但如果没有颜值也不要紧，可以利用下面的方法设计你的颜值，给观众留下良好的第一印象。

　　作为直播主持人，千万不要忽视自己的外在形象，即使长得不是那么出众，但得体的穿着、整齐的头发、积极的状态会使你成为一个让观众喜欢的人。

　　那么，直播主持人在直播时该如何给观众留下良好的第一印象呢？换句话说，我们用什么样的形象才能对直播起到事半功倍的效果？这时，你可以用下面的技巧。

良好的第一印象首先从着装开始

　　据调查，一个人的外在形象95%是通过服装显示出来的。由此看来，良好的形象首先应该从着装开始。直播主持人的着装不用特别复杂，只要把握住以下三个原则就可以了（见图3-2）。

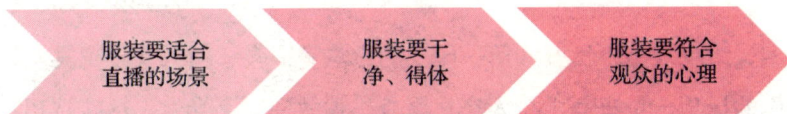

服装要适合直播的场景　→　服装要干净、得体　→　服装要符合观众的心理

图3-2　直播主持人着装三原则

　　第一个原则：服装要适合直播的场景。很多人认为主播的穿着越漂亮越好。事实上，这种想法已经过时了，直播主持人应该根据直播的内容、直播的场景、观众的特点和自身的特点等因素挑选合适的服装。

　　第二个原则：服装要干净、得体。主持人直播时不一定要穿名牌，但服装一定要干净、得体，这一点很重要。

　　第三个原则：服装要符合观众的心理。直播主持人直播的是接地气的内容时，最好不要佩戴高级手表或首饰，打扮得珠光宝气有时对直播会起到相反的效果。

注意自己的言谈举止

　　作为直播主持人，想给观众留下良好的第一印象，就必须注意自己的言谈举止，做一个文明有礼的人。因为一个人的言谈举止可以大概反映这个人的态度，所以主播在与观众交谈时应该尽量避免各种不礼貌或不文明的习惯。对待观众要积极、热情、友善，在直播时要言辞幽默、侃侃而谈、举止恰当。

重视观众

重视观众是直播主持人尊敬观众的具体表现，你重视观众，观众才会心甘情愿地做你的粉丝，进而打赏你、愿意看你的直播。那么，如何体现对观众的重视呢？

◎ 牢记观众的名字；

◎ 清楚观众进直播间的大概时间；

◎ 根据观众的年龄、性别等对观众使用尊称。比如，观众是一位老师，你可以叫他"××老师"。

其实，给观众留下良好的第一印象的方法有很多，但万变不离其宗，以上三点是基本的技巧，是直播主持人在直播时必须做到的。当然，这些技巧不是直播主持人在短期内就能做到的，需要时时注意自身和产品形象，在给观众留下良好的第一印象后才能更畅快地进行直播。

第一印象在直播中相当于一把尺子，会自动衡量直播成功与否。那么，从此刻开始，努力给观众留下良好的第一印象，让你的"颜值"慢慢地走进观众的心里。

第2节 如何拥有超级主播的主持能力：
颜值不够，才华来凑

有才华才有魅力。纵观如今的超级主播，那些有能力、有才华，能把自己的直播工作做到炉火纯青的主持人一定是受观众欢迎的。与之相反的是，那些没有任何才华，在直播时只会死板说教的主持人，其直播间的观众人数往往少得可怜。

我们一起来看看下面这个案例。

超级游戏主播董小飒（见图3-3）是一个乍一看不怎么惹眼的小伙子，他身高一米七五，小眼睛，这样的长相在主播界算是"低颜值"。然

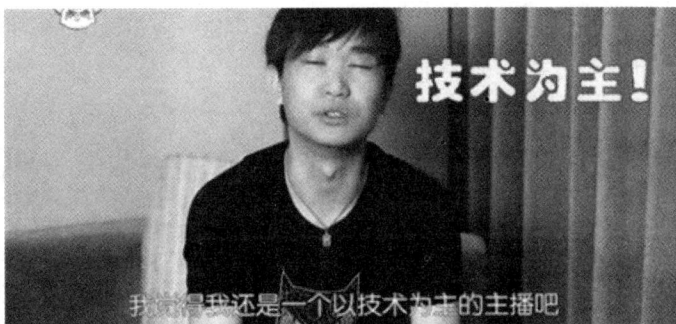

图3-3　董小飒直播画面截屏

而，当他在YY上直播LOL（英雄联盟）时，却以幽默、诙谐的主持风格吸引了大量的观众，直播订阅数轻松过百万。之后，董小飒转战虎牙直播，直播订阅量已突破250万。随后，董小飒开始播出单机游戏，并在每周的固定时间约人上线打LOL战队赛。

随着电竞行业的火爆，董小飒的人气也越发高涨。他依靠超强的游戏解说能力带来的粉丝，使自己的淘宝店月收入可达七位数，年收入达到1500万元以上。董小飒赢得了两届YSL英雄联盟比赛冠军，冠军头衔又为董小飒的直播间带来了不少粉丝。

主持人做直播就像是针对特定观众做的一场表演，要想感染观众、说服观众，就要表演得精彩，把自己的才华和魅力在直播间全部展现出来，只有你表演得精彩，才会得到观众的喝彩。

直播主持人要不断提高自己的学识和才能，熟练掌握最基本的主持能力，这样，当你进行直播时观众才会对你心悦诚服，实现变现才能成为顺理成章的事情。

那么，直播主持人如何才能在直播时充分展现自己的才华和能力呢？要在直

播时展现才华不是一件容易的事，需要主持人在直播之前做充足的准备。以下三个方面是主持人必须要修炼的：

让自己拥有丰富的经历

直播主持人的经历要丰富一些。多经历些事情，能让自己尽快成熟起来，视野也会更开阔。如果主播的经历不够丰富，头脑空洞，就很难在直播时填满真实的、让人信任的情节。

一个经历丰富的主播直播时所说的话就像一场心理辅导，观众会听在耳朵里，记在心里，且会深有同感；一个经历少的主播直播时所说的话就显得比较乏味甚至夸张了，他可能使出了很大的力气，表演时口水飞溅、脸红耳赤，但观众却无法从他脸上看到任何真诚和底气。

这是因为，那些有着丰富生活经历的人见多识广，更容易揣测出观众的心理，知道观众需要什么，想听什么；其次，他的经历就是直播时"说段子"的素材库，他只需将自己的回忆加入一点"自黑"，就会使"段子"听起来有趣而可信。

经历匮乏之人则完全做不到这两点，既对观众的需求一问三不知，脑海中又没多少可参考的素材。自然他的主持会苍白无力，使观众听之无味，看之无趣。

所以，在这里建议所有的直播主持人——如果你想成为一个超级主播，想成为一个直播高手，先增加自己的阅历，多在生活中积累素材，多倾听人们的心声，这会让你受益无穷。

让自己广泛地涉猎各领域的知识

为什么知识储备丰富的人往往是主持高手？因为他们胸有墨水，信手拈来，毫不费力，这就是知识的力量。尤其是那些涉猎众多领域的直播主持人，他们虽不是很厉害的专才，却是基础相当扎实的通才，对各领域的事情都懂一点，在直播时就拥有了先天的优势，说出来的话也让观众感到信服。比如之前提到的游戏主播董小飒，就是一个很好的例子。

说到这里，肯定有人会不服气地说："我干吗要学别人的知识？我向观众表演自己的才艺和某个领域的技能不就行了？"的确，作为一个主持人，你首先要有才艺和技能，但这还不够。最好的做法是多学习各领域的知识，然后把它们排列组合。你学到的东西越多，知识组合出来的花样就越多，直播的内容也就越多。一个花样就可以看作是一次创新，也可以视作一个新的直播元素。你的脑子里装的东西越多，它们互相发生化学反应、产生新东西的可能性就越大，你的创意就会越多，那么你在做直播时的吸引力就越强，同时你的逻辑能力与语言组织能力也不会差，直播时与观众的沟通和互动就会很精彩。

重复与投入的练习

在这个世界上，没有什么事情是可以一次成功且终身受用的。当你修炼好主持能力后，还需要反复地练习，投入极大的精力去训练，不停地纠正错误，提升技能，这样才有可能成为一个超级主播。

第3节 如何提高心理承受能力：
自信，是主播的第一法宝

作为一名直播主持人，我们要展示的第一件产品是什么？就是自己。只要把自己成功地推销给观众，让观众喜欢上你，你的直播就成功了一半。那么，作为直播主持人，我们如何让观众喜欢上我们呢？其实，让观众喜欢上我们的方法非常简单，那就是：自信！

自信对每一个直播主持人都很重要。在我们向观众直播的过程中，言谈举止流露出充分的自信就会赢得观众的认可和信任。而认可和信任是观众愿意观看你的直播、成为你的粉丝，继而购买你推荐的产品的关键因素。直播没有人观看对于新手主播来说是家常便饭，如果我们不能用积极的心态去面对、克服内心的压力，就会永远被拒之直播门外。自己首先要信任自己，才能获得观众的信任。

在直播中，同质化的内容、同质化的平台、甚至是同质化的粉丝群体，使直播主持人时刻活在竞争关系中。同时，社会舆论、媒体报道、粉丝态度带给直播主持人的负面信息，也会影响直播主持人的心理和情绪。因此，要想成为一名超级主播，必须提高自己的心理承受能力，做自信的自己，心态将决定你是否能够在直播行业里坚持下去。

那么，直播主持人需要提高哪些心理承受能力呢？主要有三个方面，即抗压能力、负面信息承受能力、抗挫折能力。下面，我们将介绍提高这三大能力的具体方法和技巧。

抗压能力——快乐并高效地做直播

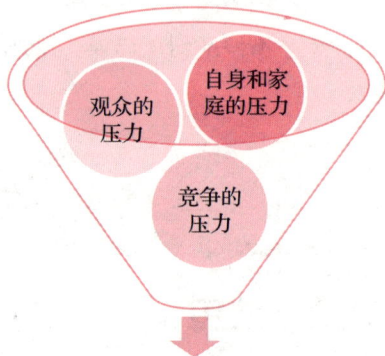

图3-4 直播主持人面临的三大压力

如果把直播主持看作是一种职业的话，想要成为超级主播，首先应具备强大的抗压能力。直播主持人看似随意、自由，实则也要背负工作压力。摄影、设计直播内容、与粉丝互动都需要花费时间和精力。主播的受欢迎程度越高、影响力越大，这种压力也越大。归纳起来，一名直播主持人主要面临三个方面的压力（见图3-4）。

当直播主持人面对长时间的工作、父母的不理解、观众的谩骂、同行竞争的加剧等各种各样的压力时，抗压能力就显得十分重要。直播主持人可以运用下面四个方法来提高自己的抗压能力，快乐并高效地做直播。

◆ 与家人签订"君子协定"

大多数直播主持人首先面对的是来自家庭的压力，不少父母可能会将直播视为不务正业，相信很多直播主持人将自己的职业规划告诉家人后都会被误解甚至遇到极大的阻力。在这种情况下，一意孤行和采取偏激的做法都是不可取的，恰当的解决办法是与家人签订"君子协定"，要求家人给自己一个尝试的机会。如果没有达到预期效果便主动放弃，这样家人比较容易接受。

同时，在日常的直播中，要经常与家人分享取得的成绩和观众的反馈，用事实争取家人的理解和支持。

◆休息几天，平复心情

一些直播主持人在直播一段时间后没有得到观众的认可和平台的签约，便会对自己的能力甚至是直播行业产生怀疑，从而产生退出的想法。在这种情况下最好休息几天，在平复心情的同时认真考虑一下自己直播的内容和风格定位有没有问题，还有没有改进的余地，确实没有好的办法的话再退出也不失为明智的选择。毕竟做直播主持人需要一定的天赋和能力，并不是仅凭着喜好和一时冲动便能做好的。

◆学会区别对待观众的要求

面对观众提出的疑问和建议，你当然要耐心地解答和虚心地听取。但是有些观众会抛出道听途说和无中生有的话题，如果这些话题是你不想谈论和回答的，就要无视或转移话题。

直播主持人和房间管理员不能随意使用权限，除了人身攻击和恶意抨击以外不要轻易禁言，否则会引起其他观众的误解并给恶意攻击者更大的发挥空间。面对观众提出的各种要求，主播要学会区别对待，能满足的要尽量满足，不能满足的要说明理由。不管在什么情况下，对观众发火甚至是谩骂都是极不可取的。

◆和团队进行有效的沟通

如果你的背后有团队支持的话，那么当你对工作压力束手无策时，可以寻求团队成员的帮助，采用沟通的方式来化解压力，要注意沟通的有效性，无效沟通不仅浪费时间，而且无助于排解压力。

负面信息承受能力——让你的直播充满阳光

由于主播职业的特殊性，这一群体始终是粉丝、媒体高度关注的对象，而在获得关注的同时，也会生成正面与负面的信息。其中正面信息包括赞扬、支持，而负面信息则包括质疑、诋毁、吐槽等。

直播主持人虽然能够成为粉丝群体的影响者，但当主持人的某些行为与观众的期望出现偏差时，就会受到负面信息的干扰。如果直播主持人没有处理负面信息的能力，那么一旦负面信息开始扩散，媒体就会起到推波助澜的作用，那个时候直播主持人的承受力将遭遇严峻挑战。

作为一名直播主持人，你无法控制负面信息的发布源头，但你却可以在规范自身言行的基础上应对负面信息。以下两个方法可以帮助直播主持人提高自己的负面信息承受能力，让自己的直播充满阳光：

◆ **放平心态，控制情绪**

一个人在被指责、吐槽、非议时会产生强烈的心理波动，此时学会控制情绪并减小心理波动幅度有助于渡过情绪危机。这就要求你不要把注意力长时间放在负面信息上，要多想一些愉快的事情。

◆ **找到正确的处理负面信息的方式**

既然负面信息已经出现的事实无法更改，那么采用正确的处理方式将其化解才是正确的选择。关于处理负面信息的方式，没有放之四海皆准的标准，需要直播主持人根据自己的具体情况具体对待。

抗挫折能力——永不放弃就能走向成功

任何职业想要获得成功都不容易，直播主持人也是如此。当面对粉丝量增幅低、关注度不够、变现瓶颈、同质化竞争等难题的时候，直播主持人会产生挫折情绪，轻者变得不够自信，严重者会影响职业发展。抗挫折能力的修炼能够帮助你在面对逆境时积极应对，跨越挫折。下面是直播主持人修炼抗挫折能力的两个行之有效的方法。

◆ **要正确认识挫折**

首先要认识到挫折是普遍存在的，从某种意义上讲，挫折是直播主持人工作的一部分。职业发展的上升方式都是曲折、螺旋式的，因此挫折总是如影随形，关键在于我们如何看待它。挫折是直播职业中不可避免的，直播主持人要对挫折有充分的心理准备，敢于向挫折挑战。

◆ **适当降低自己的目标**

事实证明，人在没有到达既定目标时容易产生失败感，因此适当降低自己的目标有利于避免挫折感的出现。在职业发展不顺利的情况下，愿景会成为指路明灯，带给你更多信心与战胜困难的勇气。

在直播的道路上，压力、负面信息与挫折不可避免，想要成为一个超级主播，只有具备这方面的能力，才能够承受得住网络上的误解、嘲讽，甚至是不怀好意的骚扰。由此看来，每一个超级主播都应该有一颗"大心脏"。

自信能让我们赢得观众的认可和信任，所以我们一定要建立自信，用自信扫除直播路上的一切障碍——这是战胜一切困难的诀窍。那么，你应该立即行动，从心中永远剔除害怕、怯懦，树立你的自信。

第4节　如何修炼独特的内容创造能力：关注靠自己赢取，而非抄袭

进入移动互联网时代，内容已经成为最大的流量来源。内容的创造能力是直播主持人能够被持续关注，从而走上超级主播之路的核心能力。直播从出现的第一天开始，就是依靠创造内容来获得人们的关注的，而不是抄袭他人的直播内容，博人眼球。

说到这里，我们来看看靠内容取胜的超级主播papi酱的案例。

2016年，papi酱在不到半年的时间里创造了40多条原创直播，在腾讯、优酷、微博、微信各个直播平台的累计播放量过亿。

papi酱（见图3-5）是一个在北京漂着的上海姑娘，做过演员、主持、编导、配音、导演助理、副导演……这些经历为她创造直播内容起了潜移默化的促进作用。在尝试了那么多角色之后，papi酱开始在网上直播她创造的内容。她的直播内容主要分为三个阶段：

第一阶段：2015年8月-9月，主要以小咖秀类的模仿为主；

第二阶段：2015年10月-2016年3月，主要以娱乐搞笑类为主；

第三阶段：2016年4月至今，主要以情感类、女性类、吐槽类为主。

papi酱的直播内容在前两个阶段并没有取得很大成功，但是第三个阶段的直

图3-5　papi酱直播画面

播内容如支持个体独立、支持女性平等权利、支持朋友坦诚相待的价值取向正好符合观众的胃口，引发了观众的共鸣，让她的直播有了"质"的飞跃。

直播主持人要想成为超级主播并形成自己的商业模式，必须具备内容创造能力。究其原因，是因为在任何时候内容都不会过时，专业的理论分析、深入浅出的观点，结合正确的价值观，能让观众在观看直播的过程中有所收获，这才是超级主播成功的根本原因。

2017年，直播经济已经从形式过渡到内容，可以预见，今后的直播将更加专业化、职业化，而那些可以为观众提供内容价值、有原创力的直播主持人将会脱颖而出。因此，优质内容是直播经济赖以发展的关键，持续的内容创造能力是直播主持人吸引观众、提高忠诚度、巩固粉丝群体的核心因素。

创造直播内容前，直播主持人必须做的三项调查

既然内容对于直播来说如此重要，那么什么样的内容才能既吸引观众的眼球，又能带给观众价值观的认同呢？创造直播内容前，直播主持人必须做好以下三个方面的调查（见图3-6）。

◆**调查目标粉丝群体的标志性特征**

调查目标粉丝群体的年龄结构、性别、文化层次、喜好、消费能力等标志性特征，从而在创造直播内容时使内容更贴近粉丝的喜好。

◆**调查粉丝群体对内容呈现形式的偏爱度**

不同类型的粉丝对文字、图片、动画、声音、视频等不同形式的内容呈现方

式喜好各不相同。比如游戏直播的粉丝对动画、声音的接受度要远大于其他类型直播的粉丝。

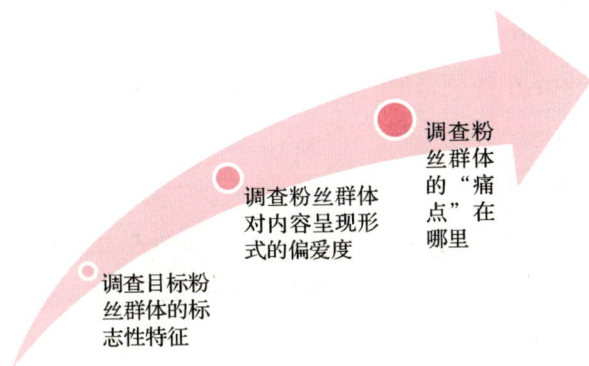

图3-6　创造直播内容前需做好的三项调查

◆调查粉丝群体的"痛点"在哪里

直播的内容最怕不痛不痒、平淡无味，因此对于粉丝的"痛点"，直播主持人要做到了然于心。所谓"痛点"，就是粉丝内心最渴望满足的需求，比如游戏粉丝的一个"痛点"就是游戏背后的故事，许多玩家都是打通了游戏却对故事朦胧不知，如果你能够创造出类似将故事与游戏技巧相结合的直播内容，那么无疑"正中要害"。

做好直播内容策划的五大方法

一旦做好了上述三方面的调查，那么你在创造直播内容时就能够做到有的放矢，直播的大方向便不会产生偏差。接下来是对直播内容的策划，可以通过下面五个方法来进行直播内容策划。

◆不能跨越道德底线

一些直播主持人在输出直播内容时仅以制造话题、引爆眼球为目的，内容质量过于低劣。这类主播即便短时间内获得了关注，但这种超越社会道德底线的行为最终不会被社会所接纳，也不会被观众所接受。因此，策划直播内容时不能超越道德底线。

◆内容要兼顾时效性

随着移动互联网的发展，如今网民们已进入"快餐"时代，庞大的信息量每天都在轰炸粉丝的大脑，因此你在策划直播内容时必须考虑时效性，过于陈旧的话题无法引起粉丝的兴趣。

◆ 内容要结合艺术，艺术来源于生活

如果能够从生活中挖掘普通内容，经过提炼使其脱胎换骨，那么直播输出的积极效果是可以预见的。在这里，有一个十分典型的案例。

"乡乡九户外"是由重庆小伙"萝卜"和"慌张"组成的，进行实时户外探险直播。户外探险直播要求主播必须拥有强健的体魄，能经受风吹日晒雨淋，能经受饥饿与孤寂的考验，而"萝卜"和"慌张"都是退伍军人，对野外的生存环境比较熟悉。这两个主播朴实而接地气的风格加上真实、刺激的直播内容，让观众直呼过瘾。

同样是户外直播，增加艺术感后，效果肯定会更好。既然直播内容来源于生活，那么最好让其高于生活。

◆ 内容要有趣

通常情况下，观众会把观看直播当成一种减压方式。因此，过于严肃刻板的内容表现方式会令观众产生排斥感，有趣的表现方式更容易受到关注。

◆ 内容输出要有价值

直播主持人作为粉丝群体的代表，所传播的内容是具有代表性的，因此每一次的直播内容都要有价值，这对直播主持人树立口碑、进行商业拓展都有积极意义。

创造独特直播内容的四个技巧

互联网上的信息量极大，以至于即使质量不错的直播内容想要脱颖而出也十分困难，因此在保证直播内容和质量的前提下，如何让内容与众不同就显得十分重要了。

机械BOSS在这方面就做得非常科学，让我们来学习一下吧。

"机械BOSS"（见图3-7）是由三位年轻人组成的主播团体，其中年龄最小的小汤刚满19岁，年龄最大的阿龙也不过23岁。他们的直播间拥有100多万粉丝，直播内容以机械舞为主。

相较于其他直播机械舞的主播，机械BOSS选择的直播场景相对生活化，他们在天桥、窑埠古镇及柳江大桥的桥头和桥底直播，拉近了与粉丝之间

图3-7　机械BOSS户外直播画面

的距离。在舞蹈编排上他们加入了自己的设计，使机械舞更加有趣，以避免观众长时间收看觉得乏味，幽默的语言也为他们吸引了不少粉丝。

尽管机械BOSS不是第一个直播机械舞的直播团队，但这并不妨碍观众在他们的直播间里哈哈大笑，也不妨碍他们的直播大获成功。毫无疑问，正是另辟蹊径的创意使他们的直播与众不同。要想做到这一点，主播首先要不断提升自身的内容创造力。

具体可以使用以下四个技巧：

◆ 多积累经验

经验也会生成创造力，在某一领域里的工作经验会对创新大有裨益。所以，你要在平常生活中多积累经验，为你的内容创新"加满油"。

◆ 留出时间去思考

创造力需要靠一定的时间培养，才会"发芽"，变"成熟"。因此，产生创意最有效的方法就是给自己留出思考的时间和空间。

◆ 借鉴成功案例

那些超级主播们已经为你树立了榜样，去看看他们是怎么做的，相信会对你

有所启发。

◆ **与团队一起创造直播内容**

无数实践证明：头脑风暴对创新有很好的作用，我们常常说的"三个臭皮匠，顶个诸葛亮"就是这个道理。

要创造出与众不同的直播内容，在创新的同时还需要对每一条输出内容的质量有"专业级"要求。比如美国直播平台vine上的超级主播马科斯和科迪，每次直播内容的构思和制作都要花费大量心血，6分钟的直播他们要花整整4个小时才能制作完成，他们会驱车到各地选景、购买道具，以丰富其直播内容。

综上所述，内容创造能力是直播主持人必须修炼的能力之一，为此你需要不断学习、主动沟通、适时改变，不断积累经验，并对自己充满信心。万事开头难，一旦有了成功的体验，接下来就会容易很多。

第5节　如何快速积累粉丝和攒人气：主播必备的六大直播技巧

积累粉丝、攒人气，是直播变现的必要条件。一名新手主播积累粉丝需要一个长期的过程。那么，有什么方法能快速积累粉丝和攒人气呢？以下六大技巧可以让你迅速涨人气，积累粉丝。

选择合适的直播时间

直播主持人在直播前要做的第一件事就是选择合适的直播时间，时间一旦确定就不要轻易更改。笔者根据直播观众活跃程度的时间段，总结出以下两个适合直播的时间（见图3-8）。

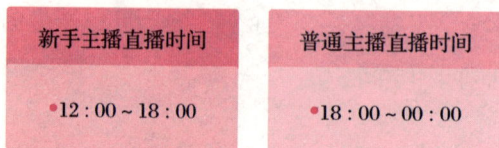

新手主播直播时间	普通主播直播时间
•12：00 ~ 18：00	•18：00 ~ 00：00

图3-8　适合直播的时间

直播观众大多习惯上线后先查看自己订阅的主播，然后根据对订阅主播的喜爱程度和当天直播的内容选择观看，这对于缺少订阅的新手主播来说是很不利的。新手主播需要了解同类内容主播的直播规律，避免与他们的直播时间重合，最好先把自己的直播时间设定为在早晨或下午的空当时段，吸引到足够的观众和订阅量后再视情况更改。

准备好背景音乐

确定好直播时间后，还要做好其他功课，比如准备好背景音乐。建议直播主持人尽量选择节奏欢快的歌曲，一般观众看直播都希望玩得开心。

同时，新人主播较欠缺聊天技巧，需要用欢快的节奏来调节直播间的氛围，如果播放舒缓的音乐会让观众有种昏昏欲睡的感觉。

任命房间管理员

房间管理员是被主播赋予禁言权限的观众，如果有观众在直播弹幕中发布广告或者是扰乱节奏、骂人，房间管理员可以禁止这个IP在一段时间内发送弹幕。

授予房间管理员的具体操作方法是这样的：

进入直播平台的个人中心，主播可以在直播设置页面中任命和撤销房间管理员（见图3-9）。

设置管理员

管理员可以帮助您维护主页秩序，禁言有侮辱性言语的用户，【青铜】和【白铜】主播最多可设置10位管理员。
达到【宝石】等级，每升一小级增加1个名额；
达到【黄金】等级，每升一小级增加2个名额；
达到【王者】等级，每升一小级增加3个名额；
达到【传说】等级，每升一小级增加5个名额；

VID	用户	设置
点击此处添加		
点击此处添加		
点击此处添加		

图3-9 设置房间管理员示意图

因为房间管理员有一定的权限，而且在弹幕中有明显的标志，所以很多观众对"房管"一职趋之若鹜。大多数主播会选择那些在线时间长且熟识的观众做房管，以免房管胡乱封IP，引发其他观众的不满。

新人主播的观众较少，熟悉和了解的观众更是无从谈起，那么新人主播如何任命房间管理员呢？（见图3-10）。

这两个方法既有助于提升直播间的人气，也可以培养第一批固定观众。如果新人主播想通过这两种方式来任命房管，那么事先要利用直播公告向观众讲明任命房管的方式、人数和禁言原则，以免观众产生误解。被任命的房管最好都加入到主播的QQ群或微信群中，这样既便于管理房管，又可以让房管帮助主播管理群组。

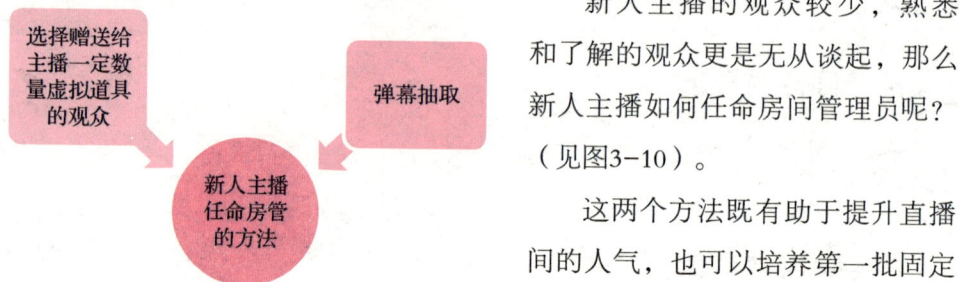

图3-10　新人主播任命房间管理员的方法

争取订阅

直播主持人是一份需要"一心二用"的工作，既要操作视频，又要与观众交流沟通，刚开始直播时出现紧张和操作失误等状况是正常的，很多时候观众反而乐于看到你的失误，他们最不喜欢的是那些埋头于直播而不理会弹幕的主播。

新手主播最怕的是冷场，观众不发言说明他们对直播的内容不感兴趣。如果你实在找不到调节气氛的话题，可以向观众征询对直播内容和直播风格的看法和意见，这既有助于提高你的直播水平，也可以拉近与观众的距离。

新手主播还可以充分利用弹幕点歌插件，通过引导和评价观众点播的歌曲来调动直播间的气氛。一旦直播氛围被带动起来，主播要不失时机地推荐观众们订阅频道，并且向观众们说明自己的直播内容和直播时间段。

树立形象

经纪公司会刻意为明星包装和树立形象，在这方面，超级主播们做得很好，很多超级主播有自己的口头禅和独特的调动直播间气氛的方式。他们的这种方式在观众的发挥下会产生大量的笑料和“梗”，从而在直播间产生源源不断的话题。

增进交流

大多数直播主持人会在直播画面和直播公告中注明自己的微博地址和交流群，因为主播的本质是一种自媒体，要想增加收益，最常规的营销方式就是通过直播吸引更多粉丝，然后通过交流与粉丝建立更紧密的关系，从而将营销策略由说服转变为让粉丝主动消费。

微博、微信和QQ群等网络社区都是增强主播和观众关系的平台，与直播间的开放环境相比，QQ群和微信群能让观众感觉沟通氛围更好，归属感更强。

大多数直播平台提供了贡献榜的功能（见图3-11）。

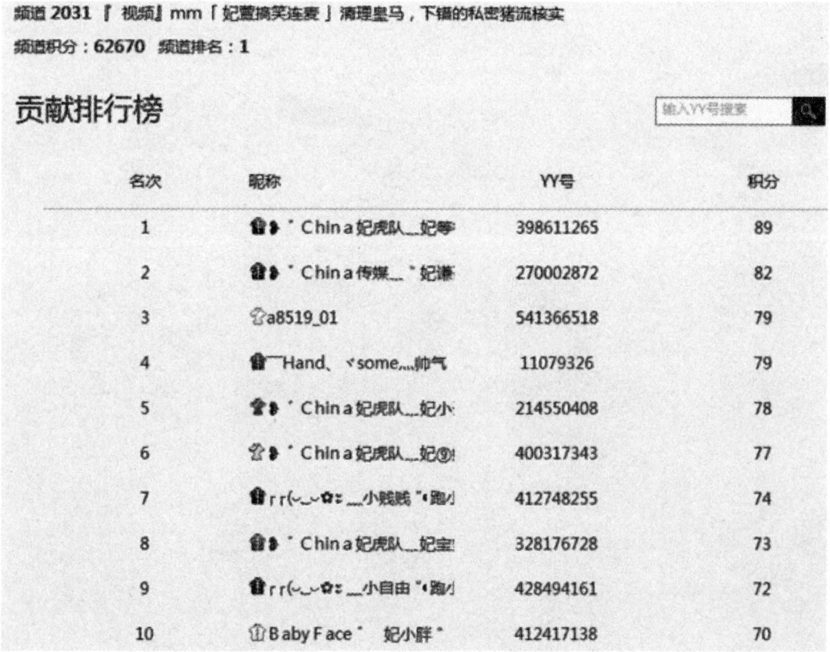
频道 2031 『视频』mm「妃萱搞笑连麦」清理皇马，下错的私密猪流核实
频道积分：62670　频道排名：1

贡献排行榜

输入YY号搜索

名次	昵称	YY号	积分
1	˙China妃虎队..妃箏	398611265	89
2	˙China传媒..˙妃谦	270002872	82
3	a8519_01	541366518	79
4	Hand、some...帅气	11079326	79
5	˙China妃虎队..妃小	214550408	78
6	˙China妃虎队..妃◎	400317343	77
7	rr(-.-✿：..小贱贱 ˙跑	412748255	74
8	˙China妃虎队..妃宝	328176728	73
9	rr(-.-✿：..小自由 ˙跑	428494161	72
10	Baby Face˙　妃小胖˙	412417138	70

图3-11　直播平台的贡献榜示意图

贡献榜上的观众对于主播来说肯定是最优质的核心观众，除了他们以外，房间管理员、发言踊跃的观众也是重点发展对象。

第4章

🔍

如何打造"有腔调"的直播间

　　大家不要以为直播间只要放一台电脑再配一个麦就可以开始直播了，单调的直播间不仅无法为主播带来人气和粉丝，甚至无法让观众坚持看完直播，直播间要"有腔调"。合理的配套设备、有辨识度的背景和道具、让你光彩夺目的布光和恰到好处的举止言行都能让直播间变得"有腔调"。本章我们就来看看"有腔调"的直播间的打造方法吧。

第1节　制胜直播间的四大"神器"

选择好直播平台并修炼好主持能力后，接下来就要购置一些直播设备了。那么直播间里需要哪些配套设备呢？

正如车辆配置会有标配、高配和豪配等类型一样，根据直播内容的不同，硬件设备的需求也是不一样的。虽然没有放之四海而皆准的东西，不过以下四样是直播间里必备的，即电脑+稳定宽带、视频摄像头、麦克风、耳机（见图4-1）。只要拥有这四件"神器"，就可以制胜直播间了。

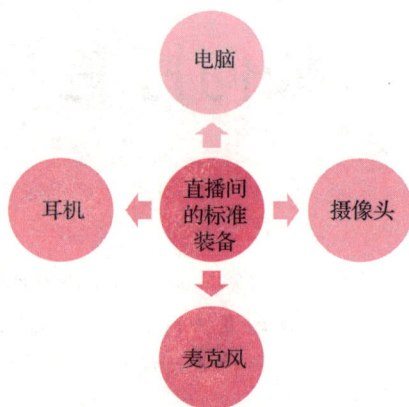

图4-1　主播直播间的标准装备

为了便于大家选购，下面就这四大设备的配置要求和选择条件进行讲解。

电脑：注意运算速度和稳定性

用来直播的电脑需要长时间运行视频，因此对运算速度和稳定性有一定的要求。在运算速度方面：不但要保证电脑能在较高的画质和帧数下流畅地运行视频，还要给直播所需的各种工具和软件留下足够的系统资源。电脑的运算速度主要是由CPU、显卡、内存和硬盘决定的。也就是说我们在选购电脑时，对这几样应均衡配置，不要有明显的短板。

在电脑稳定性方面：在长时间的直播中，电脑一旦因运行时间过长而发热，出现死机或黑屏，那这场直播就砸锅了，会被无数网友嫌弃。为了保证电脑的高强稳定性，我们最好选择用料扎实的一线品牌的电脑产品。

同时，在配置电脑的时候还要考虑直播内容变动和不断升级的问题，要选购能增加内存和硬盘的主机。

其实直播对电脑配置的要求并不高，根据直播内容的多少，电脑的相关配置会有一定的差异。但大部分情况下，这样配置的电脑就可以满足直播的需要了（见图4-2）。

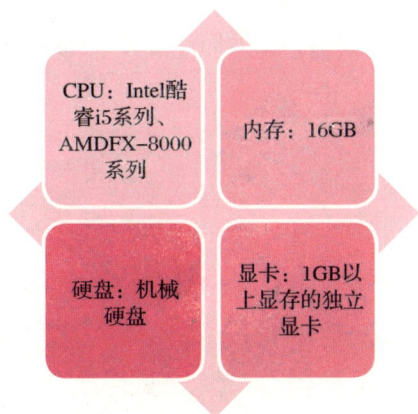

图4-2　满足直播需求的电脑配置

摄像头：要舍得砸钱的装备

摄像头是必须舍得砸钱的装备，画面质感、清晰度、拍摄角度这些全靠它，毕竟大多数粉丝都是视觉动物，摄像头可是吸粉的重要武器。

摄像头有普清摄像头和高清摄像头两种，高清摄像头是指传感器达到130万像素以上、分辨率达到720P（1280×720）或者更高的摄像头。需要特别说明的是，大多数高清摄像头标注的是经过软件处理的插值像素，并不是传感器像素，目前电脑摄像头最高只有1600×1200的分辨率，尚没有能真正达到1080P分辨率的产品。

一般来讲，具有自动对焦功能、帧率在30以上的720P摄像头即可满足直播的需要。

麦克风：产生悦耳好声音的利器

高颜值的主播配以悦耳的好声音，会让路人也驻足围观，所以麦克风要配到位，才能完美传递主播的心声。当然，并不是所有的主播都要配备麦克风，比如游戏主播只需配备一款普通的头戴式耳机即可满足直播的需要,灵活方便又好用。

相对而言,娱乐主播对麦克风是有一定要求的,麦克风是全系列、多档次路线的产品,价格从几十元到上千元不等,可以根据自己的实际需要进行选择。

目前,主播们常用的麦克风主要有两种(见图4-3)。

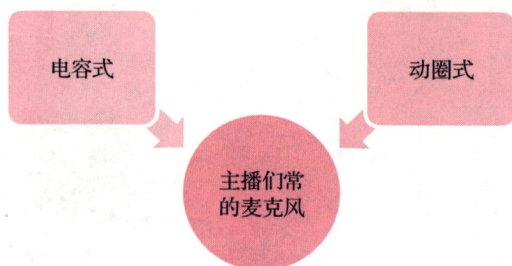

图4-3　主播常用的麦克风类型

电容式麦克风:灵敏度高、声音细腻、音质饱满,是大多数主播首选的麦克风类型。电容式麦克风的咪头有驻极体式和膜式两种,驻极体式咪头价格低廉,大多数头戴式耳机和廉价电容麦使用的都是这种咪头,输出电频高,可以直接连接到板载声卡上靠主板供电,但是音质较差;膜式咪头在动态范围和灵敏度方面都强于驻极体式咪头,市场上那些售价很高的麦克风大都是自噪声更小、灵敏度更高的大膜片电容式麦克风。

动圈式麦克风:一般被户外主播采用,它的音质特点是比较光滑、圆润,有自然美化的过程,并且它还具有单一指向性的特点,外界的噪声不容易进入,不需要电源供电,所以户外主播比较喜欢使用这种麦克风。它的缺点是音量小、人声闷,清晰度和灵敏度不够好。

对于室内主播来说,因为要与麦克风保持很近的距离,所以动圈式麦克风使用起来不如电容式麦克风方便。现在很多娱乐主播不仅配有麦克风,还配置了非常专业的悬臂支架、防震架和防喷网等设备,这些附加设备对主播所起的专业烘托作用,可能更胜于它们在声音传送过程中所发挥的作用(见图4-4)。

图4-4　主播给麦克风配上悬臂支架示意图

耳机：不仅要时尚，而且要有趣

主播为了营造更好的直播效果，不仅要收听直播中的声音和背景音乐，还需要通过语音软件与其他主播交流或协调观众一起互动，因此耳机也是必备的直播工具。尽管长时间佩戴耳机会给身体带来不适，但因为音箱容易产生回音会影响直播效果，所以在没有更好的替代产品之前，耳机仍是不二之选。

对于耳机的选择没有什么原则性的标准和方法，不管是女主播还是男主播，在配备耳机时要尽量选择时尚、有趣的耳机。

第2节　直播间背景和道具的选择：迅速树立起自己的辨识标志

打造直播间就像装修一样，硬件设备到位后，接下来就是软装了。如何利用道具和背景的合理布置打造属于自己的独一无二的直播间，从而让粉丝快速识别和记住自己呢？

这个问题其实也是一个关乎个性的问题，需要主播根据直播内容的特点、自己的形象气质和粉丝群体的特征，对直播间进行打造。下面介绍一下打造直播间背景和选择道具的原则，供你参考。

◆ **保持环境整洁、干净、清爽**

一个整洁、干净、清爽、温馨、明亮的直播环境会让主播及网友心情舒畅，所以在直播前我们要对灯光、背景、家具等进行精心布置。

◆ **点缀麦克风**

麦克风在直播中出镜率特别高，我们可以让这个单调的设备变得灵动起来。比如，可以用个性化的布偶或花朵装饰麦克风。

◆ **女主播可以在直播间里放一些可爱的小饰品，增加亲和力**

对于女主播来说，可以在直播间摄像头能照到的地方放一些诸如仙女棒、公仔、娃娃之类的小饰品。在直播过程中女主播顺手拿起，既能增加趣味性，又能提高女主播的亲和力。千万别小瞧这些小饰品的布置，虽然是小投入，但能获得大回报。

◆ **不要让背景太复杂或太单调**

对于直播背景，布置的原则是不要太复杂或太单调，复杂和单调这两个极端都不要去碰。比如，你要以一面墙壁为背景，那就在墙壁上贴一些装饰性的东西，背景太复杂或太单调都不适宜。

◆ **主播穿衣的三个禁忌**

对于主播在直播间的着装有以下三个禁忌（见图4-5）。

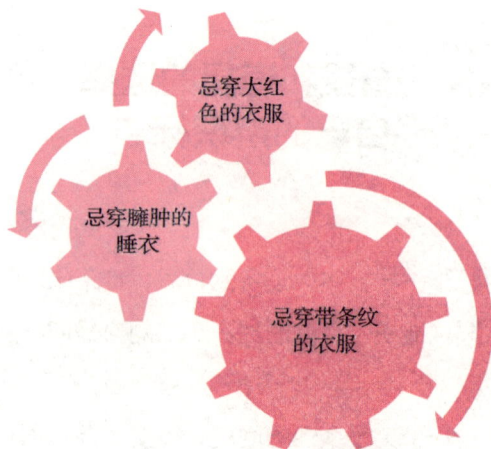

图4-5 主播在主播间的着装禁忌

主播穿衣要尽可能穿个性的服装，造型风格要符合个人气质和主播内容，服装价格并不重要，品位才是关键。

第3节　直播间布光的技巧：正确的布光让你变得光彩夺目

一个好的直播间除了适当的装饰和合理的布局外，布光也非常重要。好的布光会让主播的皮肤看上去白皙透亮，而糟糕的布光则会让主播的皮肤看上去黯然失色。

直播间灯光的调适并不像我们想象的那般复杂难学，只要掌握以下六个小技巧，新手主播也可以进行好的布光。

◆直播间布光首选软光

硬光，是指强烈的直射光，在硬光的照射下，被摄物体阴影轮廓鲜明；软光，是指照射在被摄物体上不产生明显阴影的光。

硬光方向性明显，它能使被摄物产生鲜明的明暗对比，有助于质感的表现。硬光往往给人刚毅、富有生气的感觉，软光则没有明显的方向性，适于反映物体的形态和色彩，但不善于表现物体的质感，软光往往给人轻柔细腻之感。因此，在日常直播的时候，软光更合适。

◆主灯选择冷光源的LED灯

对于直播间的主灯，建议选择冷光源的LED灯。10平方米左右的屋子配60W～80W的主光源就够用了，有条件的话建议选择灯带，其营造的主灯光线效果更佳。

◆前置的补光灯和辅灯选择可调节光源的灯

直播间前置的补光灯和辅灯建议选择可调节光源的灯，灯泡功率可以稍大一些，这样直播过程中主播可以自主调节光源强度，将灯光效果调整到自己最满意的状态。

一般在用软光的时候通常会用到反光板。直播中补光灯也是必需的，补光灯要反向照射到正对着主播的墙，造成一定程度上的漫反射效果，尤其是在前面补光的光源，使用反光板会达到意想不到的效果。

◆**直播间布光的效果及布置方位**

最基础的布光中有冷暖两种选择，在此为大家介绍冷暖布光的几款经典配置，希望大家看过后能够找到适合自己的布光效果。

暖光会让主播看上去更加贴近自然，暖暖的感觉也会让人觉得更加舒服（见图4-6）。

图4-6　直播间布置暖光的效果图

如果你的直播风格温暖、自然，直播内容不需要让观众看得非常清晰，可以选择暖光。暖光的布置要求主灯为冷光，辅灯为暖光，两组补光为暖光（见图4-7）。

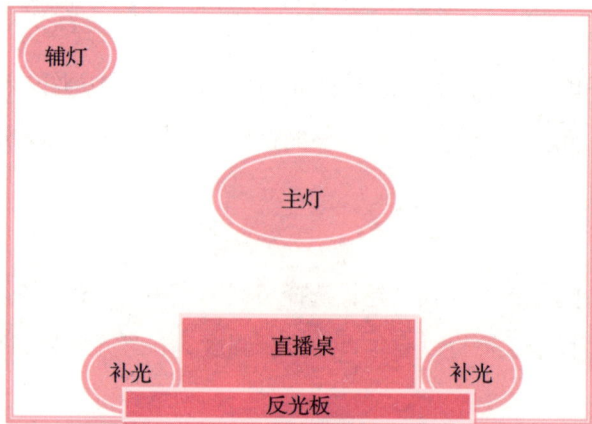

图4-7　直播间布置暖光的规划图

冷光会让主播的肤色看上去更加白皙透亮，前面补光稍微增加一点暖色，可使皮肤白皙的同时增加一点红晕（见图4-8）。

图4-8　直播间布置冷光的效果图

如果你的直播风格偏正式、严肃，直播内容是专业的、技术性的，可以选择冷光。冷光的布置要求主灯为冷光，辅灯为冷光，两组补光为冷暖结合偏冷光（见图4-9）。

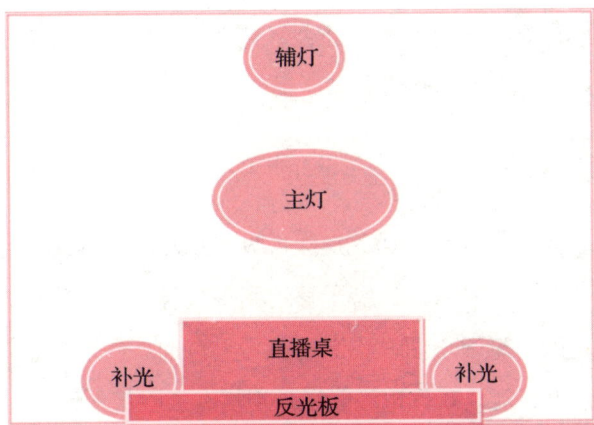

图4-9　直播间布置冷光的规划图

最后，需要提醒主播的是：脸部不要离显示器太近，把显示器的亮度调低一点，因为它会发出蓝色的荧光，这也是很多主播看起来别扭的原因。

第4节 学会这些，你的直播间将人气爆棚

现在，移动互联网已成了老少皆宜的必备工具，直播更是以迅猛发展之势成为新潮流、高热度的行业。有些直播间因火爆的人气知名度大增，并占据了行业领先地位，这些直播能够吸引观众，得到观众的认可，与主播及其团队的努力是分不开的。那么，如何打造一个人气爆棚的直播间呢？

要想让你的直播间与众不同，吸引观众，提高人气，你需要学会以下几大技巧：

保持你的在线时间

当你决定踏入直播这一行业并把主播作为职业时，就要让自己尽快进入状态，保持你的在线时间和良好的在线状态。

所谓良好的在线状态是指在线要上麦，公麦有位置就上公麦，公麦没位置就打开私麦，展现你最好、最自信的一面，坚持下去，相信游客中一定会有人为你办会员，会员中还会有人为你升级充卡。

学会和观众沟通

主播会不会聊天、有没有内涵，是能否吸引观众的关键因素。主播在与观众沟通时一定要学会做一个好听众，善于移情到观众身上，对观众的喜好有一定的了解。现在的互联网信息很全面，不懂的就马上查询。如果观众喜欢足球，你却不知道贝克汉姆是谁，观众对你也只能说是观赏有余欣赏不足了。

注重发现自己的粉丝

无论是大的直播平台，还是小的直播间及主播个人，粉丝从几个人发展到上百万人，圈粉吸粉的目的并不仅仅是为了获得成就感。通过表象看本质，我们会

发现直播的最终目的是做人气、发展会员。粉丝群的发展应该是从小到大、各阶层人士都有，因为"大财主"都是从小会员、小游客积累起来的。

注意自己的一言一行

主播只要在直播间里，就要时刻提醒自己这是一个公众场合，自己的一言一行都代表了自己的形象。在直播间，粉丝很多，素质也参差不齐，主播千万不要任性到跟观众较真赌气，与观众论高低。毕竟大多数粉丝都是有品位、有修养的，主播如果逞一时口快，失了风度，会无形中流失粉丝、"财主"以及潜在会员。

大方得体有内涵，幽默诙谐有趣味，腹有诗书气自华……拥有这些特质的主播才会人见人爱，吸粉力超强。所以如果你决定做主播，一定要再三修炼言行。

找一个让会员刷你的理由

想让观众死心塌地刷你的直播，你就要用心对待会员，以真情去感动会员，真心和会员交朋友。在会员病了、累了和心情不好的时候，真诚地关心他们，在他们几日不见时挂念着他们，给他们发信息，和会员分享你生活中的趣事，记住会员的生日，你对他们至真至诚的关心会让他们感动，他们会对你产生依赖和依恋。

每天让自己进步一点

粉丝一天天增多，对主播的要求也越来越高。各行各业、各个年龄段、各个地区的粉丝虽然都可以欣赏、喜欢你的直播，但他们对你的要求是不一样的。如何与他们沟通、与他们产生共鸣？如何让自己的直播有新意、有内涵？这就要求主播不断学习，不断进步。

主播做的是现场直播，没有彩排也没有重播，想让粉丝保持对你的欣赏，你就必须提高沟通能力，必须不断提升个人形象，对待粉丝的态度应该理性而谦和，对待粉丝的批评应该心平气和。

第5节 直播间里不应该做的事

近两年，直播飞速发展，竞争加剧，主播们为了吸引人气，使出各种奇招怪招夺人眼球。但是不管是个人直播还是企业直播，在直播间里都不应该做以下五件事（见图4-10）。

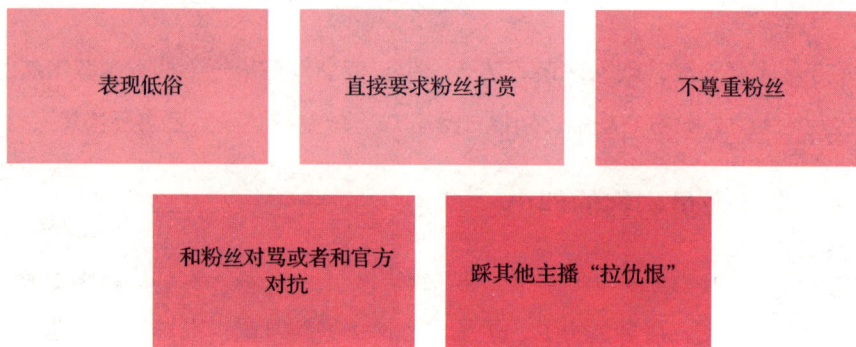

表现低俗	直接要求粉丝打赏	不尊重粉丝
和粉丝对骂或者和官方对抗	踩其他主播"拉仇恨"	

图4-10 直播间里不应该做的五件事

表现低俗

直播中要严格遵守网络视频直播管理条例，同时还不应做出可能使粉丝感觉低俗、影响主播形象的行为，这些行为包括但不限于以下三点：

◎ 与粉丝聊天互动或回应攻击时用词低俗；

◎ 对其他主播进行辱骂或言语攻击；

◎ 过分搔首弄姿，做撩拨姿态。

直接要求粉丝打赏

粉丝出于对主播的喜爱主动刷礼物或开通贵宾、守护等是合情合理的行为。

作为主播，在直播过程中无论是表演还是交流都不得诱导粉丝付费，更不能对表演项目明码标价，比如粉丝想要点歌必须先刷几组1314等。

直播中，主播不可以对粉丝提无理要求和任何强制性的行为，粉丝拥有自由和自主权，主播应充分尊重粉丝，粉丝想离开直播间也不可以嘲讽、诋毁粉丝。

不尊重粉丝

以下行为可能会使粉丝觉得不受尊重，主播在直播间禁止做这些事情：

◎唱歌不认真或断断续续不连贯；

◎对送礼物的粉丝或公屏上的文字不回应；

◎不顾大多数粉丝的情绪，直播中一直与某一两位粉丝点对点互动；

◎长时间或者频繁地敲键盘，中断表演，让粉丝等待；

◎在视频中摆弄手机或其他东西；

◎长时间对着屏幕不说话；

◎视频中出现无关的人或画面（如视频背景中有正在播放的电视画面等）；

◎与镜头外无关的人说话。

和粉丝对骂或者和官方对抗

有些主播在前期直播时人气不足，才艺表现也不太好，所以在直播过程中难免会遭到游客或粉丝的吐槽。作为一名新人，不要跟游客斗，不要跟粉丝斗，也不要违反官方相关规定。

踩其他主播"拉仇恨"

要遵守游戏规则，不碰红线，其他主播再红你也不能眼红或跟风。如果因为内心失衡踩了其他主播，一旦被举报会被直播平台封号。

第3篇

企业直播：

直播时代已来，企业该如何把握这波红利

在前面的章节里，我们从个人直播的角度分享了成为"超级主播"的修炼方法。接下来，我们将从企业的角度出发，为企业在直播中分享硕果提供一些行之有效的帮助。

第 5 章

做最赚钱的企业：
超级直播企业的四项基本修炼

　　纵观社会经济的发展历程，任何一种经济形式都不能没有企业的身影。随着直播行业的完善，其发展潜力与吸引力逐渐显现，直播为企业提供了新的营销思路，带来了新的启示。企业当然希望抓住机会在直播的蓝海中分得"一杯羹"。那么，直播与企业之间能否建立联系，企业能否通过自身的提高成为超级直播企业呢？

　　肯定能！如果把企业看成是一个独立的个体，那么它只要具备成为超级直播企业的条件，就可以成为直播行业里呼风唤雨的"超级直播企业"。本章我们将阐述一些企业直播所需的技巧和方法，教企业通过直播赚大钱，实现利润最大化。

第1节　如何快速注入直播思维

直播时代，各种以直播为载体的新商业模式竞相出现，在这个新商业模式广泛盛行的大背景下，直播经济也应运而生，从兴起到成型，再到规模化增长，直播已成为最受瞩目的新型经济形式。与十多年前我们大力倡导企业要具备互联网思维一样，如今我们呼吁企业要顺势而为具备直播思维。

说到这里，问大家一个问题：到底什么是直播思维？

你以为它是高新技术企业的"标准配备"，但现在农民工都已经在用直播思维吸粉创业了；

你以为它是网红经济的延伸，但很多网红产业已经宣布破产，眼球经济已经被颠覆了；

……

如果你还没有把直播思维注入你的企业，那么你面临的就不是落不落伍的问题，而是会不会被行业抛弃的问题。直播时代一切信息更加直观、透明，以前依靠信息不对称来获取利益的行业被大大削弱，因此直播时代的生意链一定是基于直播思维的。

令人遗憾的是，虽然2016年是直播元年，直播被世人所熟知，但大多数企业并不具备直播思维，更不知道如何运用直播经济获得收益。

什么是直播思维

关于直播思维，到目前为止还没有一个准确、公认的定义，但是直播思维已

经有很多特征可供识别。下面，我们来看一下直播思维的商业逻辑！（见图5-1）

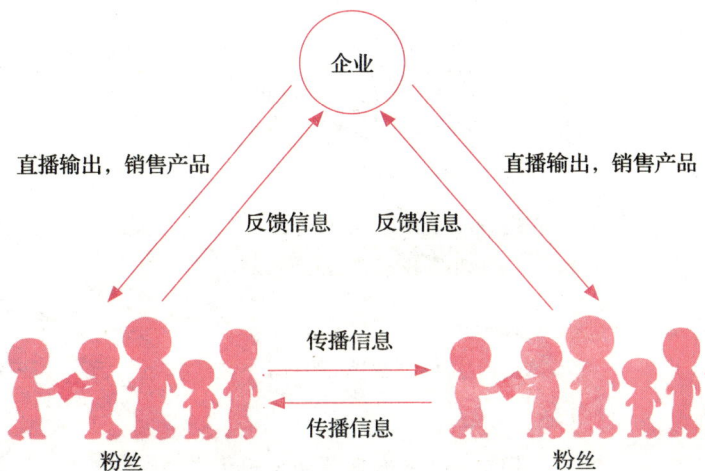

图5-1　直播思维示意图

通过直播思维示意图，我们可以清晰地看到，企业可以通过直播向粉丝传播信息，而粉丝之间也可以相互传播信息，这使得企业可以通过直播向消费者销售产品，塑造品牌形象。而要将这种可能性变成现实，则需要企业具备与直播相契合的思维。

归根到底，"直播思维"的核心是"思维"，而直播只是一个媒介，每个企业都在自觉或者不自觉地运用这种思维方式与消费者对话。随着直播技术的发展，越来越多的人在享受直播成果的同时，也会反过来推动直播思维产生新变化。

所以，不管是在传统行业还是在直播领域，企业要想搭上"直播经济"这辆快车，就要既深刻理解传统商业的本质，又具有直播思维，如此，就开启了"好时代"的大门！

企业注入直播思维的四大技巧

那么，企业如何把直播思维注入企业呢？归纳起来，企业需要转变四个方面的传统思维，才能把直播思维注入企业（见图5-2）。

转变对直播的偏见，创新直播内容

直播不是谁都可以做的，要不断学习和进步

不要急着开始直播，磨好内功自然会火爆

考虑利益时要重视粉丝的利益

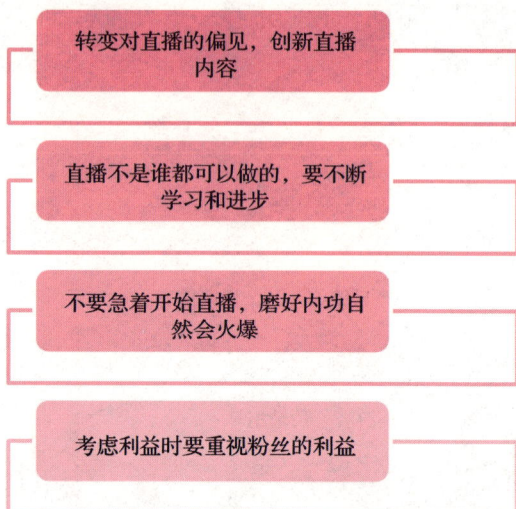

图5-2　直播思维的表现方式

◆**转变对直播的偏见，创新直播内容**

★企业传统思维：某些直播内容浮于表面，怎么还会有这么多人观看？

★企业直播思维：直播上聚集了大量流量，可是目前内容的质量还不够高，这其中潜藏着巨大的机会。

一个企业，最可怕的是面对新生事物的傲慢态度。当我们反应过来的时候，也许世界已经变了模样。当一个事物聚集了数以亿计的流量、占据了用户大把时间时，一个优秀的企业，会敏锐地捕捉到其中的商机，而不是先下意识地瞧不起。可以说，这是作为企业的必备素养。

所以，企业应该转变观念，思考直播内容是不是可以创新，是否有巨大的商业机会。

◆**直播不是谁都可以做的，要不断学习和进步**

★企业传统思维：做直播很简单，谁都可以做。

★企业直播思维：直播作为一种全新的传播方式，它拥有全新的表达环境、交互环境，要做出好的直播，企业必须不断打磨自己做直播的手艺，才能在直播领域中胜出。

　　企业想做好直播，就要把直播看作是一门需要深入研究的手艺，既然是手艺，肯定会有相关的知识、技能、技巧需要学习。

　　表面看起来，直播很容易操作，但企业如果想做好一场直播，达到销售产品和宣传品牌形象的目的，并不是一件容易的事情。这需要企业不断打磨自己的直播手艺，输出有价值的直播内容，才有可能成为超级直播企业。

◆ 不要急着开始直播，磨好内功自然会火爆

　　★企业传统思维：直播这么火，我的企业和品牌不做直播就亏大了。

　　★企业直播思维：企业和品牌做直播，门槛比想象的高很多，当资本和资源无法匹配时，不要贸然做直播。

　　这个时代变化太快，快到让很多企业十分焦虑。当一个新事物出现时，我们会急不可耐地想要试一试，希望能够占得一些红利。曾经错过的微商、网红，让我们懊悔万分，所以现在直播这么火，我们就非常害怕错过。

　　直播对于资源和内容要求非常高，如果你连文字都写不好，做直播就是天方夜谭。

　　如果你急不可耐地去做直播，没有去了解这个新事物到底需要我们付出怎样的努力，以及我们究竟有没有足够的资本和资源去投入，那么直播失败的可能性会很大。

　　说到底，没有足够的积累，没有足够的沉淀，很多红利就是没你的份儿，与其着急，不如默默地磨好内功，时候到了自然会火爆。

◆ 考虑利益时要重视粉丝的利益

　　★企业传统思维：企业在考虑利益时很少把粉丝的利益放在重要的位置。

　　★企业直播思维：粉丝关系的直播式管理。

　　企业大都有客户关系管理部，而直播思维则要求企业重视粉丝关系管理，粉丝关系管理的含义是企业向粉丝提供的创新式、个性化交互与服务。粉丝管理的目标是吸引新粉丝，固化老粉丝，扩大铁粉丝。目前大多数企业尤其是中小型企业，粉丝关系管理还未提上议程，因为企业在考虑利益时忽略了粉丝的利益，同

时企业也缺少有粉丝关系管理经验的员工。

在直播经济里，我们能够看到，直播的粉丝群体具有高忠诚度，粉丝群体对直播的青睐就像顾客对品牌的钟爱一样，忠诚度很高。因此，直播对粉丝进行引导变现时，很容易就能实现。

尽管粉丝关系管理是一种新型的关系管理，但其本质就是客户关系管理，为粉丝做好服务，了解他们的真实需求，解决他们对于产品和服务的疑问，其实质就是塑造企业形象，传播企业文化，传递产品信息。

要想渡河，得先具备一身本领，机会只垂青有准备的人。在介入任何一种新模式前，都需要全面认识、深刻了解、融会贯通，只有这样企业才更容易成功，进而摘取经济大潮中的硕果。

第2节　企业直播也要靠形象取胜

形象是企业做好直播的第一关。据网上调查显示，在直播成功的企业中，有85%在企业形象上给观众和粉丝留下了深刻的好印象。所以，企业要想直播成功，首先要过形象关。让我们首先来看几个成功的企业直播案例。

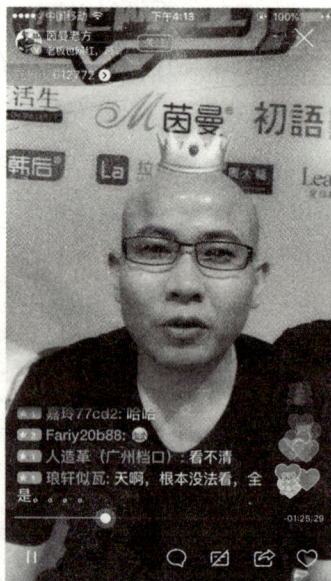

图5-3　茵曼老总方建华直播画面截屏

★案例1：茵曼老总直播，在线观看人数达到77万

2016年6月29日，在花椒直播平台上，茵曼老总方建华进行了企业直播（见图5-3）。在直播开始前，方建华在微博上宣传自己的直播账号，为直播预热。在直播过程中，方建华向观众分享了自己的创业故事，介绍了自己的品牌。临近

直播结束，方建华还为观众演唱了两首歌，引得观众纷纷点赞，吸引了77万在线观众。

★案例2：佰草集企业携手柳岩直播，1小时销售2000多片面膜

2016年5月24日，在聚划算淘宝直播平台上，佰草集携手柳岩进行了直播。柳岩在直播过程中向观众推荐了佰草集的面膜，直播一小时佰草集的此款面膜卖出去2000多片（见图5-4）。

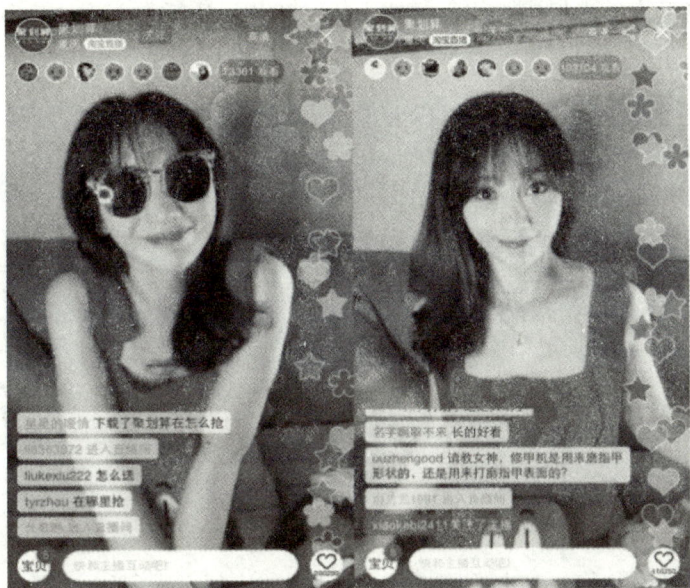

图5-4　柳岩在聚划算淘宝直播平台直播画面截屏

通过上面两则案例，我们能够深刻体会到形象对于企业直播的重要性，可以这样说，一个企业直播的成功在很大程度上取决于他的形象设计。茵曼的直播之所以成功，是因为其老总方建华在CEO行列中可谓是"颜值担当"；而柳岩则以性感成熟的形象，增加了观众对佰草集面膜的关注度。

所以，对于企业来说，要想打造"超级直播企业"，就必须进行形象设计。那么，企业应该如何设计自己的直播形象，吸引观众呢？

其实，企业直播形象设计是一件非常个性化的事情，并没有什么确切的方法或者标准，只有企业自己能判断哪种形象是最好的。不过，这里有一些原则可供

企业参考。

形象要符合网络审美观，切勿盲目"高大上"

与现实中的企业形象不同，要想成为"超级直播企业"，就必须设计符合网络审美观的形象。那么网络的审美观是什么样的呢？通过成功的企业直播，我们可以看到，颜值固然重要，但并不是网络审美观的唯一标准，而"接地气"才是网络审美观的核心。

在网络世界，人们更加注重情感上的共鸣和生活行为上的共鸣，对过于精英化、高端化的美反而不感兴趣，平淡之美才是大多数人愿意接受的。因此，企业在设计直播形象时切勿盲目"高大上"，很多时候，"接地气"也是不错的选择。

企业在设计直播形象时一定要差异化

差异化是企业设计直播形象必须遵守的规则，相似度过高的形象会令粉丝因审美疲劳而产生抵触情绪。

对于个人直播来说，形象上的相似是很大的亮点，尤其是与知名度很高的明星形象相似，这一点从曾经盛行一时的模仿秀节目就能看出端倪。从大众的视角来看，如果一个普通人的长相与某位明星酷似，这本身就很能吸引眼球，如果这个普通人再具有某些行为上的亮点，那么他就很容易脱颖而出，受到格外关注。没有人会质疑他形象上的雷同，因为他本来就是依靠这种雷同而受到关注的。

而对于企业来说则恰恰相反，形象上的相似度太高是致命的。打个比方，麦当劳叔叔的形象是成功的，如果模仿出另一个几乎一样的形象，无论如何演绎，都不能逃脱麦当劳的阴影，反而给了大众一个绝好的吐槽点。要知道，企业直播与个人直播存在差别，形象的差异化就是差别之一。

企业设计直播形象的差异应包括以下三点（见图5-5）。

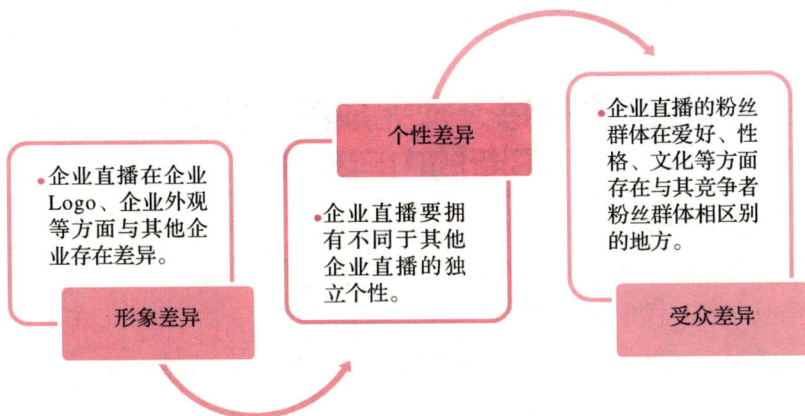

图5-5　企业设计直播形象的差异要点

综上所述，企业在设计直播形象时一定要差异化，这种差异将是今后企业直播运营时区别于竞争对手的重要因素。

企业要持续经营直播形象

企业设计好直播形象，这才是直播的开始。企业对直播形象的经营是漫长的持续性的工作。为此，企业必须做到以下三点：

◆ **要保持形象的一致性**

企业进行直播时，代表的是企业在网络上的形象，因此，企业要保持形象的一致性，切不可一段时间换一个形象，或者在不同的直播平台用不同的企业形象。

◆ **要经过长期的积累，不要奢望一夜爆红**

任何一家"超级直播企业"的成功都要经过长期的积累，粉丝数量要慢慢增加，对粉丝的影响力也是逐渐深入，这都需要一个过程。爆红固然吸引人，但爆红前的积累也同样不能忽视。因此，企业要学会经营直播，而不要寄希望于一夜爆红。

◆ **要谨言慎行，避免产生形象危机**

企业一旦直播成功，成为"超级直播企业"，一言一行要小心谨慎，避免产生负面影响。要知道一旦发生形象危机，再去弥补和改善往往需要相当漫长的时间。

第3节　企业直播每天须完成的"作业"——持续不断的内容输出

移动互联网时代，最鲜明的特征就是海量的信息与信息碎片化并存。信息更替极快，昨天的互联网信息，今天想查也不容易查到。当信息的快速更新成为一种常态时，想让用户记住你的最好办法就是持续生产新信息。

因此，企业直播要持续输出有价值的内容，持续为粉丝的热情加温，才有可能将粉丝转化为顾客。在企业直播中，粉丝之所以会选择企业推荐的产品，很大程度上是"喜欢、认可、相信"等情感叠加的结果。大多数情况下，粉丝选择的并不是产品本身，而是企业通过直播塑造的形象、输出的内容、传递的生活态度和方式。

基于这一点，企业在直播时，每天都要输出粉丝感兴趣的内容，这是企业直播每天都要完成的"作业"，粉丝的热情全靠直播内容来维系。如果企业因某些原因实在没有办法进行直播，也应及时坦诚地把原因告知粉丝，而不是以品质不高、水分多的直播内容来敷衍粉丝。

持续创造高质量的直播内容

企业在持续输出直播内容时，要保证直播内容的品质，这是需要下大功夫的。但是企业既然要做直播，就要像打造精品栏目一样，极力做到每次直播都能得到粉丝的好评。下面，作者从企业的角度出发，为大家分享持续创造高质量直播内容的方式与方法。

企业直播与个人直播相比，资源优势更强，因为企业拥有的是一个组织，在资源、能力、管理等方面优势明显，因此，企业直播可以利用这些优势来制作直播内容，提升内容质量。

◆ **建立内容策划与执行团队**

企业可以根据自身情况及品牌产品需求，为直播组建一支负责内容策划与执行的专业运营团队，选择有经验、有创新能力、熟悉互联网内容传播规律的团队成员。

◆ **建立内容发布与传播机制**

直播和电视节目一样，高频率的输出需设置一套固定的机制，让其内容生产及发布标准化流程化，以确保内容的持续性与覆盖率。

◆ **挖掘热点，紧跟热点，即时传播**

直播内容素材的选取，应把握一个原则：大众关心的就是直播关注的。热点是企业直播经常会使用的素材，它包括新闻热点、人物事实等。追热点，借热点之势，实现对企业自我影响力的传播已经被证明具有非常好的效果。但这种借势要借得自然、借得贴切，在直播内容输出上要进行二度创作，将企业元素自然嵌入热点之中，运用直播特点进行输出。同时，这个输出一定要及时，趁热打铁效果才会好。

◆ **企业要对直播内容给予相当的重视**

企业直播要重视内容输出的质量，更要重视粉丝的回应和评价。直播是企业对外信息发布的窗口，主播的言行举止都代表了企业的形象，因此企业直播要想保证高质量的内容输出，就要提前策划，在与粉丝沟通时要精准表达，切忌信口开河、随性而为，必须要做到"言多不失"。

把握直播内容的输出频率

保持内容输出的持续性并不是盲目地随意输出，在输出频率上要精心设计。对于粉丝来说，当然是给予他感兴趣的信息越多越好，但是企业作为直播内容的创造者，不可能无穷无尽地提供高质量的内容，因此把握输出频率就显得尤为重要。

郑宇轩是美拍直播的人气主播，他把各种美食的制作方法用幽默搞笑的方式在美拍上分享，再配合各种到位的表情与语言，让厨艺成为一种个性化娱乐。8

个月的时间，他在美拍平台上共进行了233场直播。同时，他还以每周两次的频率在美拍等直播平台上直播做菜。目前，郑宇轩的粉丝数量已超过了200万。

通过郑宇轩直播的更新数据我们可以看到，他的内容输出频率接近每天一次。其实大部分靠内容起家的主播在初期，内容输出频率都是每天一次到两次。这是因为在积累粉丝初期，需要依靠内容输出来"聚粉"，每天定时更新一方面为直播带来持续的曝光，能吸引更多关注的人，另一方面有助于粉丝养成收看习惯，建立起对直播的依赖性。

当企业已经累积一定数量的粉丝后，输出频率就可以适当延长，比如2~3天进行一次输出。这是因为在粉丝与企业的关系相对稳定后，随着粉丝对企业的了解，他们对企业会更宽容，在等待企业直播的时间间隔上具有了一定的弹性。

但是，一定要注意，即使你已经拥有了数量庞大的粉丝群，直播仍然不能间断，其频率仍然要保持在较高的水平，一旦你在一段时间里"沉默"，那么等待你的就只有"掉粉"。

增加直播内容的渠道推广能力

企业在直播中由于输出了粉丝喜欢的内容，在这个平台的粉丝群体里吸引了一定数量的粉丝，但对此我们只能说它获得了局部成功，仅仅是在这个平台上脱颖而出，还远远无法蜕变成"超级直播企业"。在这个社交媒体横行的时代，好的内容固然重要，但想让直播内容形成真正的影响力，渠道推广能力就显得更加重要。只有增强这种渠道推广能力，企业的直播内容才可能大范围传播。因此，企业要在直播的同时，攻占不同类型的社交平台，从而获得单一平台无法比拟的传播效果。

鉴于微博与微信在社交领域的"霸主"地位，大多数在直播平台上积累了原始粉丝群体的企业会转战到微博与微信平台，通过这两个平台扩大传播以实现自己的进阶。这就逐渐形成了企业首先在直播平台积累原始粉丝群，然后走入微博或微信这样的大社交媒体平台，最终实现内容信息全网传播的模式。

第4节　企业直播快速导流大全

直播虽火，但由于兴起的时间较短，直播平台的自有粉丝数量较少，至今仍需从其他媒体平台导入流量，并且目前的宣传也大多停留在外围推广阵地。那么，企业直播如何快速导流呢？

企业直播的导流方式分为两类，即渠道引流和内容引流（见图5-6）。

渠道引流

企业直播的渠道引流分为六个方面，下面我们将从这六个方面向你传授引流的技巧。

◆ **自媒体平台阵地**

首先，直播号提醒，分别在开播前7天、1天和直播前1小时进行提醒。

其次，在直播过程中进行链接分享，将直播地址链接分享到QQ群或微信群。

最后，平台同步，开奖截图信息同步微博平台，同步开奖信息有利于吸粉。

◆ **公关阵地**

在开播前发布预告提醒用户关注，在直播活动结束后对活动整体效果进行包装输出，衍生新的话题，使活动热度持续，形成新一轮的传播高潮。

◆ **线下门店**

主要是直播号提醒，为线上导流。

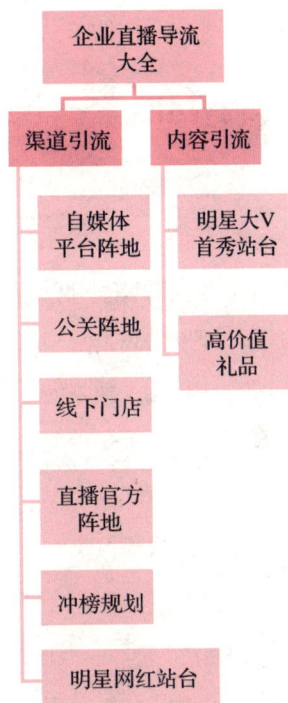

图5-6　企业直播导流大全

◆ **直播官方阵地**

直播平台可在其官方阵地（包括直播平台和微博）宣传造势，实现微博粉丝引流。

◆ **明星网红站台**

比如唯品会聘请周杰伦出任"首席惊喜官"，开启了电商企业精准跨界营销的新范例。

◆ **冲榜规划**

直播平台的显眼位置具备更直观的展示功能，可吸引更多用户。企业可通过与直播平台合作的方式，让某期直播活动占据平台上的热门位置。

内容引流

企业直播的内容引流分为两个方面，下面我们将向你介绍引流的技巧。

◆ **明星大V首秀站台**

如今互联网企业开发布会聘请明星站台似乎是一个趋势。比如"六一儿童节"，刘烨带着儿子诺一在一直播献出了直播处女秀，吸引了2292.2万的观众，最高同时在线人数有456.7万，点赞数达4623万。时下，明星的直播秀不仅能带来巨大的流量，还能提升直播内容的品质。

◆ **高价值礼品**

每天都有数以万计的直播在进行，用户凭什么看你的直播呢？多元化的内容和个性化的主播固然重要，但直播间的福利对用户也是极大的诱惑，礼品的价值越高，诱惑力越大。比如西默CEO黄基明发布直播预告的时候，就提出观看黄基明视频直播的N个理由，首当其冲的就是"这不是一场普通的视频直播，这里有万元现金、数万奖品等你来拿！"

第5节　企业直播互动的三大要点

直播不同于文字传播，互动性极强，互动的程度直接决定企业直播活动的成败，互动越火爆，直播的状态越好。互动贯穿企业的整个直播活动，从前期准备到直播结束，包括直播前预热、直播互动策划和直播创意插曲。以下是企业在直播前、直播互动中和直播创意插曲时用户互动的三大要点：

◆直播前预热策划

有的用户可能会在正式开播前几分钟进入直播间，为防止用户流失，建议主播提前进入直播间暖场。

◆直播互动策划

在直播过程中，考虑到企业直播的内容较为专业且带有一定的商业性质，不如泛娱乐类的直播有趣，为避免冷场，主播需要与用户互动，比如用户送礼时可口播感谢。如果是直播干货内容，每隔一段时间要与大家聊聊天，问问用户的感受，还要不定期派送奖品。

◆直播创意插曲

直播是实时传播，不可控因素很多，不可能完全按照台本走，又因其社交互动性很强，用户的反馈也能给主播带来灵感。比如徐扬在"大佬微直播"直播时，周鸿祎也进入直播间观看直播，留言"应该把这个办成常态节目"，并多次赠送肥皂，徐扬注意到并提及周鸿祎多次送肥皂一事，在直播间引起轰动。

第6节　企业直播的危机处理

直播的实时性和互动性在给企业带来便利的同时，也伴随着一些危险因子，即随时都可能遭到用户的质疑和吐槽,对直播活动造成毁灭性的打击,因此企业一定要具备危机意识,主要存在以下几种危机(见图5-7)。

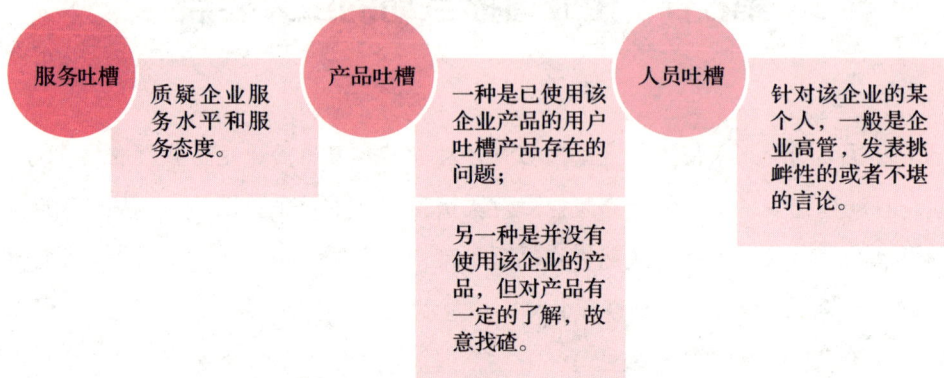

服务吐槽 质疑企业服务水平和服务态度。

产品吐槽 一种是已使用该企业产品的用户吐槽产品存在的问题;

另一种是并没有使用该企业的产品,但对产品有一定的了解,故意找碴。

人员吐槽 针对该企业的某个人,一般是企业高管,发表挑衅性的或者不堪的言论。

图5-7　企业直播存在的三种危机

遭遇以上任何一种吐槽,主播首先要做的就是保持淡定,以诚恳的态度,引导相关人员到线下交流。

在目前的直播大军中,企业直播已经崭露头角,为一些企业带来了盈利的"蛋糕",但更多的企业还站在直播的门外,我们希望本书的相关章节能帮助企业卸下负担,大胆进军直播,并从中获益。

第 6 章

"超级 IP"养成术：
直播时代的新商业法则

直播时代，如何打造一个有定位、有魅力、有标签、有内容的超级 IP？本章为直播企业和个人提供了实实在在的方法，帮你找到打造自己的方法。

第1节　要么成为"超级IP"，要么销声匿迹

说到"超级IP"，让我们先来看一个有趣的故事：

2015年8月，华谊兄弟在北京召开发布会，张国立担任主持人，他称赞老搭档冯小刚拍摄的多部作品都对社会产生了深刻影响，还提到这些作品已逐渐成了时下最流行的"超级IP"。然而张国立的这顶高帽刚刚送出，一脸懵懂的冯导反问他："你说的IP不是地址吗？"冯导的话语一落，台下一片哄然，这也成为当天发布会最大的亮点。

是冯导真不理解"超级IP"的意思吗？如果你真这样想，那你就大错特错了。冯小刚电影公社是全球首个以导演个人姓名命名的电影主题旅游项目,更准确地说，它就是冯小刚这个"超级IP"衍生的旅游产品，目前在海口开放的"1942民国风情街"，每年都能吸引数百万的游客，让华谊的旅游票房也颇为可观。通过这件事情，我们发现冯导不仅是"超级IP"早期的创造者，更是"超级IP"的弄潮儿。

冯导可以对"超级IP"谦虚说笑装不懂，但对于有意长期在直播行业发展的企业和个人来说，不知道"超级IP"是什么那就不是故事而是事故了。没有金刚钻，不揽瓷器活。这个时代，要玩好直播，得先从认识"超级IP"开始。

那么，到底什么是"超级IP"？

什么是"超级IP"

IP是英文"Intellectual Property"的缩写，直译为"知识产权"，特指具有长期生命力和商业价值的跨媒介内容运营。一个具有可开发价值的"超级IP"，至少包含四个层级，我们称之为IP引擎，它们分别是价值观、普世元素、故事和呈现形式。"超级IP"是互联网时代个人化或个体化的新物种，是由系统方法论构建的有生命周期的内容符号，它可以是具体的人或虚拟的角色，可以是文学作品，可以是某一个具象的品牌，也可以是我们难以描绘的非物质文化遗产。真正的IP有自己的价值观和哲学，不只是故事层面的快感，也不是短平快消费的短暂狂热。

如果说上述的这些解释，你似懂非懂，那我们不妨说得再简单、通俗、直白一些。下面让我们一起来了解一下"超级IP"必须具备的三个特点（见图6-1）。

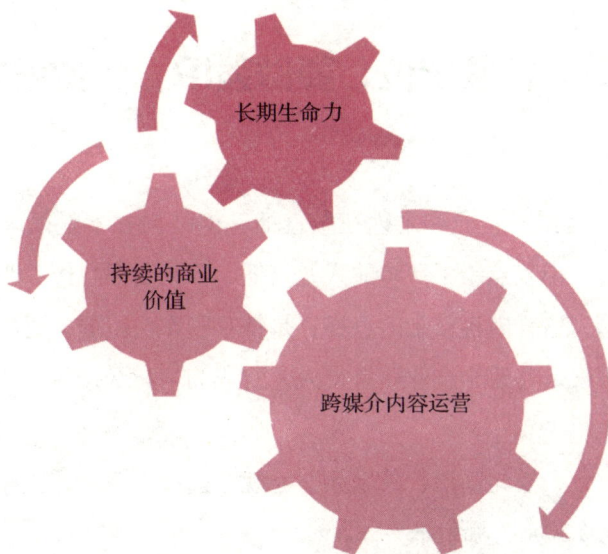

图6-1 "超级IP"必须具备的三个特点

换句话说，"超级IP"是无形的、有商业开发潜质、生命力持久、可多行业跨界运营的文化资产。它可以是一个故事、一个角色、一首歌、一句话、一个概念以及任何大量用户喜爱的事物，可以应用在多个领域创造商业价值。然而，无论"超级IP"是以什么样的形式出现，一个"超级IP"都必须让众多粉丝喜爱并拥有知名度，还要具备潜在的变现能力。

"超级IP"需要"养"

2015年，有妖气CEO董志凌发表了题为《一个IP的价值》的演讲，详细地讲解了他对IP的认识，在演讲即将结束时，董志凌说了这样一番话："如果在座的有希望做'超级IP'的话，其实可能还需要花一些精力、时间、钱。为什么？一个'超级IP'不是从天上掉下来的，是从土里长出来的。"

董志凌的话是从实践中总结出来的，令人惊喜的成绩不是从天而降的，"超级IP"的价值也是靠努力慢慢实现和提升的。这也提醒我们，不能急功近利，不能盲目地追求"拿来主义"，"超级IP"要靠"养"，"IP"的价值要靠智慧、创意和时间去打磨和提升。

第2节 精准定位：要做强IP，先做强自己

如今，虽然有很多企业和个人在做直播，但结果并不是很理想。究其原因是方向没有选对，出发点错了。有的人做直播，今天直播吃饭，明天直播睡觉，后天又直播吐槽，这样内容繁杂的直播，是很难脱颖而出的，更没有可能发展成"超级IP"。不管是直播的企业还是个人，要成为"超级IP"，先得精准定位并选好细分领域。

所谓精准定位，换句话说，就是如何让观众选择你而不是选择别人，那么你就需要告诉大家你和别人哪里不一样。

那么，直播企业和个人该如何对自己进行精准定位呢？下面，我们就结合一些成功的案例，向大家介绍直播精准定位的方法与技巧。

喜欢什么就做什么

喜欢什么就做什么，听起来很任性，但事实就是这样，兴趣是最好的老师，也是最好的指明灯，更是支持你坚持下去的动力。所以，在做直播之前，问问自己：我喜欢什么？游戏、音乐、吃？这些都可以。喜欢游戏的话，可以直播游戏；喜欢音乐可以试着唱歌给观众听；若只喜欢吃，那就开开心心地做一枚"吃货达人"，向观众分享美食，或者直播自己制作东西的过程。

禅猫网络创始人花蕾，给自己定义的标签是"文艺女青年""吃货"，她用了12天的时间，就打造出了火爆网络的禅猫龙虾。在宣传上，她改编了宋冬野的《董小姐》："爱上一匹野马，可我的家里没有龙虾，这让我感到绝望，董小姐。"

瞧，这就是一个因"吃"崛起的"超级IP"的成功案例，或许你会说它并不是通过直播打造出来的"超级IP"，但我们只是想通过这个案例把精准定位的方法告诉你，至于如何运用到直播里，只需转换一下即可。

做熟不做生

很多做直播的企业和个人没有这个概念，完全是跟风走。比如，看别人做"脱口秀"直播挺火的，就跟着做，但做了几场就做不下去了，因为自己根本不擅长脱口秀；看别人做"主播如何变现"的内容很吸引人，也开始涉足，但因为不是专业人士，很多问题不能一针见血地指出，就无法形成自己的优势和竞争力。

做直播和创业差不多，都是"做熟不做生"，你熟悉什么、擅长什么，就选择什么领域去做，这样也更容易出成绩。

papi酱是中央戏剧学院导演系科班出身，她选择用原创短视频的方式来展示自己。她以大龄女青年的形象出现在观众面前，凭借张扬的个性、接地气的内容，迅速引爆网络。如果没有影视的专业知识，不懂得选题设计、不了解年轻人对娱乐直播的需求，她的直播就无法获得广泛的共鸣。

papi酱恰好具备专业优势，她的直播有清晰的价值观：崇尚真实、摒弃虚伪、吐槽装腔作势、倡导个性自由。细想一下，这正是现代年轻人的追求！所以，你能说她成为"超级IP"是偶然吗？

直播时代，你想做自己所在领域的佼佼者，就得有拿得出手的专长。人无我有，人有我精，人精我另，给粉丝提供精神营养，才能够激发共鸣，赢得信任和支持。

要的就是"脑洞大开"

当你找到自己喜欢并擅长的领域后，接下来就是要打造一套有个人或企业特色的理论，即你的思想体系。在这方面，"罗辑思维"是个典范。

罗振宇打造的"罗辑思维"有一个突出观点：U盘化生存，即"自带信息，不带系统，随时插拔，自由协作"。他讲到，在互联网社会，很多人都可以改变命运，市场是一个非常公道的价值评论体系，以手艺人的方式、以插件的方式、以U盘化生存的方式，随时随地插拔到各种系统上，价值就不会僵化。

这样的思维，着实给不少困惑中的人带来了启发，这也是"罗辑思维"成为"超级IP"的重要原因。

善于发现用户的新需求

是不是一旦定位了，就得按照这个方向走下去，不能改变了？按照常理来说，术业有专攻，应该如此。但别忘了，直播用户是灵动的，在运营的过程中，要善于发现用户的新需求，当原来的定位和内容与用户的需求无缝对接或不匹配时，也可以考虑转变思维，以用户的需求为中心对直播进行改良，而不是想办法让用户转变需求。

从央视财经频道辞职的主持人王凯，经过半年的筹划，打造了脱口秀栏目

《凯子曰》，第一期开播不足一周，点击量就超过了50万，积累了2万多的订阅用户。当《凯子曰》受到广泛关注后，一次偶然的机会，他发现人们对故事有需求，于是尝试做《凯叔讲故事》，在运营前期，效果非常好。可是有的用户反映说，凯叔的故事不错，只是大家给孩子讲故事通常是在睡前，希望故事具有帮助睡眠的功效。发现用户的这一需求后，王凯开始对栏目进行改进。改良后的《凯叔讲故事》深受用户喜欢，孩子不仅能安静地睡着，还能学习诗歌，一举两得。

同时，为了迎合用户的需要，他还设计了《失控圣诞节》的直播，收看直播需要花费49元，直播的内容就是讲故事和抽奖，这场直播活动做得非常成功。

很显然，王凯已经把自己和《凯叔讲故事》发展成了一个超级IP，而这一切都是因为他具备变通的思维，在用户需求发生改变时能及时地发现并处理。在他看来，真正的"超级IP"一定是人，因为人在有生之年会不断产生新内容，就算没有产生新内容，这个人往那儿一放，也会是一个活品牌。"超级IP"之所以能卖钱，是因为把巨大的流量和人气聚集起来了。

魅力人格体，"超级IP"的闪光点

在直播行业，主播都希望自己能像一块磁石，把周围的人牢牢吸住。这样一种让人喜欢、让人欣赏、让人崇拜的强烈吸引力，就是魅力人格体。

成功学大师拿破仑·希尔曾经说："有魅力的人，人人都爱和他交朋友，人人都乐于为他做事；和有魅力的人相处总是愉快的，他好像雨天的太阳，就连最冷酷无情的人都能受到他的感染。"

的确如此，魅力人格体是"超级IP"的闪光点。一个不认识你的人愿意观看你的直播，这就是你在一颦一笑之间的魅力所致。个人魅力能增强自己的影响力，当人们认为你这个人很有魅力时，他们更有可能听从你的建议。

有些主播的魅力是天生的，但大多数人不具备天生的社交技能，需要后天的努力和学习。魅力并不是遥不可及的，它就摆在每个人面前，只要找到自己的个性优势，就能将自己塑造成独一无二的魅力人士。但魅力又是一个极为复杂的系统工程，需要内外兼修，慢慢修炼，无法一蹴而就。

那么，我们该如何去打造它呢？非常有效的四种方法列举如下：

◆**学会用微笑表达**

在与观众互动时不要忘记微笑，有时不需要语言，但是需要表达，这个时候就使用你的微笑弥补语言表达的不足。

◆**真诚是魅力所必需的**

没有人会对一个虚伪的人产生好感，你首先应该真诚，这样你说的话才能达到应有的效果，观众才会觉得你是一个真实的人。

◆**富于魅力的关键在于无私**

你不应向观众索取任何东西，比如表演才艺时向观众索要打赏会引起反感。急功近利的人不会博得人们的好感。

◆**魅力源于强烈的自信**

自信的感觉是非常舒服的，表现出来就是最吸引人的表情，那是一种豪情，也是一种能成功的保证。与这样的人相处，自由自在，没有麻烦，不是很享受吗？

简而言之，魅力人格体是建立"超级IP"不可缺少的一个重要因素，是与观众互动、沟通的得心应手的工具，对于直播变现，魅力人格体也会起到至关重要的作用。所以，多多练习，你会从中发现无穷价值。

第3节　个性标签化，让观众知道你是谁

一个成功的直播必定是标签化的，这样才更容易被人们记住，这一点非常重要。所谓的"标签化"，我们可以理解为在直播企业和个人身上存在的具有标志性的符号，它让你与其他竞争者区别开来，让观众知道你是谁。

直播企业和个人的标签是一种易识别、能够重复传递给粉丝群体的记忆点。许多成功的直播都为自己设计了标签，它最大的好处是有助于提升直播在粉丝心目中的品牌形象，打造"超级IP"。换句话，直播企业和个人要想打造超级IP，

就必须为自己"贴标签"。

常年在优酷直播进行游戏解说的主播"小熊flippy"便是这种标签化演绎的代表性人物（见图6-2）。

从右图我们可以看到，在醒目的标题位置，小熊flippy写的是"一个战场上笑声最大的战士"，这便是小熊flippy的个性化标签。这一标签不仅出现在他的直播间页面，每场直播，小熊flippy都会以"一个战场上笑声最

图6-2　小熊flippy的直播间截图

大的战士，大家好，我是小熊flippy"作为开场语。这一做法令他与其他主播区别开来，在任何场合只要听到或看到这句话，观众马上就会联想到小熊flippy。

我们再来看已经获得了巨额融资的超级主播papi酱。

这位凭借自拍短视频获得巨大成功的主播，在其直播中的口头禅是"我是papi酱，一个集美貌与才华于一身的女子"，这句话成为媒体与粉丝竞相传播的焦点，也成为papi酱的个性化标签。

通过上面两个案例可知，标签在推动超级IP发展中所起到的重要作用。当然这里所说的标签并不是严格意义上的文字称谓，文字只是其中一类，还有很多其他形式。标签的本质就是：一提到某个企业或某位主播，粉丝就能用几个词来概括他，或者在脑子里形成一个画面。比如，我们一想到papi酱就会想起她那句"集美貌与才华于一身的女子"。

既然标签如此重要，那么，直播企业和个人应该如何给自己"贴标签"呢？我们该如何设计自己的个性的标签，让观众"过目不忘"呢？以下四个技巧供参考。

符合气质，在留存主体的基础上进行适度加工

直播企业和个人在设计标签时，首先要让标签符合企业和个人的定位与气质。同时需要注意的是，标签并非一成不变，如今时代飞速发展，标签同样也会变得陈旧，只要符合气质，在留存主体的基础上进行适度加工，既能够让粉丝有新鲜感，也能让粉丝对主播产生更多方位的记忆体验。

方便记忆，主播标签设计要达到的最佳效果

设计标签时，另一个需要遵循的原则是"方便记忆"。过于复杂、深奥、生僻的标签会令受众产生记忆抗拒。因此，你必须遵循以下原则设计出"方便记忆"的标签（见图6-3）。

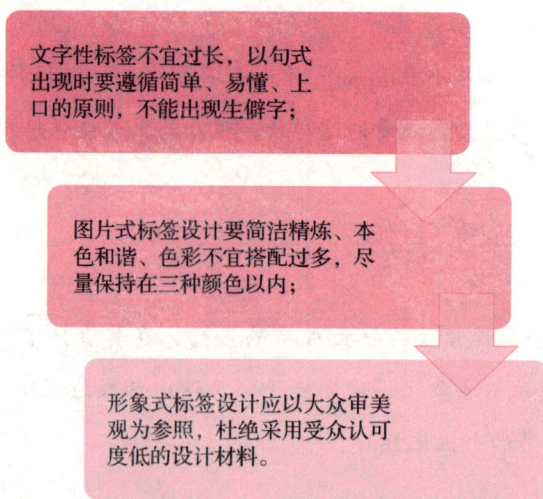

文字性标签不宜过长，以句式出现时要遵循简单、易懂、上口的原则，不能出现生僻字；

图片式标签设计要简洁精炼、本色和谐、色彩不宜搭配过多，尽量保持在三种颜色以内；

形象式标签设计应以大众审美观为参照，杜绝采用受众认可度低的设计材料。

图6-3　设计"方便记忆"的标签需遵循的原则

"方便记忆"是直播企业和个人设计标签时最重要的原则，一个方便记忆的标签在直播传播过程中往往能起到事半功倍的效果。

要新不要烂，避免"标签撞车"

设计标签时还要遵循"要新不要烂"的原则。所谓"要新不要烂"，是指标签设计要力求新颖，如果照搬那些已经被使用过的标签，不仅不利于打造"超级

IP"，还会拖后腿。

比如，几年前"网游第一美女"的标签一经问世便受到广大网友的追捧，随后，一大堆打着"网游第一美女"旗号的个人直播，不仅没能获得成功，反而把"网游第一美女"的标签做烂，时至今日再无人去相信它、关注它了。

我们应该清楚，好的标签具有排他性，一经深入人心便很难改变。为了避免"标签撞车"，最简单的方法就是设计多形式的标签，比如文字与图形、文字与形象等，把不同形式进行有机结合融为一体。除此之外，你还可以通过搜索引擎进行标签检索，看看是否有雷同的标签存在。

反复使用

在标签投入使用后，要特别注意对标签反复使用，即在直播的时候要保证标签随时曝光，尤其在直播初期。这样做的好处是：能增加个人品牌的识别度，树立主播在观众心目中的品牌形象。比如上文案例中的小熊flippy、papi酱，实际上采用的都是这样的做法。

当然，经过初期运营，粉丝累积到一定数目后，你也可以适当调整个人标签的出现频率与形式，甚至可以对标签进行一些微调，以增加观众的新鲜感。

第4节　内容力：引爆IP的核心

内容，贯穿于整个直播过程中，打造"超级IP"也不例外。就目前我们所看到的那些"超级IP"，其直播内容无一例外都是经过精挑细选的。

一个"超级IP"，在直播内容上是绝对不逊色的，直播界里有个共识，那就是好的内容才是吸引观众的根本。可以这样讲，"超级IP"本身不是万能的，好的内容才是王道。

那么，什么样的直播内容才能称为"好"呢？我们认为，至少要包含以下两个方面：

其一，好的直播内容要具备娱乐性。这是一个泛娱乐时代，没有趣味的东西是没有市场的。

其二，好的直播内容在娱乐之余，还应当有打动人心的地方。

如果说"超级IP"的养成是一场残酷的比赛，好的直播内容就是能增加胜算的帮手。在内容为王的直播时代，多了解如何制作吸引眼球的直播内容，绝不会吃亏。

那么直播内容的落脚点在哪里呢？换句话说，我们在打造"超级IP"时，要从哪些方面入手呢？下面，我们介绍一下构建超级IP直播内容的分类：

◆ **热点性内容**

热点性内容就是在某一时间段内，搜索量迅速提升、人气关注度高的话题。要了解热点事件，可以借助各种网络平台通过数据进行分析，比如百度搜索等，用好了热点就能迅速带动流量。

◆ **时效性内容**

所谓时效，就是在某一时间段具有最高价值，比如"戛纳电影节""世界杯"，这些都属于时效性内容，如果利用得好，创造出有价值的直播内容，往往就能获得人气。

◆ **即时性内容**

即时性内容，是指直播内容表现的是当下所发生的事。运用即时性，一定得掌握好策略，在第一时间完成直播内容创作，如果成了跟风作品，效果就会差很多。

◆ **持续性内容**

持续性内容，就是说直播内容的价值不会随着时间的流逝而变化，不管在哪个时间段，它都能产生一定的效应。在直播内容中，持续性内容属于中流砥柱，也运用得比较广泛。

◆ **方案性内容**

方案性内容是有计划的、符合直播营销策略的内容，在制定时进行了市场调查，考虑到受众群体、主题选择、直播平台、预期效果等，通过数据对比分析，做出相应的计划。就其本身来说，是很有价值的，含金量比较高。

第 7 章

"吸睛"的直播，要靠电商才能走向"吸金"的巅峰

和传统的电商不同，"直播+电商"借助于互联网经济互动化、生活化、场景化等优势，将商品和用户直接联系在一起进行闭环引导，构建出一个完善的变现模式。本章分别从"直播+电商"、"直播+跨境电商"、"直播+网红电商"三个方面全景式展示电商直播的商业优势及运营逻辑。

第1节　直播+电商，绕过"BAT"的另一个机会

迅速发展的直播业务，与互联网行业结合，形成了"直播+"经济，其中的"直播+电商"尤其引人注目。

"直播+电商"就是通过直播来售卖产品或服务，支持交易。从目前的形势看，"直播+电商"颠覆了电商的营销模式，为电商的发展提供了一个新的思路，为直播变现提供了一种新方法。"直播+电商"是绕过"BAT"（百度、阿里巴巴、腾讯）的另一个机会。

"直播+电商"的优势所在

和传统的电商不同，"直播+电商"借助于互联网经济互动化、生活化、场景化的优势，将商品和用户直接联系在一起进行闭环引导，构建出一个完善的变现模式。在该模式下，无论是商家还是消费者，都表现出了其他模式不具备的优势。

下面，我们着重从消费者和商家的角度来总结一下"直播+电商"带来的好处。

◆ 为消费者的决断提供了可靠的依据

对于消费者来说，网购最大的缺陷就是不能亲身体验，从而增加了决断的困难。"直播+电商"很好地解决了这一问题，直播能将产品更客观、真实地展现在消费者面前，为消费者的决断提供了可靠的依据。归纳起来，"直播+电商"可以为消费者带来以下好处：

◎ "直播+电商"能让消费者全面了解真实的产品；

◎ 通过主播的讲解示范、回答问题等互动形式，解决了"讲解"这个导购问题；

◎ 直播的即时互动性，可以给消费者一种一群人聚在一起购物的感觉。

◆ 为商家降低成本、增加流量、增加利润

对于商家来说，"直播+电商"能帮助其降低成本、增加流量、增加利润等。我们对其进行总结，可以得出以下结论：

◎ "直播+电商"能够帮助商家将产品信息全方位地展示出来，能够将产品的特色淋漓尽致地表现出来，为用户决策提供了有效的依据；

◎ "直播+电商"将"一对一"的服务转变为"一对多"的服务，减轻了客服的工作，减少了雇用客服的成本。并且，主播在直播的过程中可以边讲解边演示，这样效果更好，咨询效率也更高；

◎ "直播+电商"能够为商家做宣传，促使商家的品牌效应有效扩大，从而提升销售额，帮助商家获取更高的利益；

◎ 借助于"直播+电商"，通过明星、网红为商家积攒人气，营造团购氛围，提升消费者的决策效率，提升商品的变现率，从而使商家快速盈利。值得注意的是，这个团购氛围并不是降价促销造成的，而是通过网红、明星形成的，因此，相较于降价团购来说，这种意义上的团购不但不会影响商品价格，还能帮助商家获得更高的利润。

在"直播+电商"的领域里，淘宝、蘑菇街和聚美优品三分天下，各占一席之地。其中，淘宝聚划算的直播以明星为切入点，聚美优品和蘑菇街的直播则以网红为切入点。这些电商平台直播的崛起无不向我们透露一个信息："直播+电商"的模式已然兴起。

"直播+电商"模式下的创业机会

"直播+电商"的兴起，不仅给消费者带来了便利，给商家带来了机会，同时也带来了创业机会。从2015年开始，很多创业公司在不同的垂直领域进入"直播+电商"模式的创业行列。下面，我们一起来看一下"直播+电商"究竟带来了哪些创业机会。

◆ **定制电商**

作为手艺人，最大的优势就是可以个性化定制，最大的劣势在于生产能力有限，成本与售出价格不成正比。"直播+电商"可以让消费者全程参与产品的生产和设计，亲眼看到产品是如何被制作出来的。而且在产品制作过程中，消费者还可以与手艺人互动。

定制电商直播的付费形式为"基本费用+成本费+制作时间费"。鉴于这样的模式，车辆的养护和维修、服装定制、家具定制、鞋帽定制、数码配件、饰品定制等都可以引入。

◆ **代购与消费决策电商**

在房地产销售或者租赁行业，"直播+电商"带来的创业机会让"私人房产经纪人"得以崛起。这样的房产经纪人会提前定制"看房计划"，然后通过直播，代替业主去查看房源，告诉业主房子的具体情况。

"私人房产经纪人"的收入不再依赖房地产公司的销售提成，而是来源于购房者的服务费。房地产销售公司只需要聘请"私人房产经纪人"，就可以达到收买市场上所有人的目的。这比头晕眼花地看VR样板房更容易让购房者信服。

◆ **旅游、幼儿园、宠物寄养等场景分离的电商**

旅行社通过直播向旅客推荐和介绍旅游地的情况；父母可以随时打开幼儿园的现场直播摄像头，了解孩子在园的情况；宠物医院或寄存点可以通过直播，让主人查看狗狗被寄养的情况。

◆ **创业公司的加入**

小红唇与波罗蜜都专注于细分市场的开拓，它们上线后吸引了众多资本家的目光。如今，伴随着"直播+电商"模式的发展，越来越多的初创企业开始采用这种模式，以直播形式为电商化运营导入流量，从而达到变现的目的，比如以下几家创业企业。

★美芽美妆：以美妆视频分享为主导，主要面向女性用户，于2015年2月推出，并在同年12月推出直播功能。到2016年，美芽美妆的用户规模达1800万，其移动端的用户接近500万，于2015年2月下旬完成天使融资，经纬中国参与投资。

★GoGal够格：是一个直播电商平台，汇集了世界各地的网络红人与经验丰富的买手，其团队由腾讯、阿里巴巴及湖南电视台的优秀人才共同组成，于2015年10月建立，推出后不久便完成天使融资，迅雷参与投资。

★拍拍酱：北京拍店电子商务有限公司开发的一款视频直播电商平台，可通过直播形式与主播一同参与到商品挑选、购买的过程中，允许用户在观看过程中下单消费。

★真真海淘：是一款直播跨境电商交易平台，采用个人对个人的交易模式。真真海淘于2015年末成功完成天使融资，资金规模达2002万元，到2016年，有160多位专业买手通过平台审核，在德国、日本、荷兰等八个国家展开业务，该平台于2016年4月推出移动端应用，并在更多国家及地区开拓市场。

★西柚买手：该平台为消费者提供全球奢侈品代购服务，鲁洪矗作为西柚买手的创始人与首席执行官，曾在阿里巴巴、联想等知名互联网公司从事推广及营销工作，其主要团队成员也拥有在腾讯、京东等知名互联网企业工作的经验。该平台于2015年10月完成天使融资，资金规模大约为1000万，星河互联参与投资。到2016年，西柚买手的买手达2000多人。

采用直播与电商经营相结合模式的初创企业，多以海淘业务或美妆类产品经营为主。因距离太远，很多消费者无法直接到海外购买商品，通过中间商购买，又面临信息透明度低、决策难等问题，直播形式则提供了有效解决方案，以现场直播为消费者提供当地产品的各方面信息。专业买手在海外市场购物时，能为消费者详细讲解当地的优质产品，还能立体化地展示商品。另外，随着美妆类直播电商的迅速发展，主播的专业意见对用户的消费决策产生的影响越来越大。

以小红唇与波罗蜜的发展为例，采用"直播+电商"模式的企业应该注重以下问题：

> ◎在切入细分领域时，要保证相对于传统的文字或图片，以直播形式分享内容能够极大地提升用户体验；
>
> ◎保证主播推荐的产品在自身电商平台的经营范围之内，若两者之间没有交集，直播也就无法为电商平台的运营导入流量；
>
> ◎无论是在引进主播人才时，还是在输出直播内容时，都要保证其整体风格与平台本身的特点相符，形成有效的用户积累。

◆ 直播+电商的想象空间

在移动互联网时代，用户的精力和时间都趋向于分散化，加上直播形式对用户的吸引力不断增强，直播与电商相结合的模式会受到众多企业及消费者的青睐。与直播形式相结合的电商运营，能够利用关键意见人对用户的引导作用，通过专业的讲解，减少用户的决策时间。不过，与传统的文字及图片形式相比，视频直播所需的观看时间要更多一些，若消费者此前没有明确要购买的商品种类，仅凭直播选择商品，可能会降低购物体验。所以，不建议综合类电商平台采用直播与电商相结合的模式，那些专注于细分领域的平台更适宜将直播与电商运营相结合，这意味着各领域采用该模式的实力型企业将并存于市场。

对采用直播与电商相结合模式的初创企业而言，其拓展细分领域的程度，以及采用该模式后延伸出的开发空间，都会影响企业未来的发展前景。如今，无论是传统电商开发直播功能，还是初创企业采用新兴模式的创业团队，都证明了直播与电商相结合的可行性。

电商近年来蓬勃发展，直播行业也在迅速崛起，两者的结合十分令人期待。对直播行业来说，电商运营可作为其有效的变现渠道，对电商平台来说，直播则能够带来流量，实现双方共同发展。伴随着直播与电商结合的深入发展，其潜力将逐渐被挖掘出来。目前虽无法推测谁能够成为最后的赢家，但对有意在该领域一展身手的企业来说，应当抓住时机制定战略并立即付诸实施。

第2节　直播+跨境电商：引爆跨境电商运营新玩法

在直播引爆热点的时候，跨境电商也不甘落后，一再登上热搜榜。究竟是什么让跨境电商几次登上热搜榜呢？

原来，2016年4月税改新政发布后，大量进口商品无法进入国内，导致跨境电商没有了货源，陷入进退两难的境地。然而一个月后，海关总署又发布公告称跨境电商有一年的"过渡期"，这给已经快要沉落的跨境电商又带来新希望。

恰逢此时，直播以互动性强、受众广和独特的盈利模式进入大众的视野，于是，跨境电商抓住这一机遇，开启了"直播+跨境电商"的新模式。

"直播+跨境电商"的两种模式

当"直播+跨境电商"的新模式引爆电商界时，自然也吸引了众多资本。比如，亚马逊打造了名为"时尚密码现场"的直播节目，蘑菇街为了扶持其旗下艺人投入了3亿元，再比如将直播化运营奉为战略的网易考拉海购。

我们对"直播+跨境电商"的各个案例进行总结，归纳出"直播+跨境电商"的两种模式（见图7-1）。

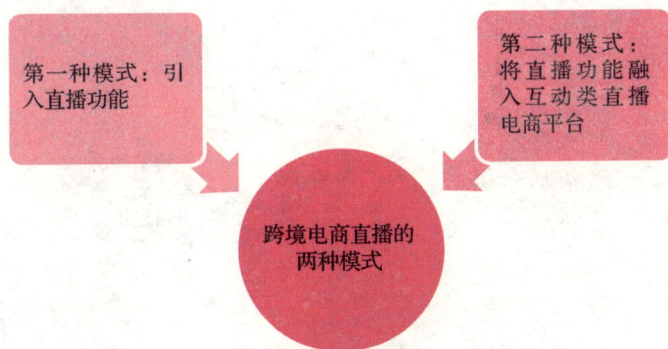

第一种模式：引入直播功能

第二种模式：将直播功能融入互动类直播电商平台

跨境电商直播的两种模式

图7-1　"直播+跨境电商"的两种模式

第一种模式的典型代表是聚美优品和网易考拉海购，它们经常邀请大牌明星做直播，以达到直播变现的目的。

第二种模式的典型代表是波罗蜜，这种模式将自营海淘、视频直播和店头价结合起来，海外直接采购、直接邮递，通过直播和用户互动，产品只卖当地的店头价。通过这种模式，跨境电商平台可以汇聚一大波粉丝，达到粉丝变现的目的。

虽然这两种模式的表现形式不同，但它们产生的基础是一样的。具体方法就是借助直播构建丰富的内容，为平台带来额外流量，提升购买转化率。从本质上来讲，直播是手段，电商才是目的，达成交易、售卖商品才是目的。这也就表明，"直播+跨境电商"与那些纯直播平台是不一样的。

"直播+跨境电商"不仅能给跨境电商平台带来价值，还能给用户带来便利。从另一个角度来讲，这种模式的成功也说明传统的跨境电商模式存在诸多问题，并且这些问题亟待解决。因此，对于网购平台来说，提升用户体验，寻找新的价值缺口势在必行，而"直播+跨境电商"模式的出现为其提供了一个很好的思路。

"直播+跨境电商"的主要优势

从现实情况来看，"直播+电商"为跨境电商的发展带来了生机，注入了活力，这一点是毋庸置疑的。那么，作为后起之秀，直播为何能吸引各大跨境电商平台纷纷试水呢？换句话说，"直播+跨境电商"究竟有什么优势呢？

"直播+跨境电商"的优势有以下三点（见图7-2）。

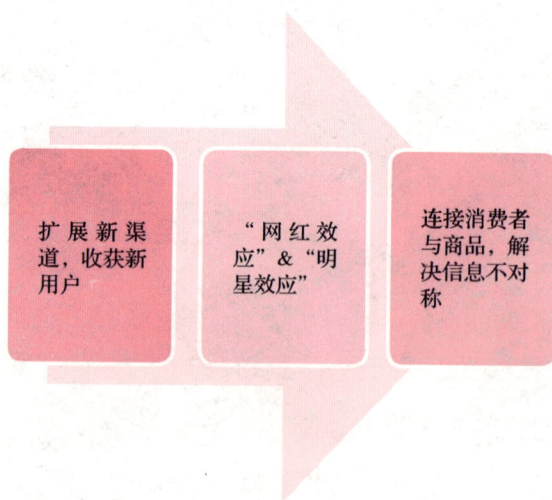

图7-2 "直播+跨境电商"的三大优势

◆ **扩展新渠道，收获新用户**

首先，我们对跨境电商平台获取用户的渠道和成本进行分析。据相关数据显示，2015年，跨境电商平台获取一个新用户的成本超过400元，其渠道也大多是平面广告、网站引流等传统渠道。一方面，超高的新用户获取成本给跨境电商平台带来了较大的压力；另一方面，各电商平台在渠道争夺方面的竞争愈演愈烈，在争夺的过程中一些实力较弱的平台往往会落败。因此，扩展获取用户的新渠道对于各跨境电商平台来说是第一要务。

其次，从直播本身来看，随着直播的火热度持续升高，数百款直播APP瞬间涌现，无论是话题效应还是关注度，都值得肯定，也因此产生了很多流量，而这些流量转化为潜在用户的可能性很大。

因此，跨境电商想要获取新用户，借助于直播这一工具，无论是成本还是转化率都有优势，是一个很好的试水机会。

◆ **"网红效应"＆"明星效应"**

就目前来说，直播最常见的是网红直播和明星直播，跨境电商面临的最大难题是获取新用户的渠道窄、成本高，而借助于网红直播或者明星直播，网红或明星自带的粉丝效应会为平台带来巨大的流量，从而为跨境电商平台带来很好的发展机会。

◆ **连接消费者与商品，解决信息不对称**

消费者购买跨境电商的商品是为了享受更高品质的生活，其中很重要的一点是消费者希望买到正品。但是，消费者买的是否是正品，这是很难把握的。因此，对于消费者来说，如何选择平台，如何选择商品都是亟须解决的问题。相对的，对于跨境电商平台来说，如何将平台服务信息和产品信息传达给消费者也是他们亟须解决的。

而借助于"电商＋直播"这种模式，通过直播在消费者和商品之间搭建一个沟通的桥梁，商品信息和消费者诉求可以直接对接，满足了双方的需求。无论是网红直播还是互动直播，都能解决信息不对称的问题。

"直播+跨境电商"模式如何落地？

虽然"直播+跨境电商"这种模式给跨境电商的发展带来一个机遇，但是从本质上看，这种模式只是改变了一下宣传方式而已，与"电视+电商"模式非常相似。因此，要想促使跨境电商借助此模式长久发展，还要解决下面几个问题：

◆ **如何持续保持高流量**

我们先来看一些数据（见表7-1），通过这些数据，也许你会得到启发。

表7-1　跨境电商直播的在线人数分析表

聚美直播		蘑菇直播		网易考拉&网易客户端直播		网易考拉&花椒直播	
主播名	在线人数	主播名	在线人数	主播名	在线人数	主播名	在线人数
雅慧Lhaa	6745	Angel大大A	3361	T-ara 朴昭妍	369766	周然	31938
鱼月	5464	Akyo	2832	吴胜雅	256587	台霸子	32056
马小妹	3781	Xxxx_U	2422	高恩雅	26801	Chyi	4873

通过上表的数据，我们可以清晰地看到：各跨境电商直播平台的在线人数差距很大。这种差距一方面是因为平台，不同的跨境电商直播平台，参与的人数有很大的差距，相较于那些自制的直播栏目来说，成熟的直播平台能获取的流量更多；另一方面，网红和明星的人气越高、粉丝越多，获取的流量也就越多。这就说明这样一个事实："直播+跨境电商"的流量是根据在线收看直播的人数来确定的，人数越多，表明获取的流量越多。

所以，"直播+跨境电商"首先要面对的就是流量问题——流量高的平台如何持续保持高流量，流量低的平台如何提升流量？为了解决这个问题，跨境电商或许会将合作对象锁定为高流量平台或者高人气网红、明星。除了优化合作对象之外，跨境电商还要继续对直播内容进行优化，以期通过内容打动观众，提升观众的参与度。

◆如何实现高效转化，并带来高销量

虽然直播属于娱乐方式，但"直播+电商"却是一种做生意的方式，目的是解决一些经营、销售方面的问题。不管使用什么样的营销方式，"直播+跨境电商"的目的无非两点：提升品牌的知名度和美誉度，提升产品销量。当然，前者也是为后者服务的。所以，作为一种新兴的交易模式，"直播+跨境电商"同样需要考虑如何为平台带来销量，这是非常重要的。

从目前的情况来看，"直播+电商"的模式为跨境电商平台增加了曝光率，借助于该模式，跨境电商平台的知名度和美誉度有所提升。因此，在直播的过程中，跨境电商平台要想方设法引起用户对平台、对产品的关注，最终引导其下单购买。在这方面，网易考拉海购做得非常好，我们一起来学习一下吧。

以网易考拉海购和明星合作直播为例，网易考拉海购借助自身的媒体优势，通过直播击中网购用户的消费痛点，进而提升了销量。借助于"直播+电商"的模式，网易考拉海购平台上高端产品的搜索量较同期翻了一番。

看到网易考拉海购的成功，如果你也是跨境电商，是不是很想马上开启一场直播，引爆流量？对于处在困境的跨境电商来说，"直播+电商"模式是一种新尝试。接下来，跨境电商平台仍要将如何提高转化率，如何提高销量作为重点问题，通过定制内容、增强互动等方法予以解决。

◆如何解决高成本的问题

从目前的情况看，跨境电商的合作对象通常是国内的直播平台，也就是说，无论是平台还是网红（明星），跨境电商都需要支付一定的费用。因为我国很多直播平台仍处于起步阶段，这个费用可以免去，但是网红或者明星的费用却是无法免去的，这对于跨境平台来说也是一笔很大的开销。并且，网红或者明星的人气越高，能为平台带来的流量就越高，其费用也就越高。再加之，目前适合做跨境电商直播的网红数量很少，在各平台的争抢下，价格自然水涨船高。

为了解决网红成本高的问题，有些跨境电商平台开始尝试自己打造网红，但

运行一段时间后，发现自己打造网红的成本和选择网红合作的成本差不多。毕竟papi酱的成功只是个例，大部分网红都是需要专业的团队投入大量精力和金钱打造的。

因此，从这个层面来说，跨境电商平台可以灵活变通一下，不要将直播限制在视频领域，可以从图片、文字等方面做不同的尝试。目前，以网易考拉海购为代表的跨境电商平台就在这方面做了种种尝试。

第3节　"直播+网红电商"风已起，你能否抓住？

2015年，网红电商突起；2016年上半年，网红直播红极一时；如今，站在风口上的则是"网红+直播+电商"，它的出现，似乎让"直播+电商"找到了"吸金"的好模式。

虽然"吸金"，但"直播+网红电商"的模式对于大多数人来说，还比较陌生。是否适合自己、存在哪些问题以及如何切入进来，都还存有疑问。

为什么"网红+直播+电商"会火

"直播+网红电商"为何会如此火爆？到底它有什么优势？

其实，从本质上讲，"直播+网红电商"就是传统意义上的电视直销，唯一不同的是，从主持人单向输出变成了网红与观众之间的互动沟通。与传统的电商相比，网红直播的形式有更加生动的传播效果。用户在直播平台上看到主播介绍产品或者试用产品，除了能打赏外，还能在屏幕上随手点击优惠券、红包、商品的导购链接，实现了"边看边买""边玩边买"的购物体验。

通过对2016年比较成功的"直播+网红电商"的案例进行分析，可看出"直播+网红电商"有以下三大优势（见图7-3）。

如果你仔细看这三大优势，会发现网红和直播的到来无疑成为电商平台的一场甘霖，作为电商平台，就看你是否能抓住这一机会，利用网红直播从中分得更

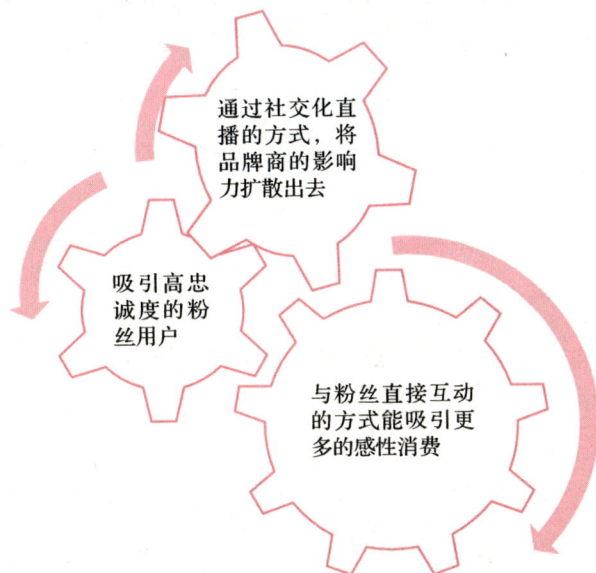

图7-3 "直播+网红电商"的三大优势

多利益。

电商如何才能做好"网红直播"

很多电商迫不及待地想知道如何用"网红直播"为自己"吸金"，目前，大多数电商对于网红直播是又爱又恨，同时也被"如何做好网红直播"这个问题深深困扰。

在"直播+网红电商"的模式中，涉及的是整个生态链的搭建，上到供应链，下到店铺运营、粉丝维护，以及网红孵化和经纪、网红成长培训体系、直播技术支撑等。

如此庞大的生态链，对于像淘宝、京东这样的大电商平台来说是可以轻松搭建并玩转网红直播的，但对于大多数小卖家或某一品牌来说，想要采用网红直播来为自己"吸金"，并不是一件容易的事。为了更好地搭建网红直播的生态链，小卖家可以考虑借助第三方服务机构的力量来完成网红直播。

中粮为了让"我买网生鲜健康美味"的理念深入人心，与喜宝动力合作推出了一场美食直播。喜宝动力邀请曾在外交部服务局做过主厨的卓有公大厨担任直播主嘉宾，另外，还邀请了网红刘依倩和明星冯璧晴做嘉宾。在直播过程中，厨师操作烹饪，网红试吃，将食材展示给观众，引发观众对食材品质的认同感。

本次直播主推的我买网商品订单量和成交金额分别提升了750%和629%，访客转化率1.88%，提升331%。而且，本次直播还拉动了我买网的整体业绩，全店订单量和成交金额也分别提升了58%和76%。

通过中粮网红直播的案例，我们可以看到，中粮作为商家，就它本身来说，是没有能力搭建网红直播的完整生态链的，所以它选择与喜宝动力合作，借用别人的力量成功进行网红直播，实现了营销目的，这一做法值得电商学习借鉴。

第4篇

直播变现：
如何打造多元化的盈利渠道

变现，是所有直播的核心目标，也是直播最为重要的环节，它决定着企业和个人直播的成败，影响着直播的发展。2016年是直播元年，根据中国直播榜的数据来看，2017年直播收割季将真正来临。那么，企业和个人如何依直播来变现？本篇我们要介绍在直播中，打赏、广告、粉丝变现、流量变现的方法和技巧，助你在直播变现中赚得盆满钵溢。

第 8 章

直播收割季来临，变现还得靠这四招

目前的直播模式，变现的方式并不多，主要有电商转化、打赏、广告以及多维组合这四种方式。本章我们就介绍一下这四种直播变现的方法，助你在2017年直播收割季赚得盆满钵溢。

第1节 电商，绕过"BAT"的一个绝佳机会

虽然说"直播+电商"是绕过"BAT"的一个绝佳机会，但是，令人遗憾的是，很多人对此却不以为然，认为"直播+电商"是一个伪命题，更别说变现和绕过"BAT"了。然而，当你还在质疑这一变现方式的时候，很多人已经通过"直播+电商"掘金无数。不信的话，我们来看看张大奕的案例，她的直播或许会让你相信"直播+电商"强大的变现能力。

图8-1 张大奕在淘宝直播的画面截屏

2016年6月，人气网红张大奕在淘宝直播平台上开通了自己的直播间（见图8-1）。通过直播，她向观众介绍了自己的新款服装，并介绍了每一件衣服的搭配方法。此次直播吸引了41万人观看，点赞数高达100万。

直播结束后，张大奕的淘宝店铺在两小时内达成2000万的成交额。这次

直播不仅打破了张大奕店铺销售额的纪录，也刷新了由淘宝直播间向店铺进行销售引导的销售额纪录。

张大奕的直播并非个例。打开淘宝直播平台你会发现，有超过2000个卖家做过相关的直播，平均每天直播约600场，上千万观众观看过相关的直播内容。不仅是淘宝走上了"直播+电商"的变现之路，各综合电商、跨境电商、母婴电商等也纷纷加入了直播大军。

比如，2016年5月，蘑菇街宣布投入3个亿，支持旗下网红艺人的直播事业；网易考拉将直播化运营定为三大战略之一；蜜芽宝贝也开始了自己的直播战略；波罗蜜更是捷足先登，在2015年就将直播作为自己在跨境电商行业中进行差异化竞争的关键。

通过这些数据，我们可以清晰地感受到：电商已经成为直播最普遍的变现路径，通过这条路，直播找到了属于自己的变现之路。

如今，"直播+电商"的案例越来越多，归纳起来，"直播+电商"的变现模式主要有以下三种（见图8-2）。

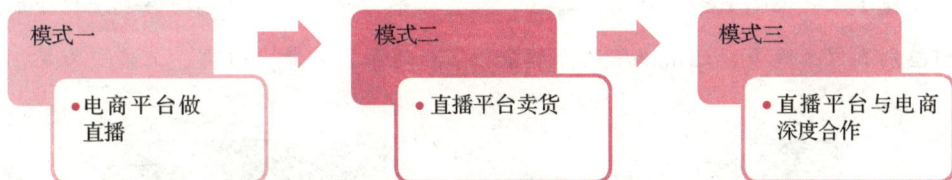

模式一	模式二	模式三
●电商平台做直播	●直播平台卖货	●直播平台与电商深度合作

图8-2　"直播+电商"的三种主要变现模式

这三种变现模式都有自己的独特性，不过相比较而言，第三种模式的竞争优势要更加突出，随着该模式的成熟，会有越来越多的企业加入，并出现实力型平台。

下面我们要对"直播+电商"的三种主要变现模式进行分析，向你传授"直播+电商"的变现秘诀和方法。

电商平台做直播

所谓电商平台做直播，就是电商平台为了卖货，搭建专门的直播间，并在电商APP中提供直播入口。该模式的优点在于，能够直接将直播与卖货挂钩，背后有货源支持。

如果你还不能理解这一变现模式的话，我们不妨来看一个案例。

2016年5月30日，李爱爱通过淘宝直播平台进行了一次"找土货"的直播（见图8-3），在直播开始5秒土鸡蛋就卖出4万个。截止到当天下午直播结束，土鸡蛋的销量突破10万个，在线观看人数达到14万。李爱爱是怎么让直播迅速变现的？我们一起来看看她的"直播+电商"的变现过程。

直播前一周，李爱爱带着自己的小伙伴去下乡踩点，先后到洪安镇、雅江镇、平凯镇、官庄镇进行农产品考察。不仅如此，秀山物流园官方微博还对这次直播活动进行了同步预报。

在直播过程中，李爱爱把镜头带入重庆，实时展示土货采集的过程。李爱爱和小伙伴们最先来到秀山生态养鸡场，李爱爱现场变身女汉子，开始抓鸡行动，只见一只土鸡一跃而起，引得观众点赞不断。养殖人员在镜头前介绍正宗土鸡的特点，这也是本次直播的特色之一。

接下来，他们来到了鸡蛋采集区。在直播中，养鸡专业户现场给观众教授如何鉴别真假土鸡蛋，还用正宗的土鸡蛋做了一道菜。采集、验货、上桌一条龙，

图8-3　直播挑选土鸡的画面截屏

吸引大批观众边看边"剁手"，截至当天下午三点，土鸡蛋销量达10万个，变现效果十分可观。

晚上，50位村民带着自家的土特产来到直播现场，通过直播向网友展示了自家的宝贝，还把工作人员如何打包，如何装车的过程向网友直播。

看完李爱爱"直播+电商"的变现方法，你有什么感受？是不是觉得"直播+电商"竟然也可以这样新颖？是的，李爱爱此次的电商直播变现的方法可谓是策划周密、细节到位，是一次以"直播+电商"为切入点的变现最佳模式。

那么，如何才能像李爱爱一样实现"直播+电商"的迅速变现呢？

◆ 直播形式要新颖

直播的主角一般是网红、明星、话题人物，让村民参与的直播李爱爱是首创，再加上网红的卖力参与，无疑可以吸引更多年轻观众。

◆ 巧妙植入销售，提升销售欲望

很多主播认为只要能够获得足够的人数参与就算成功，因为已经达到了传播目的，然而，要想变现还要巧妙植入销售。你可以把商品的链接发在直播中，传播和销售同时进行，这样可以大大刺激观众的购买力，提高转化率。

这里有一点需要说明，这种形式的直播可以应用于任何其他电商平台，变现转化率并不会因为平台影响力不足而降低，为什么呢？因为"直播+电商"的运营核心是网红或者明星，只要核心做到位，内容质量有保障，销量就不是问题。

直播平台卖货

直播平台卖货的变现模式，一直以来都备受个人直播的追捧。比如，游戏主播开自己的淘宝店，卖装备、卖零食；美女主播们开自己的服装店做海外代购等。直播平台做电商也是如此，只不过卖东西的人由一个人变为一个平台。这种模式赢就赢在铁杆粉丝多，主播很快就能把观众转化成为买家。

下面，我们通过直播平台卖货的案例来为大家分析一下，如何利用"直播+电商"进行变现。

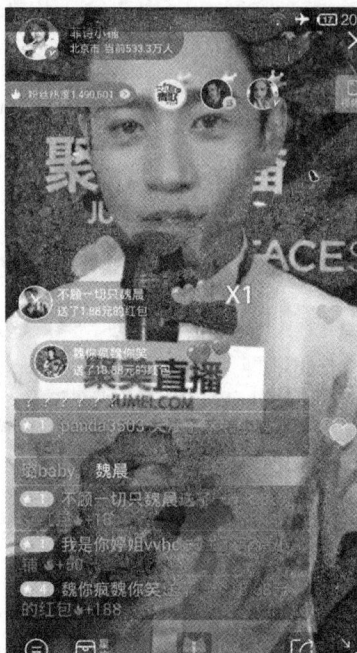

图8-4 魏晨直播截屏

2016年6月16日，聚美优品联合魏晨（见图8-4）在直播平台上进行了菲诗小铺的促销直播活动，刚刚在聚美优品上线的菲诗小铺限量版BB霜被秒光。一小时内，菲诗小铺的产品销量就上百万，最高在线观看人数达到500万。菲诗小铺是如何运用"直播+电商"取得成功的？我们不妨来学习一下。

聚美CEO陈欧和菲诗小铺在直播开始前三天就进行了预热，先是陈欧在微博上发布九宫格宣传海报，魏晨就是其中之一。接着，聚美又发起"聚美明星直播月"的话题，进行了再预告，同时开展转发抽奖的活动。

在直播的前一天，魏晨在自己的微博发布了预告海报，邀请陈欧和自己一起演唱聚美主题曲《我为自己代言》，转发微博送好礼活动也随之开启，吸引了大量粉丝的围观、转发。

在直播当天，直播平台的粉丝在5分钟内突破200万，魏晨乘胜追击，承诺当粉丝突破500万大关时，就送粉丝一张亲笔签名的专辑《白日梦想家》，粉丝们的热情被再度调动起来。在直播中，魏晨还传授给大家一些自己护肤的小秘诀，并把菲诗小铺的产品巧妙地植入到直播当中，短短几分钟，菲诗小铺限量版BB霜就销售一空。

为了让直播效果更好，魏晨还和现场粉丝玩起了猜歌名的游戏，陈欧更是斥巨资为粉丝们发红包，全场欢呼雀跃。当直播接近尾声的时候，聚美直播在线观看人数突破500万人次，创造了聚美直播历史的新纪录，魏晨履行承诺送出专辑，引发粉丝疯狂刷屏。

看完菲诗小铺"直播+电商"的变现方法，你是不是有所顿悟？如果没有，不要紧，接下来就告诉你利用"直播+电商"进行变现的具体操作方法。

◆充分预热

在直播前，官方电商平台、领导人、品牌官方微博要对直播进行多次预告，开展转发送福利的活动，吸引用户的持续关注、参与和扩散。同时，主播也要利用自己的影响力发布预告，吸引粉丝互动和关注，为直播奠定粉丝基础。

◆选择粉丝基数大的平台

除了前期预热，选择平台也很重要。菲诗小铺选择了"聚美优品"这个以美妆为主，人气和口碑都不错的电商平台。而聚美直播自2016年3月上线以来，一直主推"明星+品牌+直播"的模式，已经做过50多场明星直播，是很多电商首选的直播平台之一。

◆在直播过程中要多重福利回馈粉丝

在直播过程中，不仅要通过各种小游戏送礼品满足现场粉丝的需要，还要直播截屏送礼品、在线秒杀活动、发送红包福利以及突破目标粉丝时送礼品等，深度刺激粉丝参与互动，各种福利轮番调动现场粉丝和观众的热情。

直播平台与电商深度合作

对于这一种电商直播的变现模式，波罗蜜与小红唇是典型案例。

波罗蜜APP于2015年7月开始运营，是一家自营海淘平台。波罗蜜一直把直播作为自己的一大特色，并重点打造。波罗蜜的直播不仅可以为用户展示海外购物的场景，还添加了聊天室功能，以增加用户参与的热度，让买家觉得自己也在参与采购。

在价格设定方面，波罗蜜采用"店头价"，即采购现场店家的价格即为最终提供给消费者的价格。

另外，波罗蜜的团队非常专业，有专门的人员负责从采购到送货的各个环节。现在，波罗蜜的海淘业务越来越强大，已经成功完成多轮融资，雄厚的资金实力，加上商品供应体系的逐渐成熟，该平台的影响力也不断提高。

视频电商平台小红唇的用户群定位于"90后"年轻女性，知名红人及时尚达人就保养、美妆、购物、生活经验等与粉丝观众进行面对面视频交流，为了培养优秀网红，深挖粉丝用户的商业价值，小红唇不断吸引投资，在输出优质内容的同时提高用户黏度。

相比于另外两种模式，笔者对该模式更为看好。因为该模式既有电商平台作为货源，也不乏直播基因，既有较强的转化力，也不会因为跨平台操作而影响用户体验。

这种模式的转变，将会使电商市场进行一次大洗牌，谁玩转了直播，谁就有可能占据更多市场份额。在不久的将来，也许会诞生"京东+美拍""一直播+唯品会"。

第2节　打赏，令主播、粉丝尽欢的一项乐事

随着直播平台推出打赏机制，打赏很快成为直播变现的一个特殊路径。目前，不仅直播平台开通了打赏功能，微信公众号、微博、在线阅读平台等都相继开通了此项功能。虽然每次打赏的金额有限，但相比于上一代互联网用户，这一代年轻人显然更加愿意对优质的内容给予打赏和鼓励。打赏似乎成为令主播、粉丝尽欢的一项乐事。

所谓打赏，就是观众对于你直播的内容进行虚拟商品奖励的一种行为，是一种新兴的、非强制性的付费鼓励模式。在如今的直播平台上，都是采用虚拟礼物的打赏模式，观众用现金在平台上购买虚拟礼物，然后在直播间把虚拟礼物送给自己喜欢的主播。

了解直播平台的打赏兑换情况

每个直播平台的打赏道具都是不同的，为了更直观地了解直播平台的打赏道具，我们把YY直播平台的打赏道具进行了归类（见表8-1）。

表8-1　YY直播平台打赏道具兑换一览表

Y币 （1元人民币 =0.7Y币）	虚拟礼物
免费	花
0.1Y币	频道预选票、棒棒糖、V587、水果糖、鼓掌、屁炸、萌哭、笑尿、给跪
0.3Y币	啤酒、气球、你最棒、荧光棒
0.9Y币	抱抱、亲一口、我爱你、被雷了
1Y币	年度集结币
2.5Y币	萝莉、乌鸦、歌神、姜饼人
5Y币	蓝色妖姬、泰迪熊
6.9Y币	巧克力雨、亲嘴娃娃
19.9Y币	钻戒、口红、香水、项链
199Y币	丘比特
1314Y币	豪华游轮

　　如今的直播平台数不胜数，每个直播平台的打赏道具都是不同的，有的直播平台的打赏道具设置得非常细致周到，比如YY、映客、花椒等。

　　各大直播平台的打赏道具主要分为以下四大类（见图8-5）。

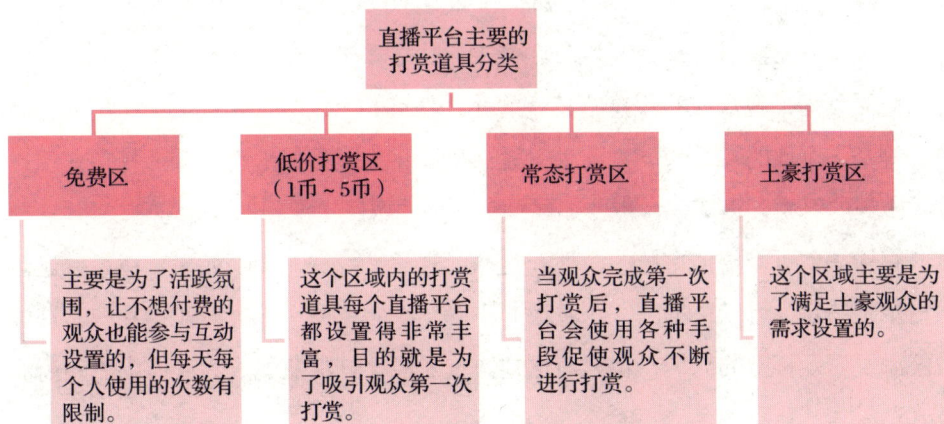

图8-5　直播平台打赏道具分类

平台要设计出有深度的个性化打赏系统

虽然不同直播平台的打赏道具是不同的，但在同一个直播平台上，观众对直播内容都是使用同样的道具进行打赏的。

图8-6　TFBOYS在美拍上直播时观众打赏的画面截屏

我们不妨来这样设想：观众送给你1虚拟币的黄瓜和1虚拟币的鲜花，这两种打赏道具，哪个打赏会让你更开心一点呢？

毋庸置疑，肯定鲜花要比黄瓜更能让你开心。在直播间，观众送给你什么样的礼物，完全取决于观众对你的感受，而这种感受应该是一对一且个性化的。有些直播平台调整了打赏系统，比如在欧洲杯期间，有的直播平台相应增加了啤酒、足球的道具。这是非常值得鼓励的做法。

移动直播时代讲究的是过硬的内容和个性化的情感。比如，TFBOYS在美拍上进行了一场直播，美拍直播平台为了实现更多的打赏变现，专门设置了四种道具，即：汤圆代表王源，千纸鹤代表易烊千玺，小螃蟹代表王俊凯，四叶草代表整个TFBOYS团队（见图8-6）。

毫无疑问，观众在利用这些独特的礼物打赏TFBOYS时，肯定会比用鲜花、啤酒等毫无个性的礼物的动力要大很多。所以，为了更好地进行直播打赏变现，除了主播的努力，直播平台也要加强打赏礼物的个性化定制。

直播平台可以根据主播的个性和直播内容设计打赏礼物，如果直播平台还想做得更细一点，可以根据同一个主播的不同场次的直播设计打赏礼物系统。这样做能激发观众打赏的热情，也只有这样做，才能让打赏变现成为直播主流的商业模式。

获得更多粉丝打赏的技巧

如何才能获得更多的粉丝打赏？比较有效的五种技巧如下：

◆ **让粉丝认为你是以直播为生的人**

要想获得更多的粉丝打赏，首先你要让观众认为你是以直播为生的人。回忆一下，当我们在街头看到卖艺的人，通常会产生打赏的念头，这是为什么呢？原因就是在人们的意识里，街头卖艺者靠卖艺为生，打赏是其收入的主要来源。所以，当观众认为你是以直播为生，以此为重要的收入来源时，就会主动打赏。

◆ **想办法激活观众的帮助心理**

打赏的另一种心态是认为被打赏者需要帮助。比如，papi酱虽然获得了投资，可还是在那间看起来很简陋的房子里做直播，所以，对于主播来说，要想办法激活观众的帮助心理。这就需要你摆低姿态，给观众一种"别看我是主播，但我也需要帮助"的感觉。

当你让观众在你面前产生优越感的时候，便更容易激活他们的帮助心理，从而主动打赏。

◆ **让粉丝看到打赏后的效果**

要想获得更多打赏，就要让粉丝看到打赏后的效果。主播需要让帮助你的粉丝觉得自己扮演了重要角色，从而激活更多粉丝的帮助心理。

比如，咪蒙就曾多次在直播里说，多亏有了粉丝的帮助，让自己的广告转化率特别高。这让粉丝们感觉到自己的支持真正帮助到咪蒙，从而不断增加对她的支持。

◆ **让粉丝通过打赏获得形象展示**

还有一个技巧就是让粉丝通过打赏获得形象展示。比如，主播不厌其烦地播报打赏粉丝的ID（昵称）及打赏礼物和数量，并表示感谢。这些行为不仅会提升打赏粉丝的好感，更会对其他粉丝造成感官刺激，促使其他粉丝进行打赏。

◆ **主播语言激励的技巧**

为了增加粉丝的打赏，主播在语言激励上也要有技巧。没有经验的主播往往会这样求赏："来给我打赏吧！"这句话其实是给了粉丝一个"到底要不要打赏"的选择。而有经验的主播会这样表达："亲，你打算打赏多少？"这时粉丝的选择就变成了"到底要打赏多少钱"，此时打赏变就成了一种默认行为。

随着打赏功能的普及，它在直播变现方式中逐渐占据重要地位。由于打赏行为的特殊性，它频发于主播与粉丝的互动中，不同类型的直播平台，获得打赏的难易程度有所不同。直播平台由于具有即时互动的特性，因此最容易获得粉丝打赏。

第3节　广告，变现价格由主播形象和知名度决定

在直播里，广告变现被普遍认为是高端变现模式。虽然高端，但这种模式却非常简单，这是因为双方采用的是直播合作的模式，而广告的价格往往是由主播的形象、知名度和粉丝量决定的。

直播在广告变现方面的案例很多，接下来，我们通过一个案例来了解一下直播是如何通过广告变现的。

2016年8月3日，奥利奥双味饼干携手"明星段子手"薛之谦，在天猫直播平台进行了"真'薛'话'大'冒险"的直播。本次直播仅1小时，粉丝互动就达到了500多万次，打破了天猫直播平台的纪录。而奥利奥双味饼干的销售量比平常翻了6倍之多，成功实现了广告变现。他们是如何做到的呢？下面我们一起来回顾一下。

首先，薛之谦新浪微博的粉丝量已经达到了12万，为他的直播带来了稳定的观众。在直播中，薛之谦采用隐性广告植入的方式，直播内容以自黑自嘲、无厘头恶搞为主，常常在叙述自身经历、和粉丝奇葩互动的时候带出广告，效果斐然。薛之谦这种独特的广告呈现方式得到了大批粉丝的喜爱，广告变现自然超乎想象。另外，早在2016年4月份，薛之谦就先后做了几次广告变现的尝试，作者统计了薛之谦在2016年4月份直播广告变现的转发次数、评论次数、点赞次数的详细

数据（见表8-2）。

表8-2　薛之谦在2016年4月直播广告变现与观众互动情况统计表

日期	标题	广告变现品牌	曝光
4月1日	我的荷尔蒙	吉列剃须刀	转1.6万次，评论2.5万次，点选17.6万次
4月10日	秒拍视频直播	吉列剃须刀	转3.3万次，评论5.2万次，点选13.9万次
4月15日	我本粗俗	马爹利名仕	转2.5万次，评论4.4万次，点赞26.8万次
4月22日	万万没想到	汰渍洗衣液	转3.9万次，评论3.6万次，点选21.1万次

通过上表，可以清晰地看到薛之谦在2016年4月直播广告的曝光效果。从广告变现的效果来看，是非常不错的。

据说，薛之谦的广告价格是30万元一条。2016年4月他直播了4条广告内容，广告变现的频率大致为一周1~2个。由此可见，薛之谦的广告变现非常成功。

在直播大军中，不是每个主播都能像薛之谦这样有超强的广告变现能力，但是我们可以学习他的方法，让自己的广告变现能力变得更强。

广告要采用隐性的植入方式

很明显，薛之谦直播里的广告都是通过植入的方式输出的。因为广告容易使粉丝产生抵触情绪，所以在直播内容中植入广告一般都会采取比较"隐性"的方式。

说起植入式广告，中国人并不陌生，电影，电视、电子游戏乃至我们日常读到的图书中都有植入式广告。有人曾经给植入式广告下了一个很有意思的定义：什么时候广告不再是广告了，那它就是植入式广告。

如果把传统的硬广告比作疾风骤雨的话，直播里的植入式广告就有点"润物细无声"，植入式广告已经成为一个直播广告的发展趋势。

直播内容里的广告要有限制

薛之谦的直播内容，因为涵盖衣食住行，被很多广告商所钟情，因为可供开发的广告植入资源较多。但实际上，薛之谦每次直播，植入的广告并不算多，这一点我们可以从他的直播内容里看出。他每次在直播内容里点出广告的次数不超过三次，数量有限的广告植入，能够凸显广告的价值，实现广告变现。

广告作为直播的一种高端变现路径，它类似于明星广告、明星代言的形式，对主播的知名度、影响力与粉丝量要求比较高，新手主播和普通主播一般不具备承接广告的能力。因此，如果你希望通过这种模式变现，就必须练好内功，从提升输出内容质量、提升粉丝数量级别、提升自身形象、提升自我商业价值这几个层面来努力，为自己开辟广告变现之路。

第4节　变现的"组合拳"，让价值达到巅峰

不管是哪种变现方式，都离不开主播。普通主播之所以不能很好地变现，主要是因为粉丝群体数量有限、变现渠道单一，而那些超级主播有着庞大的粉丝群体，可以采用多样化的变现"组合拳"，让自己的价值达到巅峰。

下面，我们结合案例来看一看，有哪些多样化的变现"组合拳"可以为我们所用。

电商+品牌+代言+直播

在Youtube上，著名的美妆达人超级主播Michellephan（见图8-7），从定期直播一个长度3分钟的美妆教程开始，掀起了网络在线化妆教程的热潮。Michellephan的教程引来全球数以百万计的观看者，在很短时间里，她就建立起了自己的化妆视频聚合平台Ipsy，并推出了为订阅观众专门定制的美妆礼盒Glam Bag，观众每个月只要花很少的钱，就能收到多种化妆品样品。目前，Glam Bag美

妆样品订阅产品每个月订户高达70万人。

图8-7　Michellephan在腾讯直播平台直播化妆画面截屏

此外，Michellephan还推出了个人EM Machellephan化妆品系列，Em取名于"我的映像"，建立了一个FAWM女性电视频道，推出第一本自传，并成为全球高档化妆品品牌Lancome的代言人，定期在博客上推出以Lancome当季彩妆为主题的化妆课程和演示。

该案例中的超级主播Michellephan，通过化妆直播树立了主播地位，进而凭借自有品牌产品、商业代言等一系列方式实现多重渠道的组合变现，成为当仁不让的超级主播，她的经历是超级主播多渠道变现的成功范例。

广告+电商+直播

在福布斯发布的2015年Youtube视频明星收入排行榜上，排名第一的谢尔贝格年净赚1200万美元。他主要专注于恐怖游戏和动作游戏的解说，以自己玩在线游戏和自己解说著称，凭借出色又不失搞笑的即兴直播风格迅速蹿红。他每天会上传1~2个短视频，时间通常控制在15分钟以内，单集在Youtube的播放量稳定在200万~400万次。很快，他的频道粉丝由350万迅速攀升到1200万，如今他已经拥有超过4200万名订阅者。

目前，他已发布超过2300个游戏直播（见图8-8），几乎每个他玩过的游戏都会火。凭借庞大的订阅用户量和视频浏览量，他从Youtube拿的分成和从广告

图8-8 谢尔贝格直播画面截屏

中获得的净收入也连续攀升。在解说游戏攻略的同时，谢尔贝格还顺便给粉丝推荐使用的道具，甚至手边的零食，经他推荐后都供不应求。正因为这样，他创立了自己的公司和网店，还自己开发了游戏。

上面案例中的这位超级主播是直播游戏起家，在积累了大量粉丝后，不仅在Youtube平台上拿到了分成，还通过在游戏视频中植入广告获利。同时，他借助主播的粉丝效应在电商领域与自主品牌研发领域也实现了变现。通过变现渠道的多维组合，他获得了极大的成功，成为2015年Youtube上最赚钱的超级主播。

广告+品牌+直播

主播杨英鹏从2011年读大学开始就尝试做直播，风格以搞笑、吐槽类为主（见图8-9）。2011年，他因直播《照片二三事》而红遍网络。现在，杨英鹏不仅在直播领域继续稳定发挥，还以YP为个人品牌打造脱口秀节目，并在节目中依靠植入广告实现变现。比如，2014年他在节目中植入了一条零售电商广告，这条广告20天内给这家店在带来了26万元的收入。杨英鹏通过多渠道变现方式把自己打造成了标准的"演艺人"。

超级主播杨英鹏的变现渠道主要在广告植入与个人品牌节目方面，在提升知名度的同时，实现了多重变现，其独特的变现组合方式同样值得借鉴。

图8-9　杨英鹏直播画面截屏

由于单一的变现方式有很大的局限性，不能真实反映粉丝转化的全部能力，所以不管是个人直播还是企业直播，都应该尽可能拓展变现渠道，让自己的价值通过立体多维的变现渠道来达到巅峰。

未来，随着直播电商的发展，相信会有更多的变现方法出现，而直播企业和个人要想将直播变现的方法发挥到极致，必须要更关注直播内容，与时俱进，不能落入俗套。

第 9 章

粉丝变现：激活粉丝购买力，成功建立百万粉丝团

粉丝，对于直播变现的重要性是不言而喻的，这也使企业和主播放下身段，开始认真经营粉丝。遗憾的是，在经营的过程中，很多企业和主播不得要领，导致吸粉困难，很难让粉丝实现变现。那么，如何才能让粉丝怀抱着热情产生价值呢？本章将系统地介绍吸引粉丝持续关注的各种方法，希望能为你决战直播、成功创建百万粉丝团助一臂之力。

第1节　明确方向，精准锁定目标粉丝群

在直播经济中，粉丝变现是直播变现的核心，如何通过直播增加粉丝是直播企业和个人最关心的问题。虽然许多直播企业和个人希望粉丝能够心甘情愿地分享信息，主动扮演产品信息的传播者，复制那些"大V"的营销成功案例，但是观众的精力是有限的，吸引他们注意力的永远是最新鲜的事物，所以直播越到后期，圈粉的难度越大，成本越高。

令人遗憾的是，目前，不管是企业直播还是个人直播，都还处在争夺粉丝的初级阶段，直播企业和个人的圈粉技术和"粉丝思维"还不成熟。很少有企业和主播能够意识到，获得观众只是直播运营的初级目标，实现"粉丝黏性"才是直播的终极目的。

我们习惯于把所有观看或关注直播的观众统称为粉丝，这其实是一种不太正确的理解。那些观看我们直播，或者在微信、微博、论坛上关注我们的用户，大部分可能只是暂时对我们感兴趣，他们并不是对我们有深入了解和浓厚兴趣的粉丝。

那么，到底哪些才能算是我们真正的粉丝呢？

你的粉丝是谁

作为直播企业或个人，我们要想了解我们的粉丝是谁，首先要对粉丝进行分类。对粉丝进行分类有很多种方式，根据不同的标准可以进行不同的分类，比如

年龄段、性别、文化程度、行业、收入、区域、语言、使用资源类别、关注内容等。

对于直播企业或个人来说，最有实用价值的分类包括年龄段、收入结构与关注内容等。下面，我们将从这三个方面来分析直播的粉丝群体。

◆ **按年龄划分，锁定的粉丝群体是10～39岁年龄段的观众**

把直播观众按年龄段划分，我们可以看到下面的结构图（见图9-1）。

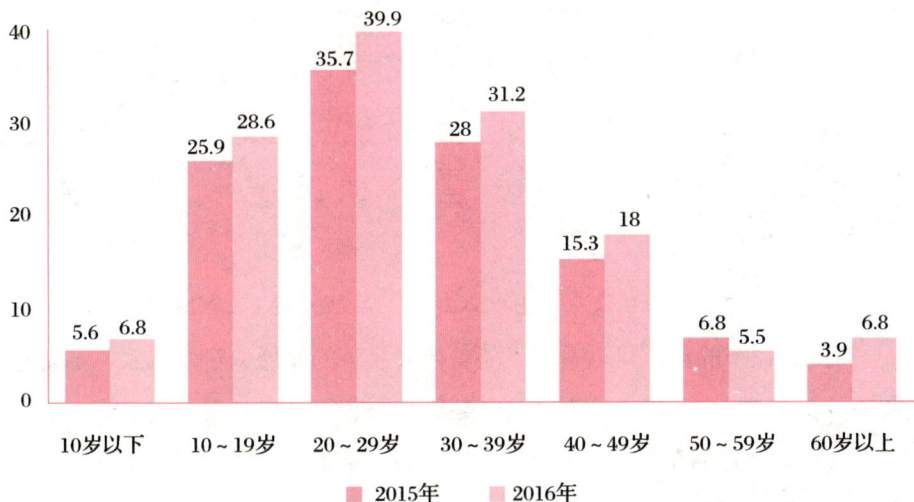

图9-1 直播观众年龄结构图（数据来源：CNNIC）

根据CNNIC2016年对视频直播用户的分析调查数据：截至2016年10月，我国的直播观众以10～39岁群体为主，占总人数的82%。其中，20～29岁年龄段的观众占比最高，达到39.9%，10～19岁、30～39岁群体占比分别为28.6%、31.2%。

从这一数据我们可以看出，直播企业和个人在进行粉丝变现时，应该锁定的粉丝群体是10~39岁年龄段的观众。

◆ **按收入等级划分，月收入2000～5000元的粉丝占多数**

把观众按收入等级来划分，我们可以看到下面的个人月收入结构图（见图9-2）。

根据CNNIC2016年对视频直播用户的分析调查数据：截至2016年10月，直播观众收入在2001～3000元、3001～5000元的群体所占比重较高，分别为20%和

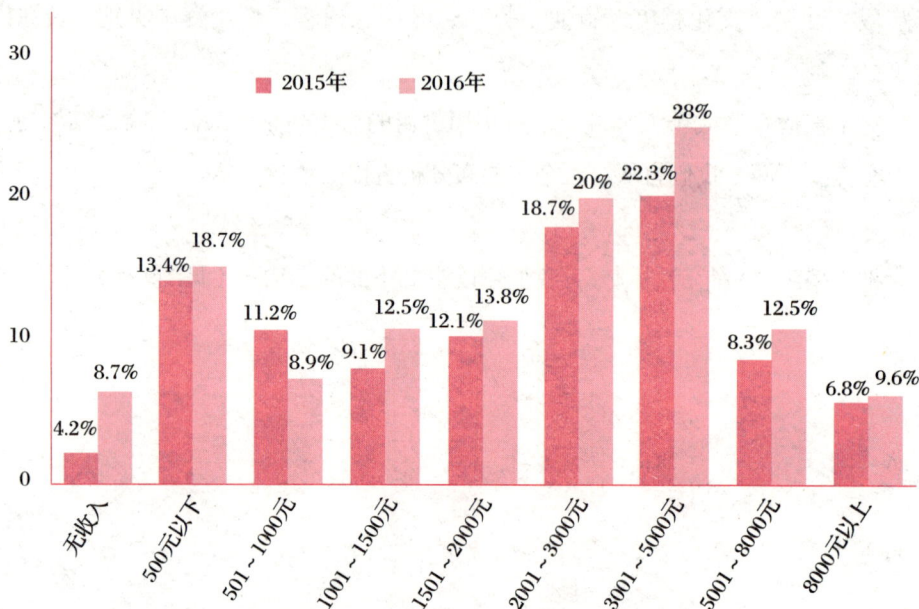

图9-2　直播观众个人月收入结构（数据来源：CNNIC）

28%。对比2015年的数据可以看出，随着社会经济的发展，观众的收入水平也逐渐增长，收入在3000元以上的人群占比提升了6.5个百分点。

　　这一数据对直播企业和个人来说尤其重要，显然，月收入在2000～5000元的粉丝在直播粉丝群体中占多数。这一数据可以帮助直播企业和个人对粉丝变现的综合能力有所预判。

　　通过对上述一些数据的综合分析，再考虑到直播企业和个人的特点，想要圈定目标粉丝群体其实并不难。当你知道粉丝是谁的时候，接下来就要去分析粉丝的需求了，这才是粉丝变现的重点。

他们想要什么

　　通过上面的分析，我们知道了我们的粉丝是谁，接下来，我们还要确定他们想要什么。要了解这一点，我们可以通过分析直播用户观看直播的动机来得到答案。

　　下面，我们来看一下2016年CNNIC对直播用户进行的"观看直播动机分析"的情况图表（见图9-3）。

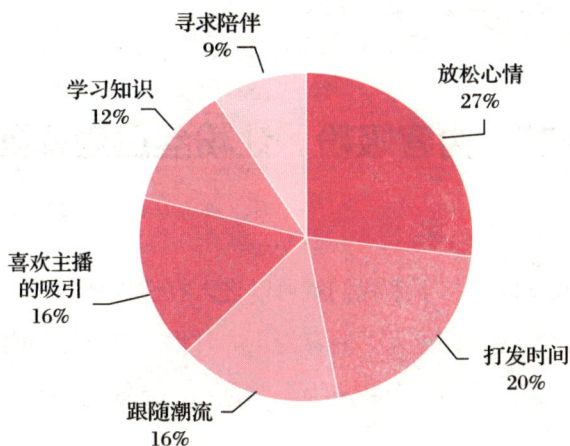

图9-3　2016年中国直播用户观看直播动机分析（数据来源：CNNIC）

根据CNNIC2016年对视频直播用户的分析调查数据：观众观看直播的主要目的是放松心情和打发时间，也有部分观众将其作为跟随潮流和关注喜欢主播的途径。观看直播的动机可以归纳为三个方面，即兴趣需求、休闲需求和价值需求。

目前，观众观看直播的主要动机是休闲需求，兴趣需求居于第二，而价值需求还处于比较低的位置。但是，伴随着直播内容的发展升级，三个需求层次的地位将出现变化，价值需求的地位将逐渐升高。

从直播运营的层面来看，直播的出现主要是为了满足粉丝的社交需求，同时如果能够部分满足粉丝的价值需求，那将是非常成功的。所以，直播企业和个人在策划直播内容时，要结合观众观看直播的动机，输出满足观众休闲需求、兴趣需求和价值需求的直播内容。

综上所述，对直播用户进行分析时，精准锁定目标粉丝群是粉丝变现的首要环节，只有锁定了目标粉丝群，在接下来的内容输出上才能做到有的放矢。

第2节　内容吸粉，让粉丝迅速找到你

锁定了目标粉丝群，接下来我们就可以进入打造直播内容的环节了。无论是微信、微博，还是直播，都进入了内容为王的时代。没有好的内容做支撑，企业和个人为变现所搭建的直播平台将成为无源之水、无本之木，没有生存的土壤和发展的空间。

以变现为终极目的的企业和个人直播，首先要吸引大量粉丝的关注。在被琳琅满目的直播内容充斥的直播平台上，观众更容易对自己依赖并信任的企业和个人的直播产生好感。企业和个人通过直播所传递出的信息，是决定路人是否可以转粉，粉丝是否能持续关注并产生购买欲望的关键连接点。而好的内容无疑可以为企业和个人在形象营销上加大分值，并为赢得粉丝起到至关重要的作用。那么，直播企业和个人要制作出什么样的内容，才能让粉丝迅速关注并产生好感呢？

粉丝喜欢什么样的内容

直播企业和个人在吸引粉丝的过程中，是有一定的针对性的。直播企业和个人输出哪一类内容，将直接决定会吸引到哪一类粉丝。企业和个人的磁场影响着观众，同时，粉丝的需要也影响着直播企业和个人。直播企业和个人若不能为粉丝持续提供有吸引力的内容，不仅吸引不到粉丝，粉丝的流失将在所难免。研究观众的喜好，是直播企业和个人为了吸引大量粉丝必须做的工作。

◆健康、喜悦、积极向上、祝福，这类主题鲜明、意义明确的直播内容，将持续受到粉丝的喜爱

健康是人类永恒的话题，直播企业和个人在这一类内容的策划上，要根据人们普遍关心、普遍存在的问题进行设计。比如，一日三餐的问题是每个人都关心的，企业和个人若是能别具匠心地组织一些食疗养生方面的实用内容，相信粉丝

是喜闻乐见的。但凡事都有个度，若不是从事健康养生的专业人士，也未必能直播成功，所以，还要选择自身能驾驭，自己也非常喜欢的题材进行直播。

喜悦、积极向上，能让人观后万事千忧都付之一笑的主题，当然容易受到欢迎。人生在世，心思总是波涛翻涌，看不开、想不透、认不清、辨不明的时候，就会烦恼丛生，若你的直播刚好解了其心里的忧愁，那么想不被关注都难。因此，企业和个人在进行直播内容设计的时候，要设身处地地为粉丝着想，将其当成自己的亲人、朋友，如此一来，企业和主播何愁没有忠诚的粉丝呢？

◆ 知识面广、信息量大的直播内容

如果直播内容能让人开阔眼界、增长见识，相信没有人会排斥。从政治、军事、经济、文化、曲艺、杂谈、社会、民生等方面，都能找到人们感兴趣的话题。直播企业和个人要根据粉丝的特点和自身所能驾驭的题材，有针对性、目的性地进行输出。这样不仅能让粉丝增长见识，同时还能让他们感觉直播企业和主播像宝藏一样，有取之不尽、用之不竭的鲜活题材。

◆ 幽默搞笑，能给人减压的段子

在网络年代，人们更喜欢在自己关注的领域里得到放松。而一个直播企业和个人若总能适时为粉丝制造欢声笑语，粉丝就会发自内心地对其产生好感。毫无疑问，接地气、贴近生活的幽默内容，更容易受到人们的欢迎。

◆ 与生活相关的直播内容

衣、食、住、行，是人类最基本的需求，只是花样年年在翻新。吃得越来越精，住得越来越好，服装每年换样，出行的交通工具选择更多，这些和人们日常生活息息相关的事物，总能牵动人的神经，但只有流行、时尚的事物，才能引发年轻人的关注、吐槽和消费。

直播，最大的受众群体是年轻人，所以，衣服食物、美容、名车、名表、名宅等一切与生活相关的内容，只要构成新颖、时尚这两个关键词，总会有粉丝来捧场。而这些领域有很多内容符合企业和个人直播的初衷，所以，若能将这些内容做到精益求精，不仅能赢得粉丝，还能赢得消费者。

根据粉丝的喜好，实现内容产品化

知道了粉丝喜欢什么样的直播内容，接下来就是让内容具有产品化特征，也就是实现内容产品化。

所谓内容产品化，就是直播企业和个人用产品思维来进行内容的生产。

由于直播行业竞争的加剧，同质化直播对粉丝的影响程度呈下降趋势，许多直播企业和主播发现他们直播的内容引起粉丝兴趣的程度正在降低。这种兴趣的降低有内容本身的原因，但更重要的是同质化、碎片化的内容过多，从而导致内容在传播过程中效果丧失过快，从而降低了粉丝对直播企业和个人的识别度。

因此，只有让内容产品化才能有效避免上述情况的出现。这是因为内容产品化对于粉丝变现有以下三个优势（见图9-4）。

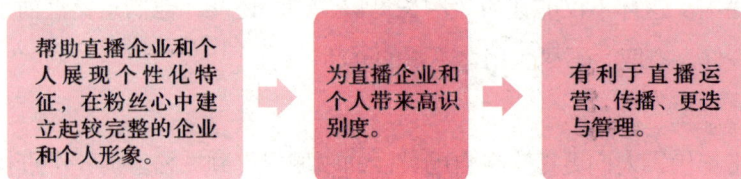

帮助直播企业和个人展现个性化特征，在粉丝心中建立起较完整的企业和个人形象。	→	为直播企业和个人带来高识别度。	→	有利于直播运营、传播、更迭与管理。

图9-4　内容产品化对于粉丝变现的优势

为了让大家更好地了解内容产品化，做好粉丝变现，下面我们将对这三个优势进行简要阐述。

◆**优势一：帮助直播企业和个人展现个性化特征，在粉丝心中建立起较完整的企业和个人形象**

内容产品化能够帮助直播企业和主播展现个性化特征，在粉丝心中建立起较完整的企业和主播形象。以papi酱为例，她正是通过自成系列的直播获得粉丝的关注的。papi酱的直播内容具有显著的产品化特质，在展现形式、包装设计、直播渠道、直播时机等方面都做到了高度统一。这些内容把papi酱的个性化特征展现到了极致，帮助粉丝完成了对papi酱直播形象的拼图。

◆**优势二：为直播企业和个人带来高识别度**

如今的主播，在形象上的识别度越来越模糊，通过内容获得识别度是大势所趋。当内容产品化后，直播内容同质化的困扰就没有了，被贴上标签的内容很容易被粉丝识别。

◆**优势三：有利于直播运营、传播、更迭与管理**

内容产品化意味着内容以产品的形式呈现，那么它将兼具产品的一系列特征。因此在进行直播运营时，产品化内容比普通内容更容易驾驭与管理，加之因具备产品的统一特征，产品化内容很容易自成系列，形成内容的系列化，其冲击力与影响力更大。

同时，在内容创造层面，内容产品化的复制特征有助于内容的生成，能够让直播企业和个人持续不断地实现内容输出。

让直播内容产品化需把握的两个原则

优酷直播总裁魏明先生曾在接受采访时说过这样一句话："未来直播内容将逐渐产品化，一个内容不再只是用眼睛来看，它将会从更多的方位去影响观众。"直播企业和个人要想让直播内容产品化，实现粉丝变现，就必须把握住以下两个原则（见图9-5）。

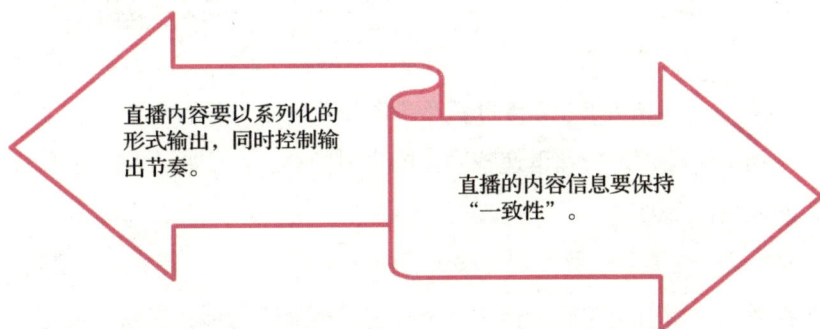

图9-5　让直播内容产品化需把握的两个原则

◆**直播内容要以系列化的形式输出，同时控制输出节奏**

直播内容产品化能够对观众产生持续影响，所以，直播企业和个人在策划直播内容时，要以系列化的形式输出。在直播运营层面，对系列内容输出的节奏要把控好，要使内容的影响力反复呈现，使观众受到持续冲击，达到叠加效果。

◆**直播的内容信息要保持一致性**

由于直播内容产品化会以系列化的形式输出，所以直播形式、内容设计、直播渠道、直播时机等要高度统一。尽管内容产品的核心依旧是信息，但在经过整体包装后，不同内容的信息仍然要以一致性的直播形式呈现，这是内容产品化的最大原则。

如何设计直播内容产品化

设计直播内容时，我们要从以下三个方面来考虑（见图9-6）。

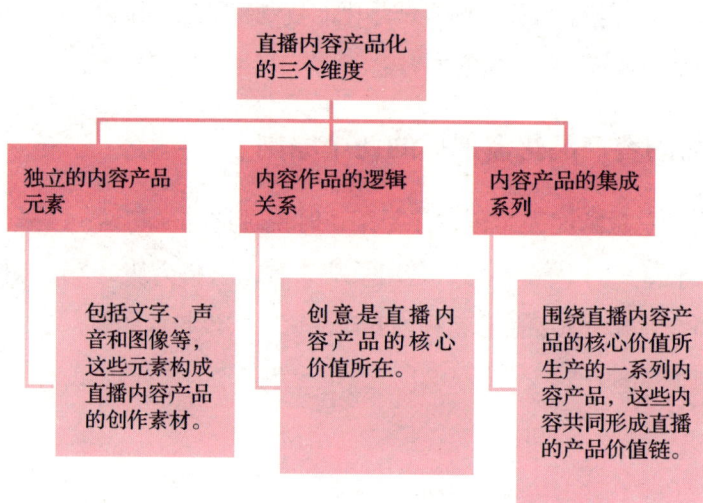

图9-6　直播内容产品化要考虑的三个维度

为了吸引粉丝，让粉丝迅速找到你的直播内容，我们将介绍一下具体的操作技巧，助你一臂之力：

◆ **直播前期，要尽快获得粉丝关注，使粉丝聚合**

在直播内容输出的前期，企业和个人要尽可能快速地获得粉丝关注，使粉丝聚合。因此，直播企业和个人在直播内容产品化设计的第一个维度与第二个维度所花费的精力要更多，比如绞尽脑汁创造一个搞笑的段子，或者精心打造一个有趣的故事。

◆ **直播后期，要使粉丝建立对直播主持人的识别度和信任感**

在直播内容输出的后期，直播运营要使粉丝建立对主播的识别度和信任感。在这一阶段，直播企业和个人需要以一系列长期、持续的直播内容为载体，来实现直播运营的目标。因此，直播企业和个人在直播内容产品化设计时，就需要花费更多心思。

为了做到这一点，我们要明确直播内容的范围，通俗地说，就是什么能说，什么不能说，然后确定内容的基调。这样做的重要性在于：一旦基调成功确立，直播企业和个人的直播就可以在粉丝中牢牢占据一个位置，从而大大降低在运营过程中重新建立用户认知的成本。

其实，直播企业和个人对内容进行产品化，就是内容从生产到消费再到传播的全过程，直播企业和个人可以通过策划内容、编辑、直播推广等一系列手段更好地推进这个过程。在这个过程中，直播企业和个人需要持续关注各类和内容相关的数据，比如内容数量、内容观看量、内容互动数、内容传播数等。

总之，直播企业和个人要想在直播领域抢占一席之地，没有点真功夫是不行的。这里比拼的是真才实学，因为用内容吸粉是直播变现的典型特征。

第3节　粉丝培养：让人"欲罢不能"，心甘情愿掏腰包

通过直播内容把粉丝吸引过来后，接下来要做的就是粉丝培养。众所周知，我们之所以要运营自己的直播，是希望把关注自己的观众转化为粉丝，达成信息的二次传播，而有的企业甚至希望直接使用支付工具与粉丝达成在线交易。那么，我们到底要怎么做才能把观众转化为粉丝呢？

直播的三大粉丝："屌丝""粉丝""土豪"

我们要进行粉丝培养，首先要弄明白直播的粉丝类别。基于新媒体、自媒体的粉丝特征，我们可以把直播的粉丝分为以下三类（见图9-7）。

以某位主播为例，追捧她的人被称为"粉丝"；对她没有什么兴趣，只围观不消费的人被称为"屌丝"；而那些对她疯狂喜爱，经常消费的人被称为"土豪"。

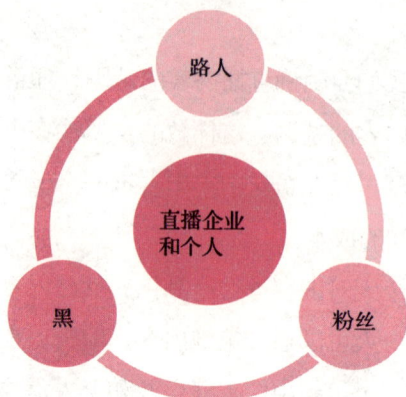

图9-7　直播企业和个人面临的三种粉丝的联系转化

虽说直播变现的中坚力量是粉丝，但另外两种力量也不容小觑，因为"屌丝"就是潜在粉丝，而"土豪"则是另一种高变现的粉丝。不论企业还是主播，都要先将"屌丝"变成"粉丝"，再由"粉丝"去影响更多的"屌丝"。

当然，也有这样一种现象：某个企业或主播被"屌丝"讨论的频率越高，就越容易受到广告商的关注，尽管"黑"他的人也不少。

可见，"被黑"也是一种营销手段，直播经济时代营销无处不在，"屌丝""粉丝"和"土豪"以不同姿态活跃在直播中，缺一不可。

让"屌丝转粉"，避免"粉丝转黑"的两大技巧

我们进行粉丝培养的目的是实现直播变现，既然要变现，我们就要想办法让"屌丝转粉"，避免"粉丝转黑"。怎么做呢？应该遵循以下规则：

◆ "屌丝"是"粉丝"的前身

对于"屌丝"和"粉丝"，显然，粉丝更能实现直播变现，因而企业和主播总是在想方设法让"屌丝转粉"。就像"粉丝"有普通和铁杆之分，对"屌丝"进行精准划分也十分必要，我们可以将"屌丝"分为两大类（见图9-8）。

"完全屌丝"是指那些只知道某个企业、品牌或主播，但从未了解或者接触过的人，而"不完全屌丝"指的是对某企业、品牌或主播有所了解，但从未直接接触的人。

很显然，针对不同群体，企业和主播应当采取不同的培养手段。我们可以引

导"完全屌丝"去体验产品，了解"不完全屌丝"没有购买的原因，这样才有可能实现"屌丝转粉"。

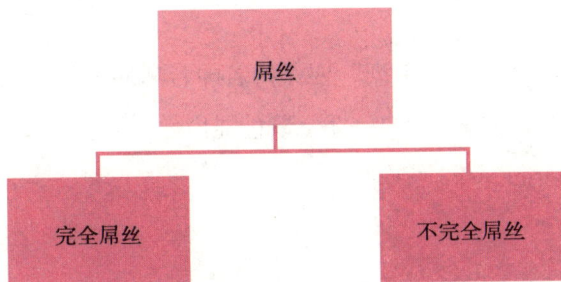

图9-8　直播对"屌丝"的分类

◆ "屌丝""粉丝""土豪"永远在不停转换

粉丝的一大特点是自由，"屌丝""粉丝""土豪"的身份是不断转换的，因此直播企业和个人不必担心"被黑"，只要采取积极手段，"屌丝"也能转为"粉丝"，这是企业和个人发现自身不足的好机会。

维护直播粉丝的三大秘诀

对于三类不同的粉丝，我们应该如何维护呢？这里有三个有效的小方法。

◆维护"屌丝"，以线下群体互动为主，让他们有参与感和归属感

对于"屌丝"，由于他们对我们的了解程度有限，所以下线之后尽量不要单独与他们接触。

对于"屌丝"来说，他们观看直播就为了打发时间，所以我们应该多策划线下活动，邀请他们来参加，以群体互动为主，让他们有参与感和归属感。需要注意的是，线下群体互动不要太频繁，太过频繁会令"屌丝"反感。

◆维护"粉丝"，经常给他们奖励

我们要经常给粉丝一些小奖励，比如红包、礼品，让他们知道他们的付出是值得的。

另外，我们还要注重创造便捷的网络协同工具，微博、微信公众平台、百度贴吧、QQ群、兴趣部落等都是不错的选择。只有当粉丝拿起手机，就想点开与你有关的应用时，他们才会自动聚拢在你的周围。

◆**维护"土豪"，线下保持若即若离的关系**

想要获得"土豪"的青睐，可以在直播间利用粉丝去捧"土豪"，让他们觉得物有所值。

除此之外，在线下与"土豪"要保持若即若离的关系，时不时把自己开心的、不开心的事与"土豪"分享一下，既能显出你的神秘，又能显出你们之间的亲密。

第4节　粉丝互动，让粉丝为你动起来

直播的火热让许多企业看到了这种变现手段的可行性，因此纷纷加入此行列。一些企业和个人在开通直播后，做了一些尝试，如搞抽奖活动、讲段子、抖包袱等，虽然活动初期增加了一些粉丝，可不久，粉丝又都流失了。究其原因，不外乎他们在直播时需要粉丝，而直播一过就把这些费心增加的粉丝给忘了，很少再跟粉丝互动，也不再给予他们关注，时间一长，粉丝不免心寒，于是纷纷离开。那么，直播企业和个人要怎样避免这种情况发生呢？

促进粉丝互动的两大策略

通过研究大量直播案例，我们总结出促进粉丝互动的两大策略：

◆**让粉丝拥有一定的活动建议权**

直播企业和个人要想与粉丝产生积极的互动，举办各种线下、线上的活动必不可少，小米的米粉节和同城聚会等，就是为了达到这样的目的。但仅仅参与是不够的，让粉丝拥有一定的活动建议权，能促进与粉丝之间的互动。

在直播活动主题确定之后，能否发布相关主题讨论页面，让粉丝进行讨论，然后将直播活动主题进一步完善？

是否可以让粉丝经过讨论，确定直播活动的一些细节？

直播时代，粉丝已经不只是单纯的接收方，而是直播的重要组成部分，所以不管某段时间有多密集的活动，都要尽可能开通"粉丝意见大通道"，甚至举办选拔活动，邀请粉丝直接加入活动策划和执行中。这样，与粉丝之间的互动就能得到明显提升，而这个选拔活动也会成为品牌宣传的重要途径。

◆ 话题带有"情绪化"

什么样的情绪容易引发粉丝的互动？喜悦、同情、愤怒、惊讶、娱乐和其他。哪些内容最容易引起粉丝的大讨论？无外乎中奖信息（喜悦）、社会热点思考（同情）、与其他品牌进行"战斗"（愤怒）、对某种功能或话题的深度解析（惊讶）、借助社会热点吐槽或再创造（娱乐）等。所以，把握好这几个细节，就会给粉丝带来情绪化引导，最终促进粉丝之间的互动。

这两种策略，是直播企业和个人在与粉丝互动时需要灵活运用的，单纯依靠某一种显然不能将粉丝的热情点燃。所以这就是为什么一些直播玩得转的企业，会在不同的战场——微博、微信、贴吧等，开展一轮又一轮活动和话题引导的原因。只有让粉丝真的"活"起来，愿意主动互动，粉丝才会感受到品牌的活力，感受到品牌的服务。

主播与粉丝互动的四大技巧

对于主播而言，不管是个人主播还是企业主播，都需要时刻将粉丝聚拢在身边，一旦他们发现自己被"边缘化"，就会出现"粉丝转路人"的危险。在这里，介绍一下主播和粉丝互动的技巧：

◆ 在直播间要有丰富的表情和动作

我们在分析主播人气低的原因时，发现一个重要的原因就是主播在直播间表情、动作僵硬。直播间是主播与粉丝交流互动最重要的场所，在这里，主播要想方设法调动现场气氛，增加与粉丝之间的交流，尽可能多地让每一个粉丝都参与进来。而调动直播间气氛非常重要的办法就是主播要有丰富的表情和动作。

比如，你可以比剪刀手卖萌，比爱心表达温馨，用吐舌头来传递你的可爱。千万不要小瞧这些小动作，在实际的直播过程中，往往就是这些小细节让粉丝感觉到了你的热情，从而对你产生好感，愿意对你进行打赏。

◆**粉丝送礼时，要表示感谢**

主播在直播时，当有粉丝送礼物时，无论这个礼物的价值是多少，主播都要向其表示感谢。主播可以这样说："谢谢XX的第二次送礼，你真大方。"这样的感谢语既可以让粉丝感受到主播的热情，又能激发粉丝继续与主播互动。

在此需要提醒各位主播的是：如果没有人送礼，千万不要直接索要礼物，这是一种让粉丝反感的行为。

◆**把段子抄在纸上，直播时照着说出来**

如果你是一个幽默的主播，那么恭喜你，你本身就带着吸引粉丝的"道具"。如果你不幽默，也不要紧，你可以把一些幽默的段子抄在纸上，在直播的时候照着说出来即可，虽然会稍显生硬，但只要运用得当也不失为一种好方法。

◆**多谈自己的生活感受和经历**

这一方法对于美女主播相当有效。当我们在直播时，可以多向粉丝说一些生活中的小事，比如去哪里旅游过、今天都做了什么事等。这些鸡毛蒜皮的小事，能拉近主播与粉丝的心理距离，让粉丝主动与主播沟通。

在本节的最后，我想告诉大家的是：主播与粉丝的互动是心与心的交流，也是情与情的传递，愿你能做好这一工作。

第 10 章

流量变现：直播＋X，直播赢利的新商业模式

　　直播的火越烧越旺，尚不具备足够财力和物力的企业和商家也寻找到了新的突围方式，创造了全新的"直播+X"模式，如直播+旅游、直播+VR、直播+手游、直播+教育、直播+美食等，这种新型的结合方式日益成为直播赢利的新商业模式，它为企业找到了一种良好的流量变现方式。

第1节　直播+旅游：非常吸引眼球的直播模式

提到旅游，很容易让人联想到出发前做功课、看攻略、规划路线的辛苦。但眼下却有一个好帮手可以帮到想要旅行却无从下手的你，那就是：直播+旅游。

还记得2016年那几场直播旅游的典型案例吧：先是5月份王祖蓝、李亚男夫妇在马尔代夫直播集体婚礼，引发90万网友观看；紧接着6月份，某在线旅游平台邀请超级主播直播浙江南浔古镇旅游；而上海迪士尼开园时，网红的直播更是超级火爆。某在线旅游平台旗下的影视公司宣布与花椒直播合作，共建旅游直播频道，各大线上旅行社也纷纷试水"直播+旅游"模式，以打通直播与旅游产品销售的平台。

直播+旅游可以说是双爆款组合，吸睛力超强。目前国内旅游呈井喷之势，产生出巨大的旅游服务需求。以往的旅游产品介绍都是以文字和图片为主，而直播+旅游却能将游客带入景区身临其境地观看风景、体验风土人情，而且直播+旅游的主播以网红或明星为主，影响力更大，更能吸引粉丝的关注。同时，与直播旅游相配套的线上旅游产品均开启了同步订单链接功能，比如消费者观看迪士尼开园直播时就可以顺手订购迪士尼门票，各大旅行社看到了旅游直播的用户流量，纷纷把直播作为旅游产品营销的新入口。

然而直播+旅游的变现并不容易：一是直播者拍摄不专业，画面质量不高，镜头摇晃，场景单一，不能真实全面地展现旅游产品；二是直播平台与线上旅游平台并未完全对接，直接下单购买直播中出现的旅游产品还不方便。因此，业界相关人士称直播+旅游虽然有助于旅游平台打造形象，加强用户体验，但完全依靠直播+旅游变现，离用户的需求还有一定的距离。

虽然说直播+旅游的变现并不是一件容易的事，但不代表直播+旅游不能很好地实现直播变现。那么，如何利用直播+旅游进行直播变现呢？下面介绍三种行之有效的方法。

明星+直播+旅游：大咖眼中的世界

2016年5月，曾在《宝莲灯》中扮演嫦娥姐姐的颜丹晨，搭乘途牛影视准备的从上海吴淞港出发的皇家加勒比海洋量子号邮轮，开始了她的海外旅行，并全程在花椒平台直播。

颜丹晨入驻花椒直播后，因为乐于分享、频繁与网友互动交流，得到很多粉丝的支持，目前其花椒的粉丝数量已突破百万，是花椒平台上第一位粉丝过百万的明星。

在本次直播旅游中，颜丹晨不仅暴露了其吃货的本性，也展示了她工作时认真专业的一面。在邮轮上，雨后的湛蓝天空、幽蓝色的海水，与穿着蓝色风衣的颜丹晨构成了唯美的画面，让网友们心动陶醉。

此外，颜丹晨还直播了在邮轮上举办的精彩维秘秀，吸引了很多网友的关注。

颜丹晨此次的直播长达两天，吸引了70多万人参与互动，累计超过500万人观看了直播，途牛旅游网的销售额同期上升了近50%。

通过明星带队及旅游+直播模式，途牛网将旅游景点更立体、更直观地展现给用户，增强了用户的出行欲望，提高了旅游变现的转换率。

试想一下，你喜欢的人先你一步去了你心仪的景点，看着他或她美美地享受人生，你难道不会心痒难耐，也想去享受一把吗？

通过以上案例，我们可以总结出两个明星+直播+旅游的小技巧：

◆ 同游

即明星与粉丝同游，在"明星同游"的直播中，通过共同出行拉近偶像和粉丝的距离，通过共同的经历和互动让他们成为好旅伴、好朋友。这种情景就如同粉丝和明星共同参加真人秀节目一样，可以让粉丝与名人共同度过难忘的几天。

◆ **综艺**

电视台组织的"网红大咖陪你玩"一类的活动，就是旅游+直播+综艺的典型案例，其实就是在著名的风景名胜，粉丝与大咖们共同录制一档综艺节目，相关类型的代表节目有《爸爸去哪儿》《奔跑吧兄弟》《我们来了》等。

网红+直播+旅游：美人的万里路

简单来说，直播+旅游的模式就是通过主播直播旅行中的美景、趣事等内容吸引更多的用户，同时唤醒用户的旅游欲望。网红直播不俗的变现能力加上旅游业巨大的市场空间，促成了网红与旅游直播的快速组合。目前，去哪儿、同程、途牛、驴妈妈等在线旅游企业纷纷试水网红直播。网红直播对景区营销的拉动和宣传究竟作用如何？威力有多大？我们通过下面的案例来看一看。

2016年5月中旬，去哪儿网联合斗鱼直播宣布推出一系列旅游直播节目。十余名网红主播赶赴八大热门景区，如四川九寨沟、云南大理、泰国普吉岛、韩国济州岛等地景点进行直播，共10天16场，每场3小时以上，最多同时在线人数为81万，最少时也有近10万人。考虑到用户更替的情况，估计节目直播期间影响人数接近1000万人次。

网红经济的影响力越来越大，把触角成功地伸到了旅游业，当众多成功的网红+直播+旅游的案例出现在人们面前，人们想忽视它都做不到。无论是"网红大咖陪你玩"，还是斗鱼和去哪儿网合作将网红遣往各景点进行直播，网红+旅游产业已然无缝衔接，一旦这股影响力强大到将粉丝的关注转化为购买力，那网红将是未来"旅游+直播+X"模式中非常强大的力量之一。

网红+直播+旅游模式的变现，主要有两种：

◆ **导游**

这是目前应用最广泛的网红+旅游+直播模式。网红在景点用手机镜头记录下自己游览的全过程，同时将景区的风景展现给粉丝，其实相当于户外直播的分支。这种模式简单易行，但互动性较差，粉丝只能通过弹幕与主播沟通。

◆ **同游**

这是微京公司大力推行的模式，即利用主播的人气，现场即时调动观众的旅游冲动，并邀请观众前往主播所在的景点，与主播一同出行。但这种模式受制于地域的限制，说走就走的旅行毕竟不太现实。微京在这方面的举措是主推周边游——倡导粉丝与同城主播在离城市不远的风景地浪漫邂逅。

网红+直播+旅游的直播方式亮点很多，在直播时要把握下面四个原则：

◎技术要有保障，绝对不能出现播出事故；

◎话题要足够丰富，传播内容要有实际意义；

◎直播平台与主播要有一定知名度，在粉丝中有强大的号召力；

◎直播技术保障、前期策划、网红主播的选择、直播平台的推介与直播过程的互动非常关键。

直播技术要确保与节目录制一样高要求，绝对不能因卡顿、黑屏等技术缺陷给用户带来不好的体验，从而造成观众流失。前期策划直播内容时要做到充实连贯、看点多、趣味性强，方能助力于节目的宣传。选择网红主播主要考虑主播目前的粉丝量和技能水平，一个善于宣传推介的主播能带来更好的传播效果。另外，直播平台如果能够在关键位置推介直播活动，就会导入更多的观众流量。最后，直播过程中的互动除了用弹幕信息外，还应安排抽奖、赠送小礼品等互动形式来增加观众的黏性。

对于游客来说，无论是选择名山大川还是选择名胜古迹作为旅游目的地，一定是慕名而来的，这个"名"既可以是景区或旅游企业的品牌，也可以是游客对景区的好评。尽管网红直播可以让游客关注到目标景区，但实际有多少人下单或成为潜在客户却是难以考量的。对于风景名胜来说，最核心的资源仍然是产品的独特性和吸引力，网红直播与其他变现方式一样，只能起到锦上添花的作用，游客最终怎么选择目标景区还要靠景区自身的实力。

旅游+直播+你：分享你走过的路

这一模式的主播就是你自己。不需要明星，也不需要网红，带上你的梦想去远方，拿起手机，将你的喜悦和激动分享给观众们。这是一段最真实的旅程，自然的你去点燃旅行爱好者的热情，引领他们一起向着快乐进发。如果你能讲点名胜古迹的典故，兼具知识性和趣味性，估计你也能成为知名主播。

直播+旅游的注意事项

即使直播+旅游千好万好，在实施过程中仍然会出现以下几种问题：

◆ **没有"美颜"的环境**

旅游直播没有预设的美颜环境，有时地形复杂，场景和解说如何配合对主播的考验很大，此时光靠颜值并不能解决问题，主播只有拥有一定导游基础、对景区景点如数家珍，才能避免陷入没有东西可播的尴尬场景。

◆ **网络不畅**

在规划直播线路时，除了考虑旅游线路，还要考虑网络信号这个关键因素。

◆ **直播成本太高**

直播成本和旅行费用这些成本如何转嫁？如果没有足够的观看量和更多变现模式的保证，直播+旅游也只能面临窘境，毕竟没有企业或平台愿意为亏本的生意买单。

综上所述，直播平台想凭单打独斗挑起旅游直播这面大旗实属不易，在直播平台外部资源不足的情况下，整合资源就成了头等大事。众所周知，旅游行业这些年来获得了巨大的红利，我国旅游行业对GDP综合贡献占比超过10%，线上线下的旅游巨头实力日益增强，于是直播平台与旅游平台也强强联姻，幸福地走到了一起。

直播平台有流量的优势，有新玩法的需求，而旅游平台对行业的认识更专业、更深入，同时又有获取年轻用户、升级营销模式、增强品牌传播、降低获客成本的刚需，两者结合既是优势互补，也是彼此需求的融合。

第2节　直播+手游：引领下一个流量变现的新爆点

根据艾瑞咨询的统计数据，在2016年，游戏直播行业的增长率达到332%。这一数据受到广泛关注，不过，游戏直播行业的规模还不够大。同时，国内的游戏直播主要集中在几个比较火的电竞游戏和手游产品上，用户主要通过PC端观看，核心流量资源被斗鱼、熊猫、虎牙等平台掌握。很多人认为手游直播受内容的限制，画面、情节等没有电竞游戏刺激，关注的人并不多，但事实果真如此吗？

答案是：并不是！

根据EEDAR（电子娱乐设计研究中心）公布的数据报告显示，在手游市场，中国玩家数量高居世界榜首，比排名第二至第四的三个国家加起来的玩家总和还要多。移动端看直播需要流量，随着4G和WiFi的普及，4G用户已经远远超过3G用户，我国仅在2016年就新增4G用户2.6亿，随着移动端技术的不断进步，通过移动端观看直播将逐渐成为用户首选。

在直播平台方面，以触手TV为例，它刚刚完成了2000万美元的首轮融资，2016年4月初，该平台的活跃主播数量就已经超过15000名，同时在线的主播超过3000人。手游的用户数量不断增加是大势所趋，同时随着移动网络的不断发展，未来手游直播和端游直播、主机直播平分秋色将不是梦。

玩转手游直播的五大技巧

手游直播市场形势一片大好，但是如何在竞争中站稳脚跟、提高用户关注度、增加点击量，成为直播+手游面临的难题。通过对国内手游直播的内容和模式进行对比，我们总结出了玩转手游直播的五大技巧，助您在手游直播市场披荆斩棘，达到流量变现的目的。

◆ 把钱花在刀刃上

说到底，手游直播的竞争就是钱的竞争，这已经成为直播行业的一种"潜规则"，不仅主播需要酬劳，品牌推广、项目运作都需要充足的资金做后盾。当然，钱要花在刀刃上，有钱不代表就可以任性。进行手游直播，我们要把钱投资到优秀主播和优质内容上，才能保证自己的平台立于不败之地。

◆主播资源跟得上

主播可以说是手游直播非常重要的资源。2016年，各大游戏直播平台相互挖角，游戏主播的身价也水涨船高。而触手TV却仿佛并没有受到多大的影响，目前触手注册的主播达到10万人，活跃的有15000人左右，《天天酷跑》的小美哥，《全民枪战》的King、毁灭等知名手游主播都在触手TV的平台上有一席之地，当然跟他们的名气相比，似乎触手本身的知名度更有价值。

◆直播内容要健康、正能量

除了主播资源外，手游直播展现的内容也是能否实现流量变现的关键。现在节目内容的审查越来越严格，一些低俗的直播内容虽然容易博人眼球，提高人气，但注定会被淘汰，健康、正能量的内容才是长久之选。

◆市场定位要敏锐

市场定位，简单地说就是我们要熟悉市场，准确定位目标人群，把握好市场发展趋势。例如，触手TV致力于手游和社交领域的发展，打造社交属性较强的直播平台，让玩家能够在任何场地竞技，获得满足感。

◆契合的赛事联动

如今很多年轻人接触过电竞。直播和电竞两种业态可以说是荣辱与共的关系，直播平台和电竞赛事结合得越紧密，它们获得的关注度就越高。据了解，2016年已有多款DAU超过千万的S级竞技手游出现，且在快速地扩大用户和影响力。如何把直播和电竞完美地联系起来，成了各大平台面临的另一大难题。

手游直播最常见的变现模式就是虚拟道具变现，如斗鱼平台的"鱼翅""鱼丸"等，战旗采用广告变现的方法也非常值得借鉴。不断探索其他更有效、更便捷的变现方法成为各直播平台急需解决的问题。

只要运用好以上五大技巧，平台就有可能在手游直播中拔得头筹。至于手游直播在行业大战中能走多远，我们拭目以待。

手游直播面临的三大挑战

虽然直播+手游是引领流量变现的下一个爆点，但由于其还处于摸索阶段，也面临着以下三大挑战：

◆**游戏内容不足以支撑节目厚度**

《英雄联盟》《守望先锋》等属于MOBA类游戏，竞技性很强，《剑灵》《天涯明月刀》等网游故事情节连贯，3D效果十分惊艳，而手游并不具备前两者的优势。因此手游直播节目的内容一定要精彩、丰富，缺乏内容的手游面对的挑战还是很大的。

◆**用户黏度不大，缺乏粉丝基础**

寿命较短也是阻碍手游直播发展的一大因素，手游的活跃时间短则几个月，长则半年、一年，很少有人长期沉迷于一款手游。所以，相对于其他变现形式，手游的用户忠诚度要低很多，而粉丝恰恰是决定直播成功与否的关键。

◆**碎片化补充定位难以受到玩家重视**

手游在大众娱乐中的角色很像我们通常所说的"备胎"，就是我们在没有其他选择的情况下，才会拿出来玩，比如等人的时候、电视剧插播广告的时候、排队的时候等。这就决定了用户不会在手游上花费大量时间，更别说手游直播了，他们宁愿去看《英雄联盟》《守望先锋》的直播，至少能学点游戏技巧。

倘若手游不解决以上难题，便印证了那些说手游无法在直播市场立足的声音，寻找突破口是手游直播迫在眉睫的事情。现在游戏类主播的标配是电脑+麦克风+摄像头，内容以在线玩游戏、解说游戏、传授游戏技巧为主，如果手游直播能在直播形式上下点功夫，也许还能"起死回生"。

手游直播目前仍处于发展探索的阶段，有尝试才能发现不足，发现不足才会进步。手游直播若想在直播行业立足，还需要不断创新、探索，去挖掘更多吸引粉丝眼球的内容及直播形式。

第3节　直播+VR：直播经济制胜的法宝之一

如今，直播的发展越来越成熟，VR技术应运而生，VR与直播天然的耦合基因让人们的想象空间更大了。

直播+VR这种创新模式给直播行业注入了新的血液，通过VR这种新形式，用户在观看直播的时候能够身临其境。另外，VR技术把二维直播变成了三维直播，使直播经济拥有更广阔的价值想象空间。

VR直播实现了"场"与"景"的无缝对接

最近，包括直播在内的多个行业都开始了场景革命，只有站在用户的角度看问题，才能把握好市场的走向，在竞争中立于不败之地。

VR技术日趋完善，在场景打造方面的能力也越来越突出。虚拟现实技术能够让信息空间更广阔，以此为基础建立的虚拟场景更贴近生活，能让用户与虚拟场景中的技术互动。

VR技术在不到三年的时间里就获得了全球性的关注，原因是什么？因为它与场景之间的联系非常密切。例如，VR直播在花椒平台上线，让观众觉得主播在跟自己近距离互动，身临其境。传统直播被移动直播取代，关键在于信息载体不一样了，如今，VR变革得更彻底，不仅升级了载体，还提高了用户参与度。

在这里要强调，所谓场景，"场"和"景"是密不可分的，在具体的"进化"过程中，要把互联网的连接作用发挥到最大，"场""景"合一，并且具有独特性。

VR技术不仅提升了用户体验，还推动了网红经济的发展。比如为了提高流量变现的效率，很多网红开了自己的淘宝店。VR技术的引进能让这批掌柜更全面地展示自己的宝贝。观众通过虚拟现实能了解更多关于产品的信息，大大地提升购买力。

VR+直播的运用场合非常多。比如，美食节目现场为观众演示烹饪方法，通过虚拟现实，观众仿佛伸手就能品尝到菜品；艺术品展览通过虚拟现实技术，仿佛这件藏品就属于观众自己，可以独自观赏。通过"场""景"之间的无缝对接，VR能给人们带来非同寻常的感觉。

花椒平台在直播领域率先做了吃VR这只"螃蟹"的人，并不是因为头脑一热，而是对技术、产品以及发展前景有充分的信心。花椒独有的"脸萌"特效和"变脸"功能，通过技术升级始终站在行业的最前端，成为行业标杆。花椒直播作为首个上线VR直播的平台，使该行业的竞争上升到了一个新层次，并牢牢把握住了先机。

从这一方面来说，VR+直播可能会使传统直播运营模式发生颠覆性的变革。因为虚拟现实不仅能通过场景的构建来提升观众体验，还能增强视频的互动性，将来必定会受到越来越多用户的追捧。在行业今后的发展中，一定会有新技术不断产生，VR直播行业的发展空间不可估量。

VR直播需要解决的四个问题

虽然大部分行业内人员很看好虚拟现实技术和直播的结合，但是VR这门技术毕竟还在探索阶段，在技术不断升级的过程中，有很多问题需要平台一一解决。

先来看看目前VR直播的步骤（见图10-1）。

| 用全景相机拍摄 | 处理图像 | 编码传送 | 输出 | 观众接收 |

图10-1　VR直播操作步骤

在这个过程中，信息传递是多维度的，用户接受的成本也在增加，根据统计结果显示，按照清晰度为1080p，宽带为20M的标准进行计算，每个用户需付出相当于目前电视接收10倍、手机接收100倍的成本来观看VR直播，而现阶段用户的网速条件很难实现。在设备投资上，要做到VR直播，主播首先要在自己的电脑上安装VR摄像头，观众要戴VR眼镜，双方的投资都很大，操作也很复杂。

不过，虚拟现实技术和直播的发展都很快，相信将来二者的结合能刺激直播领域产生新的活力，使其发展得更长远。就目前VR直播市场的发展现状而言，主要面临着以下几个方面的问题（见图10-2）。

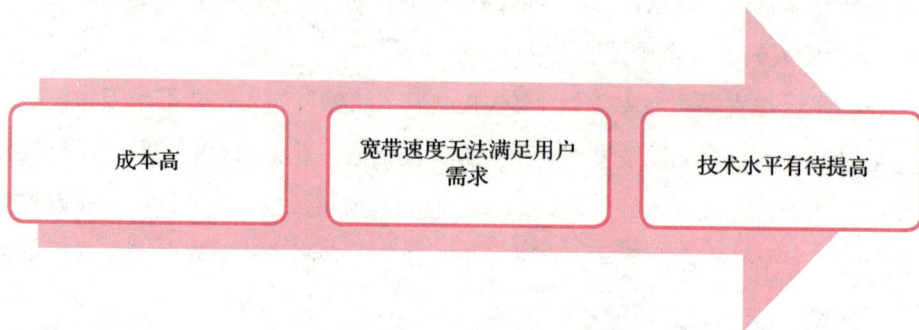

图10-2　VR直播需要解决的三大问题

◆ **成本高**

VR虽然是一个吸引观众的手段，但是前期需要投入的成本非常高。据了解，一个4分钟的VR视频要消耗近60万元的资金。假如视频平台想借助VR来盈利，首先要搭景，光这个环节消耗的成本就很可观，其次节目能否顺利变现还取决于是否有大量的观众需求，而VR直播目前并没有数量可观的观众群，并且看VR还要用专门的VR眼镜，太麻烦。

目前，观众对VR的了解很少，但我们要明确一点，如果用户没有VR设备、直播平台又不提供，用户是没办法体验到身临其境的直播感受的。

◆ **宽带速度无法满足用户需求**

如果硬件跟得上，不管多少人在线同时观看VR直播那都不是事儿。然而现阶段，同时观看VR直播的人数必须控制在10000人以下，才能保证观看效果。

这是因为，VR直播对宽带速度的要求很高，并且，很多情况下网络信号不足以支撑VR直播的信息流传递，想要在这种情况下保证VR直播效果必须建立专门的网络体系，不然，一旦外部环境出现问题直播效果就会受影响，影响观众正常观看。

◆ **技术水平有待提高**

用户长时间使用VR设备会产生头晕等症状，这是由技术限制引起的，目前VR技术方面主要有以下几个问题：

图像拼接技术水平较低

虚拟现实视频是用位于不同位置的广角镜头拍摄，然后再把这些素材拼接起来合成一个VR视频。但是在现阶段，由于技术有限，最终呈现的画面可能会出现图像错位等情况，因此，观看时间长了观众会感觉不适。

没有配合视频内容的音效

内容对VR直播很重要，音频制作也同样重要。目前，VR直播的音频主要来源于调音台，缺乏现场感，想让用户听到多维度的声音，就需要用3D效果的音频，这样才能更好地配合VR体验，让用户沉浸其中。

视频摄取水平有待提高，没有交互性元素

现在VR直播主要是把移动端和VR设备结合起来，在这种情况下，用户只能通过一种角度观看，因为大部分视频都是全景模式的，如果架设相机的角度刚好符合用户的角度那是再好不过了，但不少商家制作视频时并不注重这一点，所以现有的直播用户体验还不够完善。

根据本节对VR直播行业的整体分析可知，不管是VR视频拍摄方还是VR设备提供方，目前都已经有一定的规模了，而且还在不断扩大。但是，从VR直播平台方面来看，不仅在拍摄环节、输出环节和直播观看环节离不开VR设备，视频编辑和运营软件也要重新引进，目前能够做到一条龙服务的厂家屈指可数。

第4节 直播+教育：网络直播热潮中最有"钱"景的市场

我们对垂直类直播平台进行分析后，发现一个独特的现象：目前，60%的垂直类直播平台上的直播内容是教育。教育的特性使其与直播相当"般配"，直播+教育也被认为是直播热潮中最有"钱"景的市场之一。

教育直播的出现，刚好符合探索新型教育服务方式的需求。首先，它使教育成本降低了，促进了教育公平；其次，扩大了优质教育资源的覆盖面。这一

点，我们通过CNNIC统计出来的2015～2016年在线教育用户规模及使用率（见图10-3）就可以看出来。

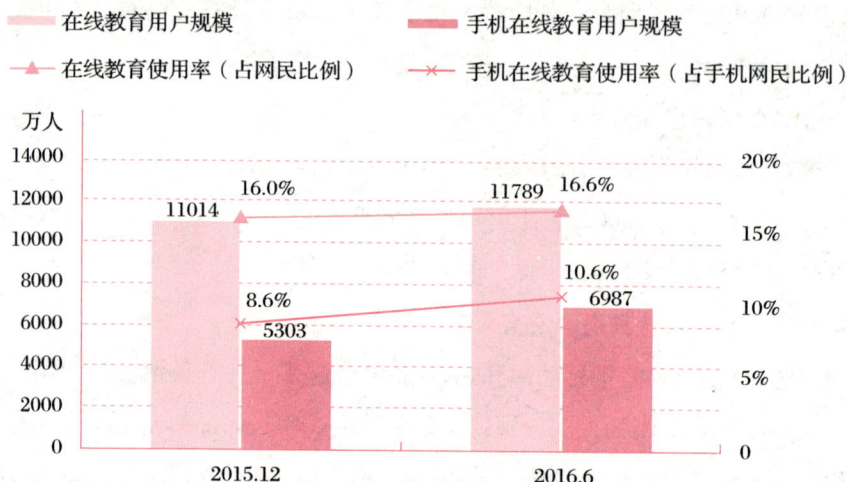

图10-3　2015～2016年在线教育用户规模及使用率（数据来源：CNNIC）

对于直播+教育这种变现模式，教师是最大的受益者。首先，优秀的老师不再被体制所束缚，在直播平台上更容易脱颖而出；其次，在直播中，老师的授课方式非常灵活，不限场地，还能自定义教学内容。

这一点，通过下面的案例就可以看出来。

王羽是南京的一位在线辅导老师，2016年4月，他的一份课程清单在网上流传开来。他的一节在线高中物理课售价9元，一下子就卖出了2617份，总价值23553元，扣除20%的平台分成后，王羽一个小时的在线物理课收入为18842元。王羽老师一共开设了7节课，总收入达到8.4万元，扣除平台分成，他的实际收入近7万元。

通过这个例子，我们可以清楚地看到，传统的开班授课和线上授课的收入差距还是很大的，通过线上直播授课，教师的收入大大提高了。

教育培训直播平台将实时直播课程作为重点，目的是让学生的体验更加接近真实面授，师生间的互动是其亮点。

案例中的王羽可谓是做了教育直播的开路人，如今，各路人马蠢蠢欲动，传统教育巨头新东方、好未来，后起之秀邢帅教育、疯狂老师、老师好、斗鱼等也都想从直播+教育中分一杯羹。归纳目前教育直播的案例，我们可以总结出直播+教育的三种变现方法，即双师直播课、网红教师、"淘宝"课程模式等。

为了帮助大家做好教育直播，实现直播变现的目的，我们对这三种方法一一分析，助您在教育直播变现的道路上走得更顺畅。

双师直播课——共享优质教育资源

所谓双师直播课，就是一位老师在一间教室里直播上课过程，学生在另外一间或多间教室通过电视同步听讲，另外一位老师在学生所在教室负责现场辅导。这样，一位学生就有两位老师陪伴了。

双师直播课在实现学生实时通过视频直播听老师讲课的基础上，还实现了直播老师和远程学生的实时互动。另外，双师课堂具有互动功能，这套系统分为教师端和学生端，教师端有完整的录制设备，可以支持老师实时直播上课的全过程；学生端除了可以观看老师的直播外，还可以在线和老师互动答题，互动交流。

目前"双师直播"的市场正在逐渐扩大，新东方、好未来等教育界巨头都想扩大自己在此领域的份额。新东方俞敏洪表示"2017年开始，新东方将会在一些中型城市大量开设'双师直播课'，把新东方最优质的内容通过直播的方式同步传播到当地城市。"打入三四线城市市场一直是新东方的重要战略计划，"双师直播"将成为新东方开拓三四线城市市场的重要手段。

网红教师——教育的"娱乐化"探索

"寓教于乐"一直是教育界备受推崇的教育方法。随着直播越来越火，老师严肃、正统的形象也渐渐被改变，"网红教师"一词正是对老师跨界的最好概括，各大教育机构也在慢慢培养自己的网红教师。

新东方的俞敏洪也为网红教师站台，2016年9月，新东方在线推出了大型互联网教育直播秀——99网络学习节。网友可以通过一直播、斗鱼、酷学网等平台收看新东方明星老师的直播。据统计，直播秀活动期间，各平台累计观看人数突破一千多万，单个老师节目的最高观看人数达144万。

"99网络学习节"是网红教师的一次集体亮相，那么，教育类平台该如何打造网红教师？又该如何运营呢？对此，邢帅教育创始人邢帅认为，要成功地打造网红教师，应该让其处在一个合适的生态中，让其成为一个具有持续性的网红教师。邢帅教育也在打造自己的网红教师，这个培养过程是漫长的，首先要经过培训，让网红教师熟悉直播流程，然后让他们通过一些课程实际锻炼，这个过程最少需要半年时间。

关于打造网红教师的技巧，邢帅向大家传授了以下三点：

◎ 自建IM系统；
◎ 开展"师战"；
◎ 开展年度盛典活动增强教师、学员和公司之间的黏性。

"淘宝"课程模式——"自助餐"式的个性化表达

教育直播平台对于教育服务机构和学生来说，就像一个连接器，连接着双方的关系。淘宝教育近年来颇为重视具有特色的直播内容，为个体老师和中小型机构提供了创业机会。比如，互动真人秀节目《火星情报局》里的"国民男特工"张雪峰老师，就和淘宝合作，开设以考研为主题的直播，吸引了三千多万人在线观看。

除了提供强大的流量支持，淘宝教育还推出了免费直播工具——tblive，重点服务淘宝教育平台上的中小商家，为他们提供创业支持。

除了淘宝教育，做教育直播平台的还有李晓滨创办的"老师好"平台。它通过O2O的模式，为老师们提供了直播平台。老师们可以通过这个平台发布教学直播产品，老师的收入和课程的质量成正比，"老师好"可以说是教育界的"天猫商城"，以教学质量和推广招数论英雄。

为了保证教学质量与成功变现，直播+教育可以考虑在现行教育体制中建立比较流行的"小班化教学"模式，通过切实提升教学质量来获取资本市场的信赖。

直播+教育模式的蒸蒸日上为在线教育带来了新的可能，越来越多的教育产品走向了直播平台。但是，在2016年的O2O教育大战中，仍然出现了不少失败的"前车之鉴"，"从商有风险，入市需谨慎"。在确定加入教育直播的洪流前，我们首先要考虑周全，做好充分的心理准备，如此才可能在竞争中一展雄风。

第5节　直播+美食：餐企品牌弯道超车的新机遇

如今，线下实体餐饮店同样面临着互联网发展带来的机遇与挑战，"团购+打折券"已进入厮杀的红海，"伤敌一千，自损八百"的补贴模式已沦落成被诟病的商业模式。于是，不少餐饮企业和商家瞄准了直播+美食这一模式背后的潜在商业价值。

例如，外婆家、邢少爷纷纷请来网红做直播；伏牛堂张天一、巴奴火锅杜仲兵也不甘落后，亲自站台直播；迷尚豆捞发动创始人、员工、顾客玩"全民直播"。这场餐饮界的直播大战越来越红火，餐饮人的斗志也越来越高涨。

目前，直播+美食的变现方式主要有以下三种（见图10-4）。

| 餐饮企业请网红到店里直播就餐或活动 | 餐饮品牌创始人直播 | 餐饮企业员工直播 |

图10-4　直播+美食的变现技巧

网红助阵

2016年6月15日到16日，在映客直播平台上，著名餐饮品牌来伊份，邀请15名网红主播在六个城市的线下门店进行直播互动。48小时内，观众在线人数达到60万，到点消费人数高出平日的5倍多，刷新了同期销售额的纪录。下面，我们一起来看看来伊份是如何进行这场声势浩大的"直播+美食"的变现的。

6月15日，在直播开始之前，来伊份抛出"感恩狂欢日""618品质狂欢节"的主题，以全场8.8折的优惠引发顾客关注，并将帅哥、美女主播包装成来伊份的网红店长，初步向顾客透露到店购买有偶遇网红店长的惊喜。

紧接着，活动当天推出一组网红齐聚的海报，九位网红于北京、上海、杭州、南京四大城市率先揭开"来伊份品质体验之夜网红大PK"的直播序幕，推出网红主播的映客直播账号，来伊份以网红店长的噱头向大家发出邀请，并强调观看直播，更有大礼赠送，引导大家持续关注。

直播正式开始时，网红店长们身着来伊份员工服饰在门店进行直播，与线上的粉丝和线下的消费者打招呼互动，告知粉丝来伊份有8.8折优惠的信息，线上还有抽奖免单和送小零食等活动，邀请线上的粉丝到店购买。

看完来伊份邀请网红助阵的直播+美食的变现方式，一般的餐企不禁咋舌：邀请这么多的网红助阵，赚得回来吗？是的，对于一般的餐企来说，邀请网红直播，成本肯定不会低，但俗话说"网红千千万，不行咱就换"，总有一款物美价廉的网红适合你。

餐饮企业和商家邀请网红助阵直播，对于直播变现有两大优势：

◎其一：有网红就能成功吸引消费者的关注；

◎其二：自带IP、粉丝附身的网红具有低成本、广扩散、更快速、更即时的传播优势。

既然如此，餐企在邀请网红助阵直播+美食的变现方式时，应该如何运用网红的特点达到直播变现的目的呢？下面三个方法将对餐企有所帮助：

◆选择合适的网红

餐饮企业或商家选择网红到店直播，挑选合适的网红是一个关键点。在这里，向大家介绍一下挑选合适网红的三个原则（见图10-5）。餐饮企业或商家只要遵从这三个原则选择直播+美食的网红，就可找到适合的网红。需要注意的是，目前直播界在餐饮垂直领

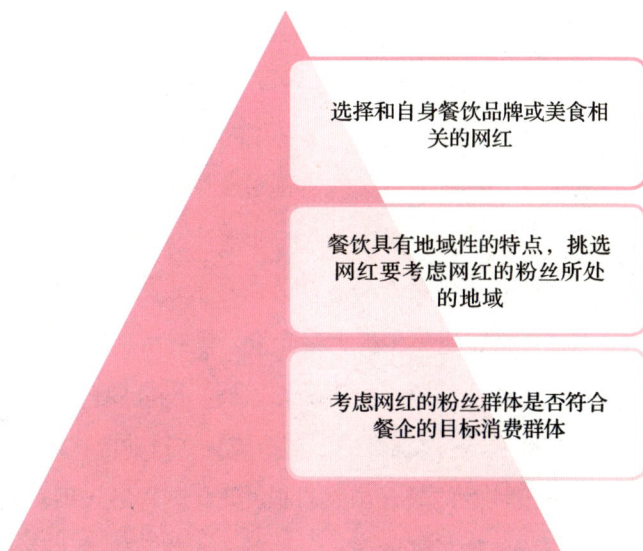

选择和自身餐饮品牌或美食相关的网红

餐饮具有地域性的特点，挑选网红要考虑网红的粉丝所处的地域

考虑网红的粉丝群体是否符合餐企的目标消费群体

图10-5　挑选网红直播美食的三原则

域或与餐饮相关领域的网红相对较少，多数网红是以泛娱乐为主，导致其粉丝也较为分散。因此，餐饮企业和商家可以根据品牌想传播的特性选择网红，避免花了大价钱找到的却是不合适的网红。

◆多种优惠活动引发消费冲动

餐企在组织网红直播时，可以像来伊份那样，通过抽奖免单、试吃、网红品尝等多种形式刺激消费者的消费欲望，以通过直播获得优异的变现成绩并提升品牌知名度，这正是直播+美食变现的成功诀窍之一。

◆网红助阵直播+美食的详细操作步骤

餐饮企业或商家邀请网红助阵直播，可以分以下七步来进行：

第一步：选网红。一场直播的网红人数应控制在10人以内，5人最佳，餐饮企业要根据自己的经济承受能力和活动预算来邀请网红，一般每位网红的费用为2000～5000元不等。

第二步：熟悉环境。直播前，要把餐厅的地址、环境、特色、优惠活动等以书面形式发给网红，让他们充分熟悉资料，以方便直播时充分发挥。

第三步：活动预热。网红主播在直播前一两天发布直播活动预告，为直播当天的活动预热，餐厅地址一定要发布在醒目的位置。

第四步：直播当天，参加直播的主播们会坐在同一桌就餐，把餐厅的特色和优点用自己的语言表述出来，可以在餐厅内多走动走动，向观众全方位地展示餐厅环境，还可以随机采访一下餐厅的员工，展示企业文化。

第五步：粉丝互动。在直播过程中，主播在某个时间点向粉丝发福利，前提是这些粉丝必须关注餐饮企业的公众号。

第六步：设置公众号。在公众号上设置关注和回复，用利益引导粉丝转发广告文章或图片，进一步扩大曝光量，最终留下来的粉丝转流至微信私人号。

第七步：后续整理。直播结束后，网红要在餐饮行业的自媒体及相关平台上发稿，将此次"餐饮+直播"塑造成餐饮行业的代表案例。

大家要注意的是，虽然直播+美食这种形式确实能为餐厅带来不错的推广效果，但是网红的关注度很高，粉丝多，看热闹的人也会多，餐厅的流量效果难以准确地预估。

创始人站台

有很多餐饮店铺的老板已经变身成了餐饮品牌的创始人，在"品牌=创始人"的理念下，宣传品牌的同时创始人的个人品牌也得到提升。直播既可以为创始人带来个人品牌效应，还可以宣传店铺，何乐而不为呢？当别人还在探索这一理念的时候，你已经付诸行动了，这就是突破。

因此，与其请网红直播宣传，不如自己亲自站台。金汤火锅品牌迷尚豆捞创始人曾雁翔就在这方面做得很好，让我们来学习一下吧。

2016年7月，金汤火锅品牌迷尚豆捞的董事长曾雁翔，在映客开通直播频道，定期针对不同的餐饮主题进行直播，目前其个人微博粉丝近4万人。曾雁翔一次时长两小时的直播，吸引了二千七百多人在线观看，迷尚豆捞线下店面的销售额增长了近6倍。

餐饮业是一个相对小众的领域，仅仅请网红来做直播，热度并不会持续太久，但如果像曾雁翔一样，创始人出山就不一样了，从经验分享到成功秘诀，每一项都是亮点。无独有偶，伏牛堂张天一、巴奴火锅杜仲兵也办起了直播，为各自的品牌代言。

餐企创始人站台直播+美食，对于直播变现来说具有以下三大优势：

> ◎ 其一：增强创始人IP与品牌的捆绑关系，即品牌=创始人；
> ◎ 其二：更真实、更随和，拉近创始人和员工、受众的关系；
> ◎ 其三：关注的人多是行业粉丝，小范围内的传播效果更精准。

餐企创始人站台直播+美食，对于直播变现来说，就好比打火机的工作原理：滑动滑轮擦出火花，并及时供应充足的易燃气体，产生火焰。观众的心动就犹如那千分之一秒的火花闪现，抓住这一瞬间，及时为其提供充足的易燃气体，就会收获变现的熊熊火焰。

如何将上述原理变成现实呢？有两个行之有效的小方法。

◆ 充分造势

在直播开始前，餐企要运用各种社交平台进行造势，为了吸引粉丝，可以设置一些奖品，通过移动端、APP、微信、微博等多渠道进行直播预热。

◆ 直播内容要有干货

餐企创始人直播时，以自身丰富的餐饮知识结合亲身经历，对餐饮行业进行通俗易懂的解读，让看直播的观众更好地理解品牌文化。总之，餐企创始人直播的内容要有"干货"，要让观众看到有内涵、有价值的内容，再加上创始人的个人魅力，取得良好的变现效果并非难事。

◆ 创始人站台"直播+美食"的详细操作步骤

创始人站台"直播+美食"，其操作步骤可分以下五步（见图10-6）。

最后，需要特别提醒餐企老板的是：创始人直播很容易陷入叫卖的语境里，这样会吃力不讨好。比如伏牛堂品牌创始人张天一站台"直播+美食"时，就被批评吃喝叫卖，围观人数从开始的80万急降到最后的一万多。

选择直播内容：分享餐厅的发展历程

活动预热：在微博、公众号、朋友圈进行宣传

开始直播：直播过程中发放几轮红包或礼品券，并引导
粉丝转发直播链接扩大传播面

粉丝互动：放出公众平台的二维码，添加的粉丝可以
自动获得一些餐厅福利

活动总结：在餐饮行业自媒体公众平台上发新闻稿，将
此次直播塑造成餐饮行业的典型案例

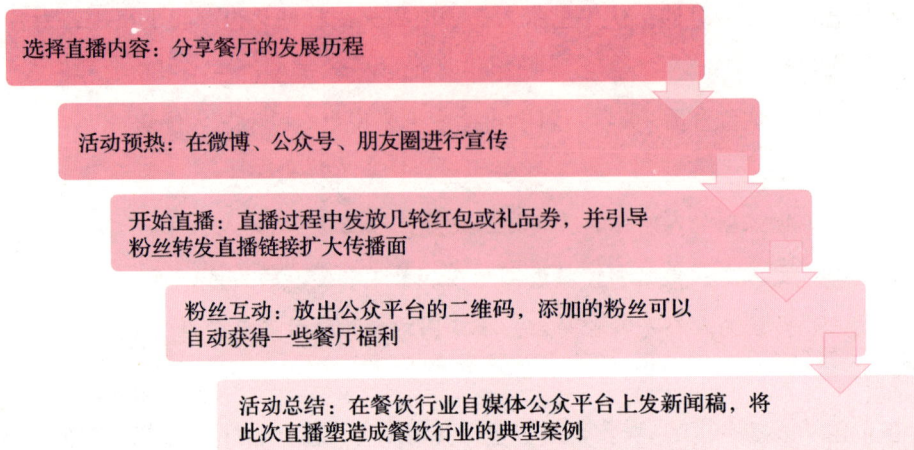

图10-6　创始人站台"直播+美食"的操作步骤

发动员工

关于员工直播，网上有一个流传至今的案例，我们一起来学习一下。

2016年5月21日，映客热搜全国榜上出现了一个女服务员，她叫喵喵，她的直播内容很简单，就是自己服务的过程。仅仅在中午和晚上两个时间段，就有21000人在线观看了这位女服务员的直播。

在直播的过程中，她穿梭于大厅忙碌着，在认真服务客人的同时，还要和直播的粉丝互动。与平时的服务不同，那天她在胸前挂着一个二维码牌子，被她服务的顾客能用手机软件直接扫码"打赏"。

在当天的直播里，她被网友亲切地称呼为"最美服务员"。大家不仅仅围观了"最美的服务员"是如何给大家提供服务的，还了解了这家餐厅新上线的"打赏"功能。

各行各业的人都能成为直播的主角，在这方面，"57度湘"宣称将湖南人"娱乐至死"的精神坚持到底，直播后厨员工集体跳广场舞、铁板烧员工跳热舞。迷尚也鼓励员工玩直播，创始人曾雁翔还积极与员工互动，为他们"点赞"。

总而言之，餐饮企业鼓励员工直播，对于直播变现来说，有以下两大优势：

◎其一：满足年轻人的好奇心，激发年轻人的活力，让他们体会到工作再普通也可以是大明星的满足感；

◎其二：员工可以通过打赏增加收入，提高工作积极性。

在竞争如此激烈的今天，餐企要想把自己的产品和品牌传播出去，实现直播变现的目的，发动员工直播是一个不错的选择。餐企应该如何发动员工进行"直播+美食"的直播，吸引观众来店消费呢？结合目前市场上的案例来看，发动员工进行"直播+美食"的技巧有以下两个：

◆挑选合适的员工

并不是所有的员工都适合直播，要挑选能为品牌带来正面效应的员工。因为餐饮行业属于服务业，所以餐企在挑选员工直播时，至少要选择颜值高、笑容和声音甜美的员工，当然，如果这位员工恰恰还会"卖萌"，那就更好了。

◆营造出和谐的进餐直播场景

员工进行"直播+美食"时，要有和谐的进餐场景。员工不仅要到各桌端茶倒水、推荐菜品，还要跟顾客互动、跟直播观众互动，使整个直播看起来就像是餐厅的一场狂欢活动。在员工的带动下，观众们会兴致高涨，并主动打赏。

◆发动员工直播的详细操作步骤

发动员工直播的操作步骤分以下四步：

◎第一步：餐厅领导分配工作任务；

◎第二步：表扬出色员工，直播表彰过程；

◎第三步：直播员工的会议、户外活动等；

◎第四步：偶尔直播一下员工的业余生活等。

虽然发动员工直播有诸多好处，但同时也要注意一些问题，比如：当所有前厅和后厨的员工都举着手机直播时，就没人干活了；如果员工把握不当，播出了一些失误画面，就会对品牌造成损害。

如何衡量直播+美食的变现效果

作为一种新型的变现方式，直播+美食已经正式成为餐饮业的竞争方式之一。我们除了看到直播带来的优势，还要衡量其带来的弊端。餐饮直播带来的变现效果可以从以下几个方面来衡量：

◎ 直播这种方式把宣传时间大大缩短，可以快速把餐饮品牌推广出去，相对于传统的推广方式，反馈更快速、更直接。

◎ 品牌做宣传的目的就是得到更多关注，从而提高知名度。直播的互动性非常强，观众的反馈也最直观。

◎ 直播有实时性和传播性，通过直播来实现信息共享、资源透明、相互沟通也是个不错的选择。摒弃一些可有可无的步骤，帮助餐饮企业实现管理上的优化。

◎ 直播具有实时性，食品安全问题一直是大众关注的重点，通过直播，可以让大家看到真实生动的操作流程，让后厨透明化，在这一点上，直播的意义还是很大的。

在本节的最后，我们还要提醒一下餐饮人，别忘记你那个微博、微信"僵尸号"，别脑门一热就冲上做办直播，最后又办成一个"僵尸号"。

第 5 篇

直播营销：
让你的产品有口碑、有粉丝、有利润

直播的火热，为企业、品牌和商家带来了新的挑战和机遇，越来越多的人看到了直播的价值和前景，但是在具体操作时，却发现不知道如何通过直播做营销。虽然目前相关的案例很多，但是都过于零散，让人看后无从下手。本篇旨在为大家呈现一个系统、全面的直播营销体系，向大家分享营销干货，告诉大家什么是直播营销，力求让读者按照书中的方法和步骤，就可以进行实践。

第 11 章　🔍

直播推广：抢占移动互联网入口，引爆流量，留住粉丝

直播营销是营销的一种表现形式，同样需要推广。论坛、微信、微博不仅是移动互联网推广的重要平台，也是直播推广的重要平台。除此之外，直播推广还有两种非常有效的推广方式，即网红直播和企业大佬直播。本章紧扣直播营销，从"落地"的角度，系统地总结了直播推广的方式、技巧、策略，助力企业和商家从直播推广方式和营销方法中掘金。

第1节　论坛：效果非常好的直播推广方式

论坛推广就是直播企业和个人利用论坛这种网络交流平台，通过文字、图片、视频等方式发布直播预告或产品内容的信息，从而让更多的潜在客户了解直播信息和产品，最终达到宣传品牌、进行直播推广等目的的方法。

目前，中国论坛排名前五名如下所示（见图11-1）。

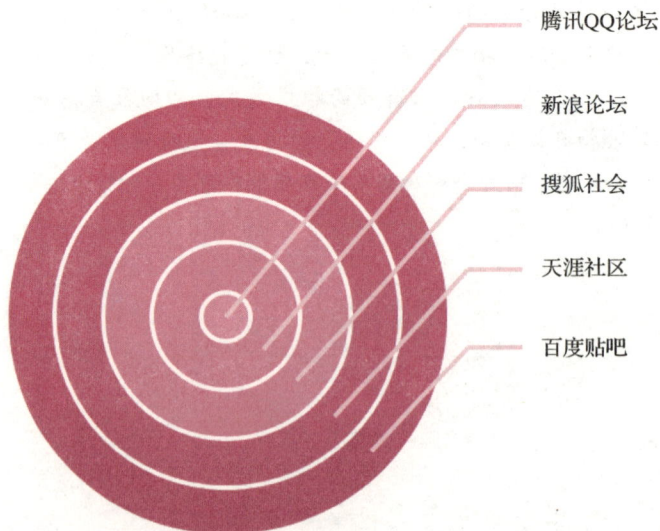

图11-1　中国论坛前五名

直播推广的方法有很多种，其中论坛推广的资历最老，效果也极佳。

论坛推广是伴随着互联网成长起来的最早的线上推广方法之一，因易上手、实用性强，一直沿用至今，但由于论坛推广比较耗费精力，而且需要一定的软文功底，让不少直播企业和个人头痛不已。既然如此，那为什么还要选择论坛推广呢？下面总结了四点论坛推广的优势（见图11-2）。

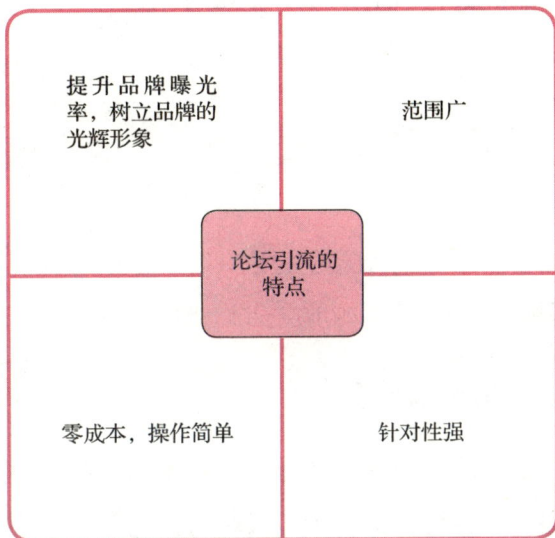

提升品牌曝光率，树立品牌的光辉形象

范围广

论坛引流的特点

零成本，操作简单

针对性强

图11-2　论坛推广的优势

了解了什么是论坛推广和利用论坛做直播推广的优势后，你肯定会问：应该如何利用论坛做直播推广呢？下面就向大家传授论坛推广的经验。

挑选人气论坛

论坛的人气，是决定我们所发布的关于直播的帖子能不能火的首要因素。帖子写得再精彩，如果放在一个没有人气的论坛上，就算是最显眼的位置也没有多少人去看。所以，论坛做直播推广的第一步就是：挑选人气论坛。

那么，如何挑选人气论坛呢？我们可以通过互联网数据侧面了解哪些论坛比较好，或者通过百度、搜狗等搜索引擎了解。不同的直播内容要选择的论坛或论坛版块也是不同的。比如，把直播发布会的帖子发到豆瓣论坛，观看的人数肯定不会太多，如果放在百度贴吧的话就合适多了。

另外，我们可利用"站长之家"做一个筛选表格，在"站长工具"里查询论坛的百度权重、ALEXA排名、站链接、建站时间、反链数等。具体可以参考下表（见表11-1）。

表11-1　筛选人气论坛参考表

论坛名称	百度权重指数	ALEXA排名	站内链接数	建站时间	反链数
天涯	9	全球排名：64 中文排名：12	814	2003.03.17	6532
猫扑	6	全球排名：5414 中文排名：458	321	1999.09.19	10236

需要提醒大家的是：选择投放帖子的论坛不要太多，根据自身的能力量力而行。选择用户群要精准，选择合适的地点投放，避免做无用功。

论坛发帖推广的四大技巧

发帖是在论坛做直播推广的重中之重，是维持论坛活力的关键。逛论坛、看帖子已成为很多网民的习惯，因此只有直播的帖子写得好，才能吸引网民阅读、回帖，甚至是转发。

软文经常被比喻成一个网站的血液，要想在论坛上引流，就得发软文。在这个眼球经济时代，如何把软文帖子写得有吸引力呢？下面总结了五种方法。

◆足够吸引眼球的标题

网民对信息新奇度的辨别率非常高，只有想出足够吸引眼球的标题，才能换来网民的高点击率。

例如，某品牌面膜准备做一场活动的直播，在做直播推广时，该品牌在天涯论坛上发表了一个题为"你还在用面膜杀手吗？"的帖子，其点击量每有8000多。

在选择标题的时候，应当忽略自己的身份，用网民的思维来选择标题。写标题有五个技巧（见图11-3）。

◆学会自己回帖

发帖之后，我们还要自己回帖，用自己的其他账号，在不同的IP地址下，给

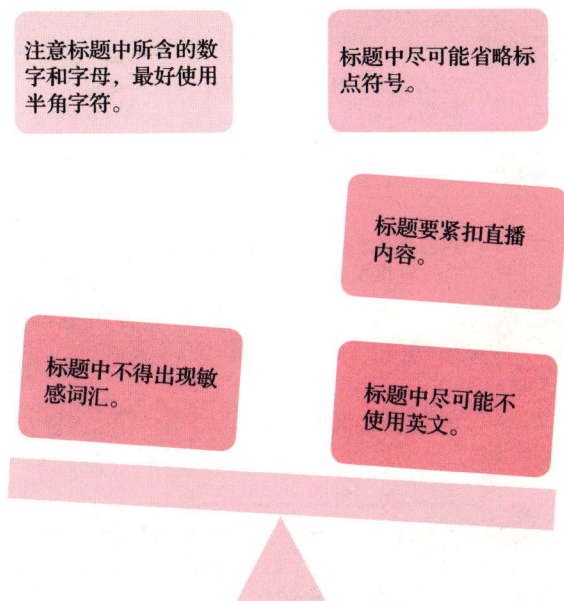

图11-3　写标题的五大技巧

自己的帖子回复不同的内容。不要露出马脚，不要每个账号回复的评论语气都一样，这样可以慢慢让自己的帖子暖起来，从而得到人气，吸引网民"围观"。

当然在账号足够多的情况下，才能获得这种效果，如果没有足够多的账号，就无法自己暖帖。

◆ **选取关键字，使其被搜索引擎抓取**

我们不能只依靠论坛中原有的网民，还应该增加阅读人数，这可以利用搜索引擎来实现，只要关键字被搜索引擎抓取，阅读人数就会越来越多。有人说，一篇好的推广软文，不是用华丽的辞藻堆砌而成的，而是把关键字贯穿于整篇软文，而网民在阅读时却很难发现。

◆ **找到恰当的发帖时间**

一篇帖子能否被广泛关注和发帖的时间也有很大的关系。如果我们选择在午夜发表，直播推广效果就会大打折扣，因为该时间段的在线人数相比其他时段少之又少，帖子自然会缺少关注。下图是适合论坛发帖的时间（见图11-4）。

总之，在论坛做直播推广看似很简单，但是想要做好、做出效果却是有难度的，认为写篇关于直播的帖子不停地复制粘贴就能成功，这是大错特错。我们

	对论坛反馈的积极性有明显提高。	• 周一到周四网民人数比较稳定。 • 周五到周日网民人数逐渐增加。
	这两个时段用户转发和评论都比较积极。	• 工作日下班后的时段（18:00～23:00）营销价值大。 • 周末午饭后（13:00～14:00）和晚饭前后（17:00～20:00），用户互动更加积极。
	更新帖子与网民互动。	• 周末的23点之后。

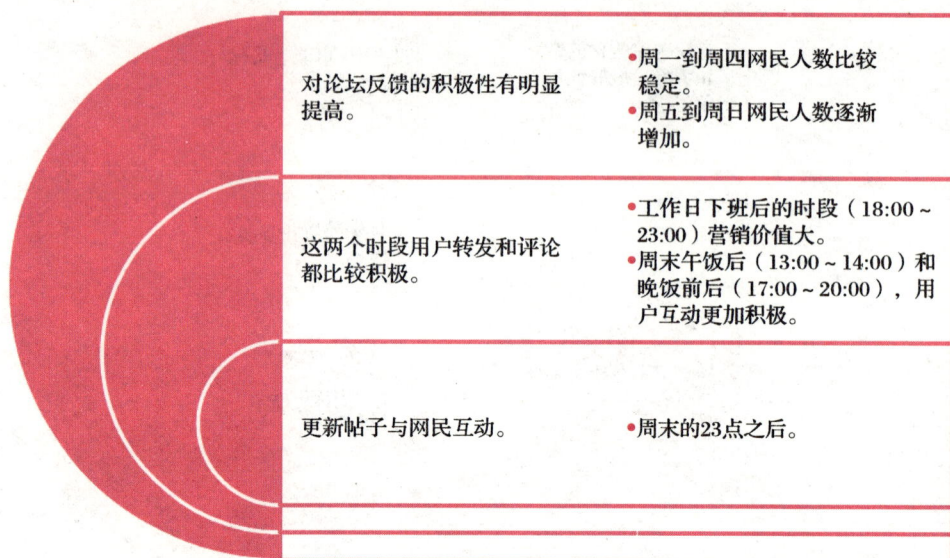

图11-4　适合论坛发帖的时间

只有按照上述操作步骤和技巧，一步一步做好，才有可能利用论坛为直播做好推广工作。

第2节　微信：性价比很高的直播推广方式

微信推广是企业、商家和主播经常使用的一种直播推广方式，同时也是一种性价比很高的直播推广方式。为什么这么说呢？因为微信不受距离限制，用户注册微信后，可与注册微信的"朋友"形成一种联系，订阅自己所需的信息，直播企业、商家和主播也可以通过提供用户需要的信息推广自己的直播ID，进行直播预热，从而实现点对点营销。

总体来说，微信对于我们做直播推广有以下几个天然优势（见图11-5）。

直播企业和个人要利用微信做直播推广，必须具备三大工具：装有苹果系统的手机、装有安卓系统的手机或平板电脑。

虽然微信如今已经是众所周知的推广平台，然而，知道并不代表会用，很

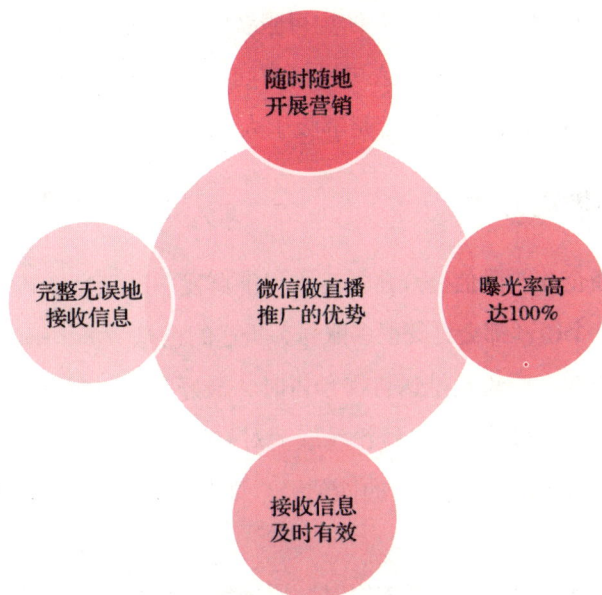

图11-5　微信对于直播推广的优势

多直播企业和个人并不知道如何利用微信做直播推广。利用微信做直播推广很难吗？相信看完本节后，你的微信推广之路会走得更加顺畅。

最吸引用户的内容

直播企业和个人在定位微信内容时，要结合直播内容和粉丝的喜好，而不是一味地向粉丝推送企业产品。请记住，微信不是为企业和主播服务的，而是为粉丝服务的，只有给粉丝想要的内容，他们才会青睐于你。那么，直播企业和个人应该向粉丝推送什么样的内容呢？

对于微信做直播推广的内容，有一个方程式是直播企业和个人需要牢记的（见图11-6）。

图11-6　微信做直播推广内容的方程式

以销售服装的淘宝电商为例，你觉得服装能带给粉丝的是什么，当然是好身材与好气质，因此直播企业和个人可以经常向粉丝推送衣服搭配技巧，然后适当地加入自己直播的信息，只要内容足够吸引人，就会有一定的推广效果。

最用心的推送方式

大多数直播企业的微信公众账号每天只能群发一次消息，其实这个频率已经很高了。现在每个粉丝都会订阅很多账号，推送的信息一多，根本看不过来。

所以直播企业在向粉丝推送直播预告时，最好一周不要超过五次，次数太多会打扰到粉丝，更坏的后果是导致粉丝取消对你的关注。当然，太少了又不能吸引粉丝的注意，会让粉丝觉得你的微信公众账号只是一个摆设。所以一定得把握好分寸。

直播企业在向粉丝推送直播内容时，不一定局限于图文专题的形式，也可以用一些短文本，字数一般为100～200字，最为关键的是要能引发粉丝思考，产生思想的火花，形成良好的互动效果。

最实用的宣传技巧

微信自带的即时性、互动性、影响力以及无边界传播等特质特别适合病毒式营销。微信平台的群发功能可以使粉丝将直播企业的直播预告、直播宣传海报以及宣传文字群发给微信好友，粉丝还可以利用二维码的形式发送直播信息。这是一个既经济实惠又有效的推广模式，粉丝主动为企业做宣传，激发口碑效应，将产品和直播信息传播到互联网和生活的每个角落。

通过以上内容，我们已经知道如何利用微信做直播推广，那么，赶快运用上面的技巧来尝试吧，直播营销的成功从尝试开始。

第3节 微博：直播推广的主战场

作为直播推广的主战场，微博的社交属性被发挥得淋漓尽致。别看小小的一条微博仅有140个字，但其信息发布便捷、传播速度快、影响面广、互动性强、成本低、企业形象拟人化等特点使其成为直播推广的首选。

下面，我们一起来看一下利用微博进行直播推广的案例。

京东生鲜在2016年6月进行了一场别开生面的直播（见图11-7），邀请50位当红主播烹调波士顿龙虾，吸引观看人数多达数百万，使其订单量比去年同期增长了6倍。

在直播开始前，京东在官方微博上发起"有你的京东生鲜"推广活动，进行"618免费吃龙虾"活动招募，紧接着，活动被斗鱼官方微博转发，并鼓励旗下主播们参与活动。入围的主播们不仅可以在现场免费吃到美味的波士顿龙虾，还有机会获得价值500～3000元不等的京东生鲜产品。

图11-7 京东官方微博发起的"免费吃龙虾"直播推广

纵观京东生鲜的整个直播营销活动，如果没有进行微博推广，可能也无法吸引如此众多的粉丝观看直播，也不会产生增长如此迅速的销售业绩。所以，直播企业和个人想要直播营销成功，微博推广是首选。

直播企业和个人该如何设置微博

直播企业和个人进行微博推广的目的是增加粉丝数量，而要做到这一点，就必须让观众和粉丝对你产生信任。微博上传真实的头像、资料填写真实、完善，是直播企业和个人进行微博推广的第一步。

◆**设置昵称的四大原则和两大技巧**

昵称是注册微博需要填写的基本信息，直播企业和个人只要把握好原则和技巧，就能想到适合微博推广的昵称。

首先，在设置昵称前，直播企业和个人要清楚以下四大原则（见图11-8）。

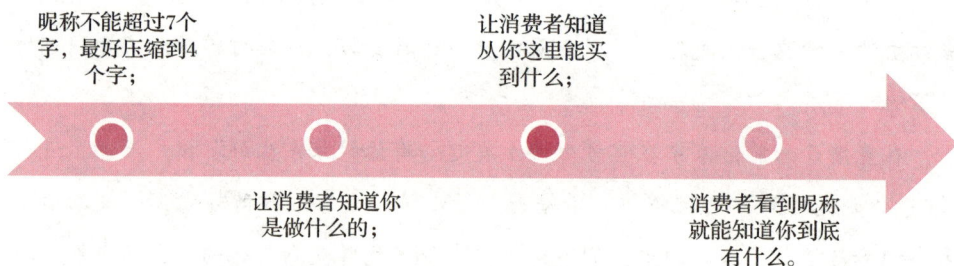

昵称不能超过7个字，最好压缩到4个字；　　　　让消费者知道从你这里能买到什么；

让消费者知道你是做什么的；　　　　消费者看到昵称就能知道你到底有什么。

图11-8　设置微博昵称的四大原则

当直播企业和个人按照以上四大原则设置微博昵称后，基本可以达到推广的目的。但是，如果想要微博昵称让粉丝看一眼就能被吸引，直播企业和个人还应该注意以下两个设置技巧：

◎微博昵称一定要把行业关键词放在最显眼的位置，并且密度一定要加大，这样就能提高被搜索到的概率。

◎昵称可设置为"姓名+行业+产品"。

总之，直播企业和个人在设置微博的昵称时，首先要考虑搜索的需要，注意用户的搜索习惯，因为用户一般是搜索行业或者产品，不会直接搜索昵称，这样设置能尽早被消费者发现。

◆头像要真实，能一下知道你是做什么的最好

微博讲究有头有脸，无论是直播企业还是个人，都应该以真正的面目示人。微博的头像就相当于微博的脸面，如果是企业或品牌微博，可以用品牌Logo做头像；如果是电商微博，可以用店面或商品图片做头像；如果是个人微博，则可以用个人的真实照片做头像。

◆简介的内容要考虑搜索概率

微博简介是微博账号基本信息的最后一项内容。直播企业和个人可以根据自己的产品准备一些词组，去掉个人标签用掉的几个，剩下的就写到这里。

编写简介的时候，还要考虑到关键字搜索的概率，注意以下几点：

> ◎其一：简介中最好不要添加网址，可以写上你的直播ID，因为对于手机用户来说，网址是没办法直接打开的；
>
> ◎其二：简介中的关键字不要用标点符号隔开，尽量用空格隔开。

微博推广直播内容的技巧

设置微博只是微博推广的第一步，如果你觉得微博设置好了，就可以利用微博进行有效的直播推广了，那你就大错特错了。接下来，我们要把注意力转移到微博内容的更新上。直播企业和个人在进行微博推广时，一定要保证微博内容与直播内容有联系，并且在直播前几天，要定时更新，不需要太频繁，平均每天5条左右为宜。

不仅要让微博内容与直播内容有联系，直播企业和个人还要让自己的微博内容更有吸引力。如果你的微博翻来覆去都是些陈词滥调和假大空，你的粉丝肯定会渐渐失望，微博推广也会以失败而告终。反之，如果你每天都能推送一些有趣的事物，或者创意视频，你会发现，你的粉丝在逐渐增加，认可度也慢慢提高了，越来越多的人愿意转发你的微博，而你也达到了微博推广的目的。

作者根据直播企业和个人进行微博推广的案例，总结出企业和个人微博内容发布的三大技巧（见图11-9）。

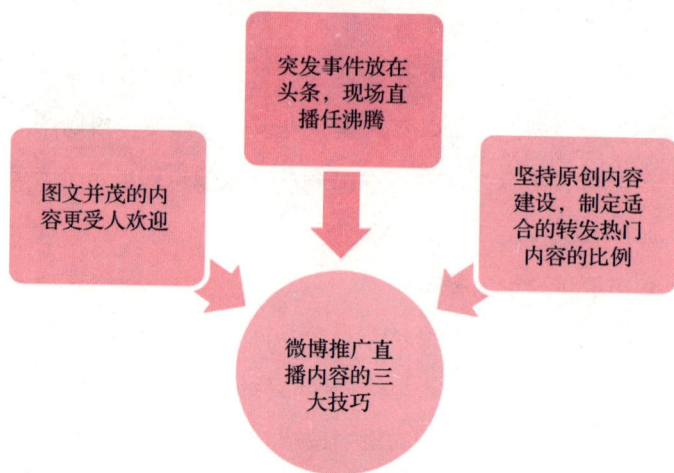

图11-9　微博推广直播内容的三大技巧

直播企业和个人如何在微博上与粉丝互动

日常生活化的信息交流、互动、展示，已成为直播企业和个人在微博上最热衷的展现手段。真实、亲切、接地气的生活化表达，能够瞬间拉近企业和个人与粉丝之间的距离，微博变成了直播企业和个人与粉丝之间交流的一种社交工具，这样的社交脱离了利益的牵绊，看上去非常纯粹，但能够调动起粉丝的情感，让粉丝在不知不觉间进入互动的交融中，与直播企业和个人建立关系模式。这就是直播企业和个人在微博里打出的生活互动牌。

归纳起来，直播企业和个人可以通过以下两个方法与粉丝互动。

◆微博转发抽奖

直播企业和个人可以在微博里发放转发抽奖、节日红包等福利吸引粉丝，这是直播企业和个人进行互动推广的一个绝招。那么，有奖活动究竟该怎么做呢？——这是所有微博推广者都需要面临的一个问题，而它的关键在于"参与度"。

活动的设计人员需要结合企业的性质、奖品资源、直播内容等，通过创新的方式设计活动，使其创意与乐趣兼备，让用户通过某些形式深度参与这些活动，能够有更加直观的体验，而非转发和@几个好友这么简单。通过参与这样的活动，潜移默化地灌输企业想要传达的直播信息，这才是成功的有奖活动应该做到的。

◆发起一个话题

所谓互动，并不是只局限于利用明星效应和奖品，来提高企业和个人的关注度。利用自己的品牌和人格魅力邀请粉丝参与品牌主题的活动，从而提高话题的讨论度；针对一个问题和自己的粉丝展开讨论；就某个疑问向广大粉丝征求解决意见等，都是互动的有效形式。

一般情况下，超级直播企业的微博都会有一大批忠实粉丝关注，他们是直播营销最大的助推力。企业可以利用现有优势发起一些关于品牌的话题讨论，让粉丝们真正参与到品牌活动中来，与粉丝进行深度互动，让他们产生归属感。

直播企业和个人在微博发起话题时，想要达到直播推广的理想效果，应注意以下三个原则（见图11-10）。

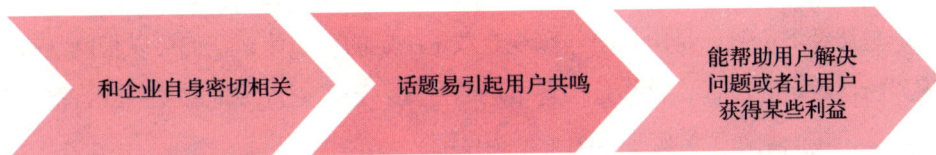

| 和企业自身密切相关 | 话题易引起用户共鸣 | 能帮助用户解决问题或者让用户获得某些利益 |

图11-10　微博设计话题时的三个原则

微博作为一个平台，处在不断地发展和进化中，微博推广的各种策略也在不断衍生各种新的内容。说到这里，必须再次强调的是：直播企业和个人利用微博进行直播推广，选择策略的角度和视野并不局限于以上技巧，本节更多强调的是微博推广策略的基本原则。由于直播企业和个人的情况和面临的环境各不相同，并且它们处在不断地变化之中，关于微博的定位和所发挥的作用也各有偏好，直播企业和个人更需要在实践中不断学习和总结，灵活运用各种策略的组合，使微博在直播推广中发挥应有的作用。

第4节　网红直播：企业和商家实现点对点的超精准推广

直播经济作为2016年发展起来的新兴的经济形态，必然伴随着一个高度符合消费逻辑的营销模式。要实现直播营销，首先要开展直播推广，而网红由于具有强大的粉丝团，可以让直播企业和商家实现点对点的超精准推广。

我们常说的精准营销就是建立在精准推广的基础上的。随着市场经济的发展，现在的市场营销理念早已不是先有产品再推广，而是先有市场后有产品。其实，这对于一般企业和商家来说难度极大，难就难在如何先行培育市场，而这对于网红来说可谓手到擒来。

直播经济里的营销对象无疑是数量庞大的观众和粉丝群体，网红的走红程度也就是其经济价值，是由其粉丝和观众数量决定的。因此，我们可以把网红直播积累粉丝数量的过程，看作是培育市场的过程。为了更直观地感受网红直播推广的过程，我们制作了一幅示意图（见图11-11）。

网红直播　　　　　　　　粉丝群体培育　　　　　　　　实现购买行为

图11-11　网红直播粉丝群体培育示意图

在这一过程中，网红直播培育粉丝群体的过程就是推广的过程。随着网红直播粉丝量的不断增加，其潜在营销对象群体也在不断扩大，从而满足超精准推广的首要条件。

那么，企业和商家应该如何利用网红直播来为自己推广呢？下面是三种行之有效的方法。

精准锁定用户群体，选择合适的网红

直播推广在完成市场培育的同时，要尽可能培养符合后期产品购买期望的用户群体，以期在接下来的直播营销中增加成功率。这就要求直播企业在定位用户时力求做到精准锁定，根据产品的特点选择与之相符的网红。在选择网红时，要掌握网红的粉丝群体的喜好、购买习惯、购买能力等数据。

网红明鹏原是南航的一名空少，网友偷拍了他在航班上执勤的照片，并发布到了微博上，他因与宋仲基有90%的相似度而迅速走红。不少媒体也注意到这位酷似宋仲基的空少，纷纷对他进行报道，增加其曝光度。目前，明鹏的微博粉丝数已经超过10万。

明鹏的粉丝特征非常明显，多为90后00后的年轻人，喜欢时尚且购买力较强。正是由于有了这样的粉丝群体作基础，明鹏在花椒上的第一次直播就获得了近12万的点赞，同时在线观看人数达到了20万以上。

一家淘宝店请他直播推广服装，明鹏穿上该店铺中与宋仲基同款的迷彩服，为粉丝们演唱《太阳的后裔》主题曲《Always》，引发粉丝群体的疯狂互动，这款迷彩服在淘宝店铺瞬间被抢购一空。

由此可以看到，网红直播作为独特的网络化载体，精准锁定用户群体的能力是其实现超精准推广的最大倚仗。网红由于具备较强的个性化特征，所以在吸引粉丝时能够自动实现"人以群分"，把相同性格、经历、爱好、文化类别的观众吸纳成群。直播企业和商家需要做的就是根据网红的粉丝群体，挑选出合适的网红进行直播。

霸道的推广方式——我给你的就是你要的

由于拥有了特征鲜明的粉丝群体，网红在展开直播推广的时候很容易被粉丝接受。很多电商、微商找网红进行推广都获得了巨大成功。下面以知名网红张大奕的直播推广为例。

张大奕的粉丝大多是被她百变的服饰搭配所吸引，这些粉丝的兴趣点也在于此，在直播中她们与张大奕交流服饰搭配技巧、穿衣心得。在市场培育成熟后，张大奕亮出了营销技能，通过淘宝店铺的营销渠道向粉丝直播推广服饰产品，大获成功。

张大奕超精准推广的逻辑在于：在粉丝群体中，"张大奕"已经成为服饰标杆，她穿过的服饰，粉丝一定也想拥有。这看似"无药可救"的膜拜，却不能否认确实有效，她的粉丝对这种直接推送的推广方式特别买账。这一点从张大奕淘宝店铺每一件新品上架后的销售数据就能看出。

"我给的就是你要的"——直接推广产品，这看似霸道的推广方式在其他领域可能行不通，甚至会使消费者产生逆反心理，但网红直播却可以这么做。从深层次来看，这种推广方式是建立在网红所具备的独特人格魅力的基础之上，建立在网红吸引粉丝的独特方式之上。直播企业和商家可以抓住这一特点，让网红在直播时直接进行产品推广，一针见血地达到营销的目的。

淘宝直播盛行，找网红推广店铺的四大技巧

淘宝开通直播平台之后，受到许多深谙网红推广之道的淘宝店家的欢迎。令人感到可惜的是，大部分店家的能力有限，往往很难达到有效的推广。那么，在淘宝直播盛行的今天，店家应该如何找网红推广店铺呢？可以通过下面的技巧来完成：

◆找口碑好、颜值高的网红进行直播推广

店主在寻找直播推广店铺的网红时，不要找有负面新闻的网红。虽然这样的网红关注度很高，但他们的负面信息可能导致他们所带来的经济价值与他们的关注度不成正比。更重要的是，他们的负面形象会对店铺产生不利影响。所以，寻找做直播推广的网红时要找一些口碑好、颜值高的网红。

◆ 网红要与行业挂钩

进行直播推广的网红除了口碑好、颜值高以外，还要与店铺所在的行业挂钩。比如，如果店铺卖的是服装、日用品等，当然可以找网红进行直播推广，但如果店铺出售的是一些高价格的宝贝，比如皮草、珠宝之类，建议最好不要找网红直播推广，因为对于消费者来说，网红对这样的产品没有说服力。

◆ 提前做好计划

在请网红进行直播推广时，店家要事先就利益的分配、售后质量问题等与之沟通，最后提前做好计划，保证在整个合作过程中不出纰漏，建立起长期有效的直播推广模式。

◆ 进行多元化的直播推广

能力较强的店铺可以选择多个网红进行直播推广，在推广方式上也可以采用多元化的方式。同时，也要对粉丝数量、店铺点击率等数据进行专业的分析，确定哪种直播推广方式、哪个网红的直播推广更有效，从而制定后期的推广方向。

最后，想要特别提醒大家的是：利用网红进行直播推广并不是只局限于直播这一平台，完全可以应用于所有的社交平台。

第5节　企业大佬直播：直播推广中的另一番景致

直播的影响力已被公认，很多企业在营销推广时想方设法借助直播的力量，其中一条既简便又快速的方法就是发挥企业大佬的个人魅力，把企业大佬打造成"超级主播"。

不妨先来看一个案例。

2016年5月，熊猫TV直播平台的官方微博发布了"王健林直播首秀"的消息，号召网友观看直播（见图11-12）。直播的主要内容是随同王健林视察万达南昌旅游文化城项目，当天直播开始后，首先出现的是王健林及万达高层在其私人飞机上斗地主的场面，逗笑的场面引起网友的围观与起哄。

图11-12　王健林及万达高层斗地主直播画面截屏

王健林视察万达南昌旅游文化城的整个过程，相当于让网友通过直播平台浏览了一次万达南昌旅游文化城。同时，王健林和主持人鲁豫做了一些关于旅游文化城的讨论与互动，如一起体验园区里面的游乐设施、王健林发红包等。

此次直播观看总人数达到500万，同时在线人数的峰值达到30万。

在这个案例中，王健林成功地将自己打造成了"超级主播"，而"超级主播"这一角色已经成为当下最具潜力的风口和最有影响力的传播者，"超级主播"强大的个人号召力与传播作用，无疑能帮助企业实现品牌产品的推广传播，从而达到直播营销的目的。

企业家通过直播平台为企业扩大影响，其输出的内容包含宣扬企业文化、推荐企业产品、分享个人经验等。作为企业的形象代言人，企业家向观众直播输出的内容即使广告色彩强烈也不会引起观众的抵触，谁让人家本身就是企业的"大佬"呢！从这一点来看，企业家的身份有助于他们在直播中施展推广技能。

那么，企业家们该如何利用"超级主播"这一身份进行直播推广呢？

企业家如何成为"超级主播"

企业家要想进行直播推广，首先要成为一个"超级主播"。从传统思维的视角来看，企业家往往给人以严肃、深沉的形象，这种形象与其他"超级主播"亲和、能说会演的形象相去甚远。因此，当企业家摇身一变成为主播，观众会以直播特有的娱乐视角和娱乐心态来看他，此时能否入戏、能否通过"表演"征服粉丝观众，让自己成为"超级主播"，就要看企业家自己的本事了。俞敏洪在这方面就做得非常好，让我们来学习一下。

2016年4月，新东方教育集团CEO俞敏洪与优酷联合推出了一档24小时直播节目《洪哥梦游记》（见图11-13）。俞敏洪这位名声在外的成功企业家通过这档节目，把自己打造成了2016年最火的"企业家主播"。

《洪哥梦游记》采用从4月11日到20日共计10天240小时连环直播的方式，以俞敏洪的"梦想之旅"为主线，以湖北宜昌作为首站，途经荆州、襄阳、十堰、陕西安康、四川达州、南充、遂宁、眉山、雅安等10座城市。作为《洪哥梦游记》的主播，俞敏洪在这次历时10天的直播里带领观众深入感受了这些城市的美景、美食、人文风貌，并与这10座城市的青年学子展开对话，寻找小城人物的大梦想。

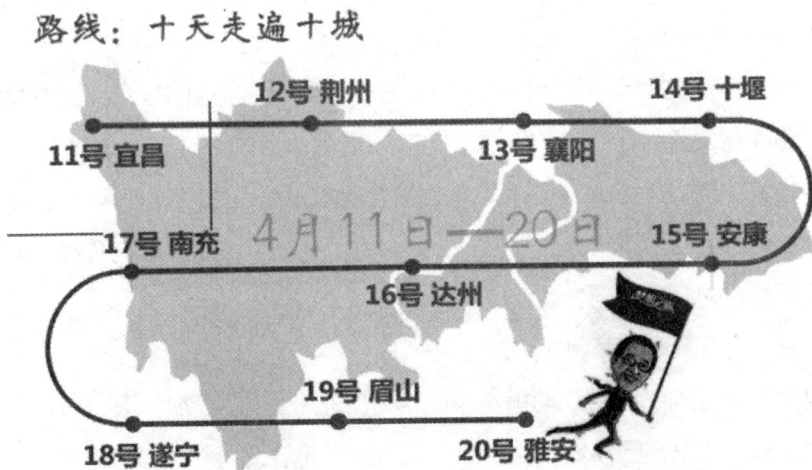

图11-13　俞敏洪直播《洪哥梦游记》的行走路线图

这次直播让观众们看到了一个"真"的俞敏洪，俞敏洪在直播过程中与观众不断互动，不仅回答观众提问，还响应观众的需求玩360度自拍，并按观众的建议安排行程等，展现出了一个出色的企业家的直播潜质。

俞敏洪的这次尝试获得了巨大的成功，《洪哥梦游记》在直播期间共吸引了569万观众在线观看，产生互动弹幕868万条，微博话题"洪哥梦游记"的互动量更是突破了6000万。

对于企业家来说，他们的每一次公众行为背后都有深层次的含义，俞敏洪的直播举措表面上看是为了跟上时代潮流，其实俞敏洪通过直播重新塑造了自己的个人形象，也带给大众不一样的新东方的企业形象。

更容易让粉丝接受的互动才是有效的互动

移动互联网带来了思维颠覆，人们的很多行为习惯已经改变，网络衍生出了新的人际关系交往方式，甚至交往的语言和行为也发生了改变。这就要求企业家在通过网络社交行为"聚粉"的时候，必须对固有的社交行为进行包装与改变。在运用网络社交媒体与自媒体的时候，更容易让粉丝接受的互动才是最有效的互动，才是最具有直播基因的粉丝聚合方式，才能达到直播推广的目的。为此，企业家在直播准备中必须做到以下几点：

◆要了解粉丝群体的互动特征与表达方式

直播推广里的互动不是某一方诉说另一方聆听，而是双向交流的过程。因此，企业家在发表自己观点的同时，也必须聆听粉丝的声音。由于双方在现实生活中的处境、能力等方面存在差异，会使企业家对粉丝发声的理解产生偏差，导致互动被破坏。为了避免这一点，企业家要了解粉丝群体的互动特征与表达方式，保证双方的互动在同一频率下。

◆熟悉网络最新最热门的语言

网络用语是网络社交互动里常用的语言，企业家在互动时运用这样的词汇，一方面能够表现出自己接地气的一面，另一方面也容易与粉丝拉近距离。

◆**爱秀、会秀才会赢**

大多数企业家并不习惯在公众平台袒露心声，这是他们成为"超级主播"的最大阻碍。想要获得粉丝的支持，企业家首先必须袒露自己的心声。另外，在网络社交舞台上，爱秀、会秀才会赢，才能引来关注，表现得过于矜持、过于严肃都不利于企业大佬达到直播推广的目的。

◆**熟悉新媒体社交推广平台的互动特性**

不同类别的新媒体社交推广平台，互动特征也不相同，微博、微信等热门社交推广平台都具有自身的特征，在内容呈现方式与行为表现方式上各有不同，企业家只有对这些新媒体的特征做到心中有数，才能熟练运用这些平台为企业做推广。

今天，直播给了所有人一个表现的机会，任何人只要拥有足以吸引眼球的表现，而且敢于表现自己，就拥有了成为"超级主播"的基因。企业家比普通人成为主播的机会更多，之所以把企业家与直播联系在一起，是由于在直播经济时代，直播的出现赋予了企业新的机会。最早发现这一渠道并且身体力行的正是互联网公司的企业家们，比如小米的雷军、京东的刘强东、聚美的陈欧等。

从成功的企业家直播中，我们可以得到这样的启示：由于企业家的角色相比普通员工来说，对观众更有分量，因此在公众面前，企业家应释放出正能量，通过个人魅力对企业品牌与产品产生正面的影响。同时，企业要高度重视并合理利用社交网络、新媒体进行宣传，发挥互联网社交推广的最大优势与能量，向观众推送高质量的直播内容。

不得不说，企业家本身具有超强的主播基因，同时也具备普通主播所不能比拟的专业素质、知识水平。这些"高素质主播"的出现，将成为直播推广中别开生面的景致。

第 12 章

🔍

直播营销的四大模式，
要火还得靠套路

不管是企业还是个人进行直播，营销能力都是基本功，是每个直播企业和个人都应该具备的能力。无论是策划直播内容还是设计互动方式，无一不要求营销能力。可是，很多企业和个人却不知道如何进行直播营销，其实，直播营销并不是什么难事，而是有套路和规律可遵循的。本章将分析营销套路四大模式，无论想通过直播营销什么样的产品，学会这四大模式后就能帮助你更顺畅地进行直播营销，获取利润。

第1节 品牌+直播+企业领袖：高调上线新产品的 "风暴式营销"

营销操作难度：★ ★ ★

在开启本节的直播营销之旅前，我们先来看一个案例。

2016年，小米CEO雷军对小米无人机的发布会采取了全程纯直播模式（见图12-1），把发布会搬到了包括小米直播在内的27个平台上。雷军在介绍小米无人机性能的时候，频频向观众索要鲜花、跑车和游轮，甚至号召公司高管为他的直播刷车队。

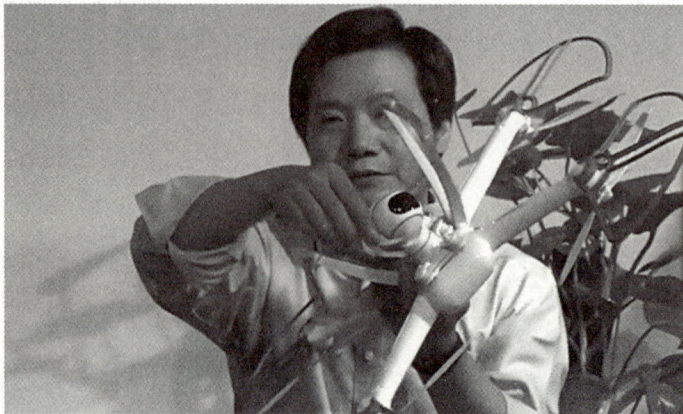

图12-1 雷军直播小米无人机画面截屏

雷军的直播对你的直播营销有没有什么启迪？很多企业家效仿雷军，纷纷加入到"直播大军"中，他们希望通过这种方式获得年轻消费者的认可，达到营销产品的目的。

话虽如此，但并不是每一位企业家都能像雷军一样轻松搞定直播，企业家直播必须经过周密的策划和安排。为此，我们总结出了企业家直播营销的操作步骤和技巧，希望帮助企业家顺利完成直播，吸引观众和粉丝，获取销售利润。

企业家做直播营销的操作步骤及方法如下（见图12-2）。

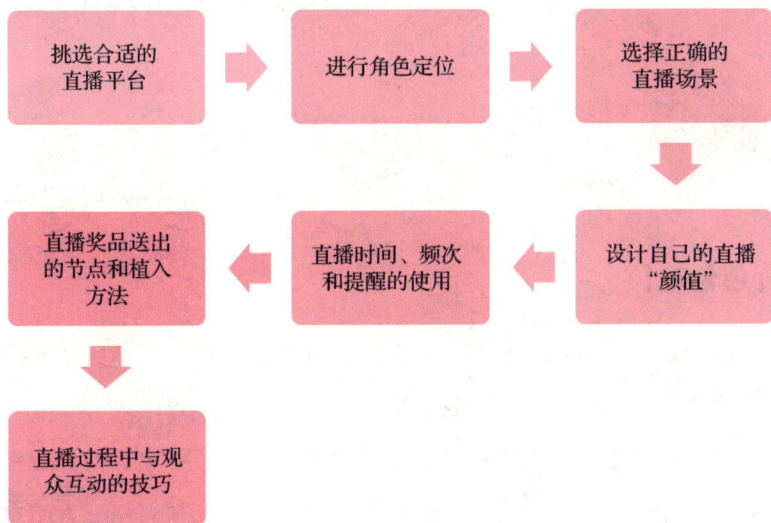

图12-2　企业大佬做直播的操作步骤及流程

挑选合适的直播平台

在本书的第一章，我们就详细地介绍了直播平台的定位和模式，企业家可以参考第1章内容选择适合自己和企业的直播平台。在这里，作者根据企业对平台的营销需要，总结了2016年最火的四个直播平台的特点及其观众人群（见表12-1），供企业家参考并挑选。

表12-1　2016年最火四大直播平台的特点、观众人群分布一览表

直播平台	平台背景	吸引粉丝的特点	观众人群	平台优点
花椒	360	商业+网红美女	27岁以下居多	以VR对接场景需求，栏目内容丰富
斗鱼	腾讯	电竞游戏	整体偏年轻化	用户基数大，主播资源成熟
映客		草根网红、三四线艺人、自由职业者居多	以90后95后为主	帅哥、美女多，适合年轻化产品
一直播	新浪	通过大批明星导入吸粉	85后90后居多	微博导入高流量，名人号召黏性高

进行角色定位

选择合适的直播平台后，接下来企业家要做的就是进行角色定位。所谓角色定位，就是适合以什么样的角色与观众对话。

作者对2016年各个企业大佬做的直播进行了统计，总结出目前企业家角色定位的三大派系，即娱乐派、学术派、偶像派。下面，我们将对这三大派系的特点进行讲解，企业家可以结合自己的特点，进行直播角色定位。

娱乐派：如果你是一个幽默诙谐的企业家，那么可以把自己的直播定位于娱乐派。在直播时可以向观众讲一些段子，以诙谐自黑的方式与观众沟通，经得住观众的调侃。在这方面做得最好的是茵曼CEO方建华先生，关于他的直播案例在前面已经叙述过，这里不再赘述。

学术派：就是企业家给观众讲一些专业知识，与观众深入互动某一项专业技术。在这方面有一个典型的案例，就是杨守彬的直播。

2016年6月6日，在花椒直播平台上，丰厚资本的CEO杨守彬进行了长达两个小时的直播（见图12-3）。在直播的开头，大佬微直播CEO陈荣深对直播嘉宾

杨守彬进行了介绍，并抛出主题"如何让你更红、更值钱"。接着，杨守彬以专家的身份向观众讲解了如何在人人都能成为网红的时代变得更红、更赚钱，并抛出200万奖品和1000万投资基金的噱头将人气推向巅峰。

据统计，杨守彬的此次直播共获得了520万人次的观看，获40万点赞及400万花椒币（约为40万元人民币）打赏。

图12-3　杨守彬直播"让你如何更红、更值钱"的画面截屏

如果你是一个在某个领域有着独到见解和丰富知识的企业家，你可以像杨守彬一样把自己的直播角色定位为学术派。

偶像派：就是在直播中向观众秀一些才艺或泛娱乐内容，或者靠颜值及个人魅力吸引观众关注，比如聚美的陈欧就是偶像派。如果你是一个颜值高、有才艺的企业家，完全可以把自己的直播角色定位为偶像派。

选择正确的直播场景

企业家在什么样的场景中直播是非常重要的。目前的直播场景按照对设备的要求，大体上可分为固定型场景和移动型场景：固定型多以专业直播为主，对设备的要求相对比较高，需要有专门的三脚架、摄像机和专业的收音设置；移动型则多以移动直播为主，只需要一部手机、一个简单的固定手机的支架即可。

无论是专业直播还是业余直播，场地作为企业家出现在观众视线中的背景，是信息传播的重要途径。目前，企业大佬可以选择的直播场景主要有四类，即专业的主题场景、电视投影幻灯场景、会议室海报场景、专业会议背景。

为了让企业家直观地感受这四类场景，作者特意选择了用这四类场景进行直播的企业家直播画面（见图12-4、12-5、12-6、12-7）。

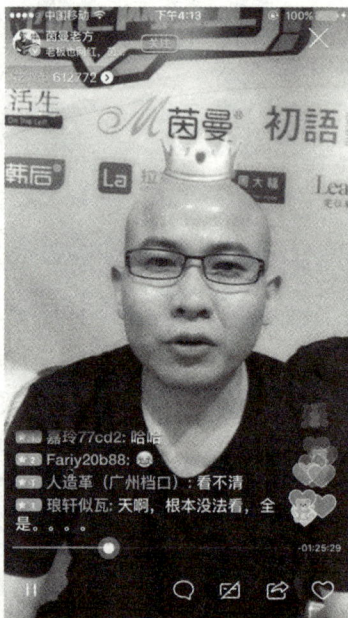

图12-4　专业的主题场景直
播展示（方建华）

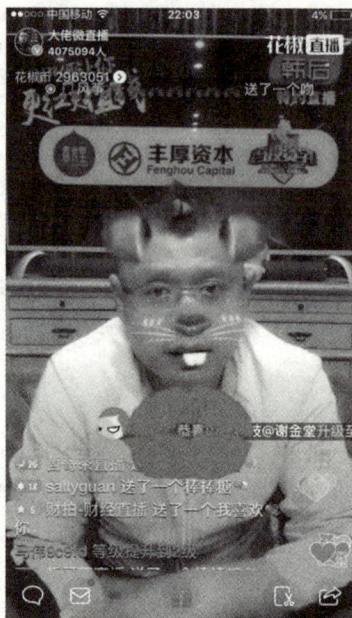

图12-5　电视投影幻灯场景
展示（杨守彬）

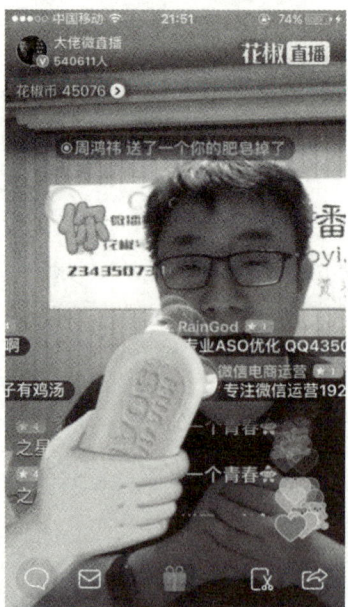

图12-6 专业会议背景（徐扬）

图12-7 会议室海报场景（雷军）

设计自己的直播"颜值"

企业家直播时应以什么样的服饰、妆容出现在观众面前？服饰可以反映一个人的内涵和修养，传达一个人的喜好。企业家直播出镜的衣着应随直播类型和内容的不同而改变，企业家的服饰作为直播构成因素之一，应该与直播的主旨相协调，通过冷暖色调的变化或休闲与正式的转换来配合和衬托直播。

目前，企业家可以选择的服饰风格主要有以下三种：

◎休闲便服：休闲便服适合直播轻松的主题，便服给人生活化的形象，可拉近与观众的距离。

◎简约而正式的服装：简约而正式的服装适合直播演讲以及技术类的主题，偏正式化，比如新品发布会等场合。

◎专业服装：专业服装适合有鲜明个人特色的企业家，直播秀个人才艺等。

直播时间、频次和提醒的使用

企业家的直播时间、频次也是一门学问，不是随便选择一个直播时间，也不是想直播几次就直播几次。直播的时间和频次，直接影响直播内容的实际达到率，开播的频次与活跃度直接挂钩，最好能保证定期直播。

目前直播间主要依赖观众主动搜索获取，因此需要多次提及和广泛传播才会被更多的观众接受。同时，为保障用户及时收看，必须做好直播前的提醒。作者根据经验总结出一些关于直播时间、频次和提醒的规律（见图12-8），供企业家参考。

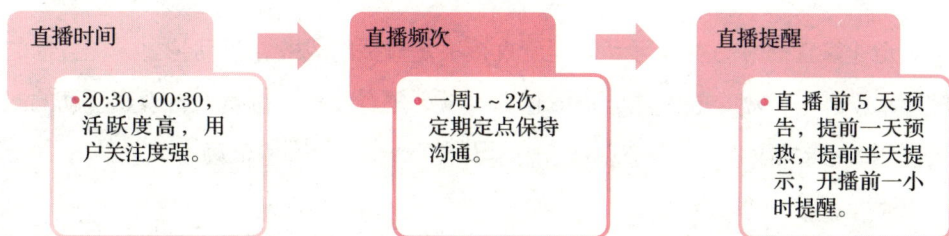

直播时间	直播频次	直播提醒
●20:30～00:30，活跃度高，用户关注度强。	●一周1～2次，定期定点保持沟通。	●直播前5天预告，提前一天预热，提前半天提示，开播前一小时提醒。

图12-8　企业家的直播时间、频次、提醒规律流程

直播奖品送出的节点和植入方法

企业家在直播时切忌随意派发奖品，在什么时间送出礼品以及品牌的植入方法都需要谨慎安排。这里总结出企业家送出礼物的五个节点和植入奖品的三种方法（见图12-9）。

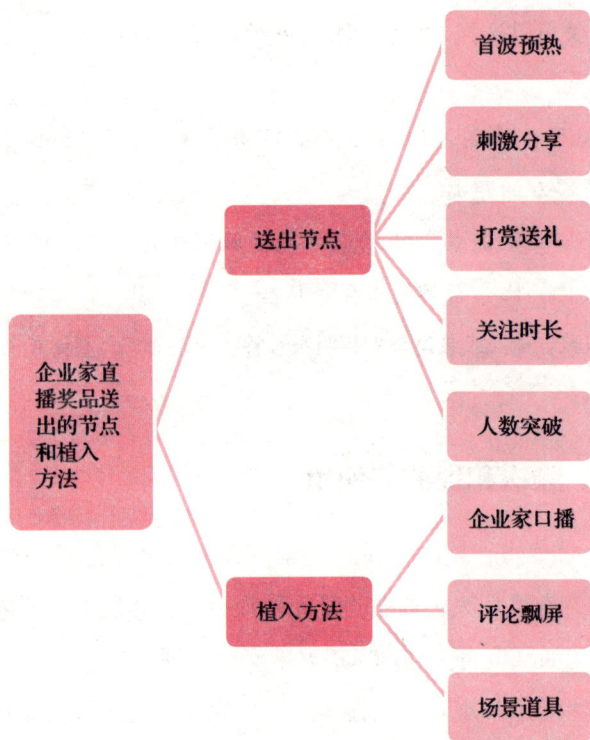

图12-9　企业家直播奖品送出的节点和植入方法

直播过程中与观众互动的四大技巧

企业家直播时与观众互动的程度直接决定直播的成败，互动越火爆，直播的成功率就越高，观众的关注度也就越高。以下是企业家在直播中与观众互动的四大技巧，希望帮助企业家与观众实现火爆的互动，"嗨"遍全场。

◆ **注意避免冷场，实时欢迎口播**

企业家在直播中要注意避免冷场，要实时欢迎口播，也就是当直播间进来一位新伙伴时要口播"欢迎×××"之类的话，同时还要注意寻找话题，与观众聊天。

在直播过程中，要不时口播提醒观众关注自己的账号、分享直播链接以及给自己刷礼物。

◆有针对性地回答观众的提问

在大多数情况下，直播间观众的提问会比较繁杂，企业家可以有针对性地回答，注意避开不太健康的话题，比如涉及色情和暴力等的话题，必要时可使用禁言功能。

另外，对于观众提出的问题要认真观看、阅读，并耐心解答。

◆设置飘屏

在直播时，企业家要将重要话题、送出奖品和内容预告等信息设置飘屏，同时要注意对出场嘉宾的相关信息进行飘屏设置。

◆设置奖品

设置定期奖品，不定期发放，引导观众关注自己的账号。

不管什么样的直播营销技巧和方法，都要通过学习和实践才能运用得得心应手，哪怕你是一个成功的企业家也不例外。希望你在翻看本节的同时，练习本节的方法，争取将这些技巧应用到自己的直播中。

第2节　品牌+直播+明星：品牌营销抢滩的新方式

营销操作难度：★★★

相信大家对于明星直播不会感到陌生。戛纳电影节走红毯时，欧莱雅联合明星进行的美拍直播，至今仍让人们记忆犹新，现在让我带大家再次回顾一下那场让我们怦然心动的直播吧：

戛纳电影节走红毯时，李宇春以一袭黑天鹅女装搭配二次元妆容完美亮相，她清新俊朗又酷感十足的形象赢得无数好评。主播在直播中问李宇春："你能找出你昨天走戛纳红毯用的是那支口红吗？"在一系列欧莱雅口红中，只见李宇春细细挑选，轻松地把自己使用的冰晶粉唇膏挑了出来，她举起唇膏，不忘向正在围观直播的粉丝推荐道：冰晶粉哦。四个小时之内，这款在直播中展示过的唇膏在欧莱雅官方旗舰店被抢购一空（见图12-10）。

图12-10　李宇春在戛纳电影节上的直播画面截屏

这场由欧莱雅策划的"品牌+直播+明星"的营销，全程记录了李宇春等明星在戛纳现场的活动，创下了311万观看人数、1.6亿总点赞数以及72万总评论数的各项数据纪录，成为直播营销的标杆案例。

既然是直播营销的标杆案例，那么，我们先来分析一下欧莱雅此次直播营销的具体操作方法和亮点，也许会对你的直播营销有所启示。

◆**欧莱雅直播营销事件的时间轴**

此次"品牌+直播+明星"的营销，首先由欧莱雅和美拍直播平台发布，要在戛纳电影节进行明星直播，然后进行全网的EPR（网络公关系统）宣传，引起关注。其时间轴如下（见图12-11）。

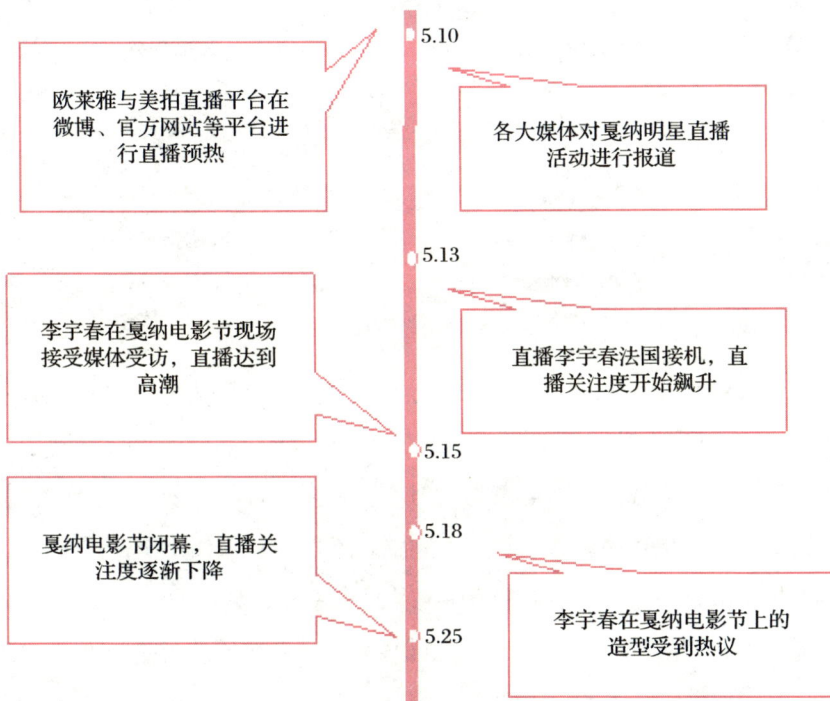

图12-11　戛纳明星直播营销的时间轴

◆**事件传播带动品牌曝光**

　　戛纳明星直播为直播平台带来了流量高峰，但此次直播的策划者欧莱雅的品牌影响，却一直到直播快要结束时才达到最高峰。这是为什么呢？很显然，这是由于李宇春5月15日在直播中接受专访时掏出自己走红毯时所用的唇膏——欧莱雅701冰晶粉，起到了营销作用。这样的营销模式把品牌的影响力一下子放大，彻底点燃了粉丝的激情，几小时内，欧莱雅官方旗舰店的这款唇膏就被抢购一空。

　　戛纳明星直播是明星直播热潮的首个引爆点，自此"品牌+直播+明星"模式成为品牌营销抢滩的新方式，其后关于直播营销的尝试便层出不穷。近来，"品牌+直播+明星"的营销案例可以说是数不胜数，下表是作者为大家整理的2016年"品牌+直播+明星"的一些比较成功的案例（见表12-2），供直播企业和个人在选择"品牌+直播+明星"这一营销模式时参考。

表12-2 2016年"品牌+直播+明星"的直播营销案例集锦

品牌	明星	直播内容
美特斯邦威	黄景瑜	新品发布会
NIKE	Salina	全国巡跑
唯品会	周杰伦	CJO签约发布会
	刘恺威	采访
美宝莲	杨紫	草莓音乐节
	Angelababy	代言人专访
野兽派	小S	母亲节大片拍摄

如果说戛纳电影节欧莱雅联合美拍全程直播是借势而为的新营销，那么2016年"双十一""双十二"期间，天猫、京东、苏宁易购、国美在线之间则是一场顺势而为的直播营销大战。各路电商均采用了"品牌+直播+明星"的营销模式，不停歇地进行了几万场直播。京东掌门人刘强东不仅亲自直播下厨，更发起了"12小时马拉松明星直播秀"，他们的竞争态势可谓激烈，又让人无比振奋。

毫无疑问，"品牌+明星+直播"已然成为直播营销的"套路"。

"品牌+直播+明星"的三种营销方式

"品牌＋直播＋明星"是一种营销模式，围绕这一模式可以有多种具体的营销方式。归纳起来，目前有三种营销方式（见图12-12）。

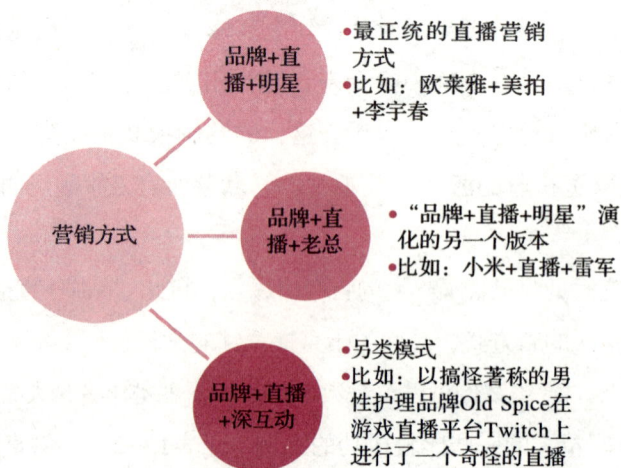

图12-12 "品牌＋直播＋明星"的三种营销方式

不管是"真人秀加强版"的"品牌＋直播＋明星"，还是有"线上发布会"名号的"品牌＋直播＋老总"，他们都有相对传统宣传模式的优势。

首先，这种模式相比于传统的广告、微博等宣传方式，能最大限度地利用和放大明星的个人效应，直播的高密集流量聚集了大量的人气。明星的现场互动和演示让粉丝的参与度更高，并且营造出了一种团购的气氛、一种圈内人友好分享的氛围，这在"欧莱雅＋李宇春＋美拍"上可见一斑。

另一方面，这种模式让品牌可以更完整地传递产品信息，而对产品的讲解则从"一对一"变成了"一对多"。粉丝在直播中可以即时用弹幕提出自己的诉求，明星也可以及时予以回应，这极大提升了售前咨询的效率。不仅如此，这种模式更是兼顾了线上和线下发布会的作用，且不需要搭建展台、布置展会现场等，也不用邀请各大媒体到现场，极大地节省了人力物力。

此模式还能让粉丝在直播和团购的过程中获得虚拟社区的圈内感，粉丝之间建立更加亲密的关系，扩大粉丝间的朋友圈，进一步挖掘潜在用户。

"品牌+直播+明星"的三大原则

"品牌+直播+明星"能够让直播营销事半功倍，必须遵守三大原则：

◆ 选择合适的明星

企业和商家邀请明星直播，首先要选择合适的明星。那么，如何使你的品牌"请对明星"呢？评估明星直播发布会的三个主要衡量维度，可以使企业和商家更好地运用直播营销（见图12-13）。

熟知度：熟知度就是人们是否知道这个明星，选择明星不仅要看这个明星的知名度，还要看观众是否对这个明星有所了解。也就是说，明星直播的营销价值要剔除虚

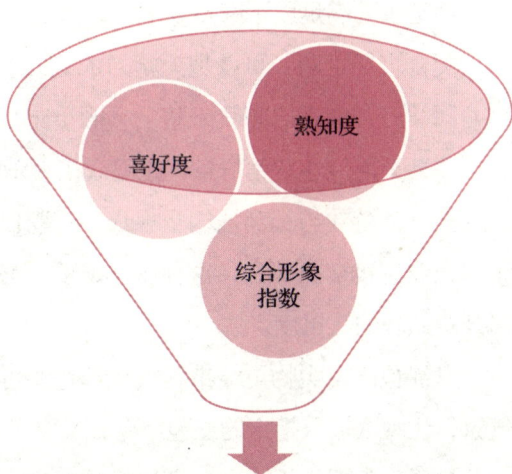

图12-13　评估明星直播发布会的三个主要衡量维度

227

假、炒作的短期人气因素，只有为多数人所熟悉和了解的明星，才能起到信息源的吸引力作用。

喜好度：喜好度就是指人们对这个明星有多喜欢。有个成语说"爱屋及乌"，必须要先让粉丝"爱屋"，才能"及屋"让品牌沾光。如果只有熟知度，却缺少受众喜爱，即使通过直播吸引了视线也无法起到营销作用。只有当企业和商家选择的明星获得了观众的认可，他们才会相信明星推荐的产品，继而去购买该产品。

综合形象指数：在喜欢并且熟知的基础上，观众会考虑是否能在明星身上获得认同感，进而相信他们在直播中推荐的产品。综合形象是测评中最复杂也是最关键的一环，包括明星的外形、气质、专业素养和观众认同感等几个方面。

企业和商家从明星的熟知度、喜好度、综合形象指数三个方面考虑选择明星，不但能评估明星直播与品牌是否相得益彰，还能准确评估明星的直播营销价值有多少，更可以准确勾勒出明星直播营销有没有作用。

◆让明星多与观众互动

这种营销方法是最简单的，就是明星在直播时不时地"撩"一下观众，让他们知道自己离明星的距离其实很近。需要注意的是：明星直播中的游戏和互动要适量，过犹不及，选择最接近生活的互动方式即可。邀请明星直播时，明星与观众互动至少要满足以下三点要求：

契合直播主题：可以把无聊的术语或者营销诉求变成游戏，比如由明星和嘉宾共同演绎"你来比划我来猜"，明星比划，观众来猜。这样做的好处是，既有娱乐性，又能传达营销信息，让观众在娱乐中接受商家的"小九九"。

把互动游戏与福利挂钩：观众答对题目的数量直接关系到最后的福利大小。比起企业直接拿出福利，这种通过娱乐和努力得来的福利会让观众更有成就感，提升对品牌的认可度。

发红包比发实物更能带动气氛：企业可以通过直播间或社交平台发红包带动气氛，让观众输入指定的红包口令，又有了一次企业宣传的好机会。

最后，想要告诉企业和商家的是：这个世界上没有最好的互动方式，只有最适合的互动方式，在明星直播营销与观众互动的游戏里，适应和试错是必需的。

◆寻找事件引爆点

"时间点"是"品牌+直播+明星"营销策划要解决的另一个重要的战术问题，时间的选择至关重要，要着重思考何时投放才能与事件相结合，引爆直播，以及如何利用社会热点话题进行借势营销。

所谓"好风凭借力"，绝佳的直播时间是实现营销小投入大产出的利器，战术实施的关键在于蓄势待发、顺势而为、借势而起。直播时间选好了，就会如草船借箭般发挥四两拨千斤的作用。从实际出发，组建一套快速应对热点、捕捉营销机会的机制和一个高效率的执行团队，是目前进行"品牌+直播+明星"营销的基础。只有经这样谋划的直播营销，才能真正做到与时俱进，被消费者青睐，成为真正的市场反应，从而顺利推进"品牌+直播+明星"营销的实施。

也就是说，直播企业和个人必须要学会把握社会热点、做好社会观察。有很多方法可以预判大众关注的焦点及其发展趋势、舆论导向，如利用微博的热门话题、百度的百度指数、微信的朋友圈信息等。其原理是利用社会化媒体提供的社会观察入口，为品牌直播明星营销提供参照内容，以此为基础，充分调动每一个消费者的积极性。

第3节　品牌+直播+企业日常：满足观众好奇心的营销策略

营销操作难度：★★★

互联网时代，什么事情都可以直播。企业家、明星都可以通过直播走入大家的视野，起到营销的作用。那么，企业日常的生活是不是也可以通过直播来满足观众的好奇心，从而达到营销的目的呢？

答案是肯定的，因为国外同行已经有了尝试。

"性感"可谓是Calvin Klein（CK）的一块金字招牌。2016年3月，CK在Twitter直播平台上放送了2016广告大片的制作全过程，从模特选秀到幕后花絮，都在直播的镜头下展现得淋漓尽致。CK的首席营销官认为，在直播的过程中，任何细节都是不加修饰的，为的就是让CK这个品牌看起来更加真诚。

除此之外，一家老牌B2B企业——GE（美国通用电气公司）自创立以来，一直走在营销的前沿，随着直播的热度越来越高，GE也成了吃螃蟹的人。

GE在2015年7月做了一场连续五天的无人机直播（见图12-14），跨越东西海岸，在五个不同的地点对五个业务现场（如深海钻井、风力发电）进行全方位的扫描。同时，GE也在直播过程中回答了网友的提问，比如"工人们如何克服恐惧"，满足了观众的好奇心。直播从高空俯瞰风力涡轮，网友们竟然还看到了工人对着镜头轻松地挥手。

图12-14　GE用无人机直播深海钻井画面

社交时代，直播营销强调说人话、拟人化。既然个人直播可以直播自己的生活点滴来吸引观众，那么企业也可以直播自己正在做的工作来引爆热点。并且，企业神秘的幕后工作对大众更有吸引力。所以，企业和商家可以参考国外同行的直播经验，来一场企业的日常直播，也许成功就在不远处。

企业日常直播的具体操作其实非常简单，但同时也非常私人。这里没有确切的方法或者唯一的标准，只有企业自己才能判断，哪种企业日常活动是可以和值得直播的，具体的直播方式可以根据品牌的特征进行选择，因品牌而异。下面有一些原则，可供企业和商家在进行企业日常直播时参考。

扩散口碑事件

企业和商家要进行企业日常直播，首先要扩散口碑事件。所谓扩散口碑事件，就是从众多的消费者中筛选出一批对产品有最大认同感的用户，然后让这一小部分用户参与企业日常并进行"发酵"，之后把企业和参与此次活动的用户互动时产生的内容做成可传播的话题或事件，形成口碑营销裂变。利用"以点带面"的方式，影响十万、百万，甚至千万用户，同时也进一步放大已参与用户的成就感。

"扩散口碑事件"的途径一般包括两种形式（见图12-15）。

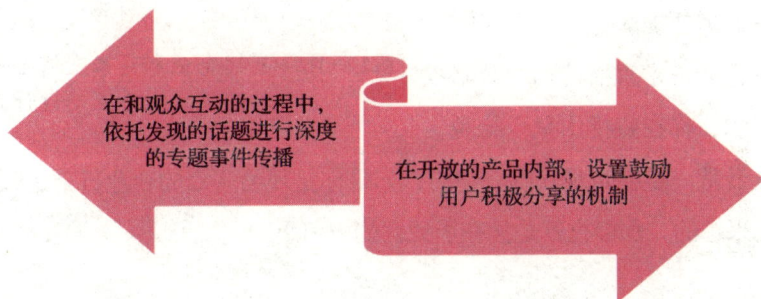

在和观众互动的过程中，依托发现的话题进行深度的专题事件传播

在开放的产品内部，设置鼓励用户积极分享的机制

图12-15　直播企业扩散口碑事件的两种途径

开放参与节点

所谓的开放参与节点，就是企业和商家把用户调研、产品开发、产品测试、产品服务、创造品牌、品牌直播营销、产品传播、品牌公关等企业日常过程开放，筛选出能够促使企业和用户互利共赢的节点，因为只有使双方都获益的参与互动才是可持续的。此外，企业和商家开放的节点还要是基于功能需求而产生的，越是刚性需求，参与的人就越多。

在开放参与节点方面做得比较好的企业当属小米。小米通过论坛、微博等社会化媒体平台，向资深"米粉"寻求设计建议和改进方案，并且积极地和"米粉"组织互动活动，如"米粉节""开放日""感恩回馈"等活动。

设计互动方式

设计互动方式是指企业和商家根据开放的节点而做出相应直播内容设计，在这里建议企业和商家进行企业日常直播时遵循四个互动设计思路（见图12-16）。

在遵循四个直播互动设计思路的同时，企业和商家还要将互动参与的方式像做产品一样不断改进和完善。

最后，需要提醒企业和商家的是，进行企业日常直播营销的策略是有前提的，你在直播中呈现给观众的企业日常一定要是观众感兴趣的，如果你呈现给观众的企业日常是顾客所忌讳和毫无兴趣的，那简直就是撞在了死亡的枪口上。

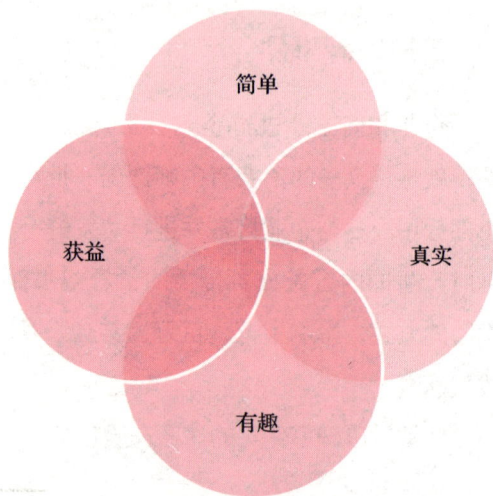

图12-16　直播企业和商家直播企业日常时遵循的四个互动设计思路

第4节　品牌＋直播＋深互动：把实时互动效果榨取得淋漓尽致的营销方法

营销操作难度：★★★★

直播营销最大的优势就在于可以给观众更直观、更亲近的体验，甚至可以做到零距离互动，这是其他任何营销方式都无法企及的。前面介绍的三种直播营销

方式，并没有把直播的实时互动效果榨取得淋漓尽致，而深互动直播的营销方法
却能把直播的互动价值发挥到最大。

那么，深互动直播营销该怎么玩？以下两个案例或许能给我们带来启示。

Old Spice（老香料，美国宝洁公司沐浴露品牌）作为一个男性护理品牌，一
直以搞怪取胜。2015年4月，该品牌在游戏直播平台Twitch上进行了一个奇怪的直
播：他们找了一个人在野外生存三天，他的行为完全由观众操控，观众可以通过
输入上下左右键控制人物的行动，然后统计票数，票数最高的就是当事人的下一
步行动。

宜家英国和即时通讯软件Skype有过这样一次直播合作（见图12-17），部分
用户的Skype上会弹出一个窗口，邀请他们参加"护照挑战"游戏，游戏规则是这
样的：在30秒的时间里迅速找到自己的护照，并在摄像头面前和护照合影，成功
的人将得到一份礼品。

图12-17　宜家英国直播"护照挑战"画面截屏

上面两个深入互动的直播营销有没有带给你一些营销启示？如果没有，不
要紧！接下来，作者将浅谈下企业做直播到底该如何运用"直播+深互动"这
发子弹。

通过直播内容留住观众，激发他们的参与热情

没有人愿意听长篇大论，也没有人愿意听你夸夸其谈自己的产品，所以你要搞清楚观众看直播的目的是什么，他们也许只是打发一下时间，或者是想获取一些新信息……不管出于什么原因，有一点是达成共识的：观众希望通过跟镜头背后的这个品牌或这群人有双向的交流和陪伴，这才是直播的本质。作为企业和商家，我们要研究的是：如何通过直播内容留住观众，激发他们的参与热情。

切勿自作聪明，把直播变成自己的舞台剧

任何一场直播营销都是"有预谋"的，每个环节都是经过认真策划的。但是观众也不是傻瓜，他们不是来看一场按部就班的直播演出的，本着"看热闹不嫌事儿大"的心态，他们反而希望直播能够出错或穿帮，因为这样会让他们拥有"优越感"。所以，企业和商家在进行深互动直播时切勿自作聪明，把直播变成自己的舞台剧。

观众的需求决定深互动直播的方向

在饭店吃饭时，顾客点什么菜饭馆就上什么菜，直播也是一样，观众的需求决定深互动直播的方向。不要停留在自娱自乐的层面，要认真与观众对话，这是内容层面的顺应。观众的喜好千千万万，我们需要传递自己的直播个性与价值观并对观众进行引导，让他们感受到我们的真诚。直播无外乎两个问题："我为什么要看你？我为什么还要看你？"答案就是："我有幽默感，我有存在感。"

企业和商家该如何和观众进行深度互动呢？具体来说，可以通过四种方法与观众进行深互动（见图12-18）。

最后，需要提醒大家的是，判断一场直播营销是否成功，观看量从来不是唯一的考量指标，甚至不是最重要的。清晰的框架、丰富的内容、精心设置的场景是基础，观众的认可、转发、推广才是一场直播营销成功的关键。

直播的时代才刚刚开始，本章所涉及的四个直播营销模式只是企业和商家可以采用的直播营销的初级玩法。除此之外，还有"直播+产品售卖""直播+解

密""直播+互动活动""直播+产品体验"等直播营销模式正在被慢慢挖掘出来，直播营销的玩法也逐渐丰富和完善。

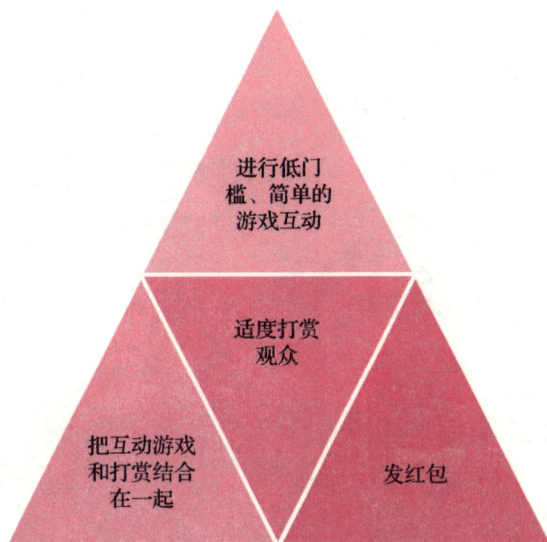

图12-18　直播企业和商家与观众进行深互动的四种方法

但不管怎样，直播营销的风口已全面打开，不论是企业还是个人，如果此刻还不能由观望、迟疑转向积极尝试，毫不犹豫挤进直播营销的浪潮中来，或许就真的要错过这一波社交红利了。

第 13 章

实战直播营销：四个营销技能让你"巨销量"

本章从社群营销、内容营销、粉丝营销及口碑营销四个方面，全方位、多角度地诠释了直播营销的具体操作方法，不说空话套话，全是实战干货，让你的产品从"口碑"到"品牌"，直至实现"巨销量"。

第1节　内容营销——解读三种经典的内容呈现方式

2016年3月，移动互联网直播初露锋芒，经过短短几个月的迅猛发展，到仲夏时节直播已炙手可热。无论是腾讯斗鱼、Now、百度云直播、新浪一直播，还是王思聪的熊猫TV，都名声大噪，各路英雄侠客、有识之士竞相登场。

然而，目前中国的直播业态大多为网红、游戏为主的C端服务模式，数字媒体占据市场主流的企业对直播的运用屈指可数。直播作为一种新型传播工具，易介入、内容多元化、场景即时化、氛围自由化、感官移情化、互动超强化等众多优势于一身，可以说直播是企业营销的平台利器和助力驱动器，能够激发企业内容营销的新活力。如果只将直播运用在网红成名和粉丝猎奇上，岂不是太可惜？

说直播容易，是因为直播的介入门槛低，你只需拥有一部智能手机就够了；说直播简单，是指那些即兴随意直播不需要过多的准备，如以玩乐为主题的直播吃饭、养狗等，这样的直播就像没有养分的笑话，欢笑过后并不能给观众留下什么。

然而，想扩大品牌曝光度、实现产品销售量的企业直播，门槛并不低。首先直播内容的制作必须投入人力物力精心设计，"内容"的好坏将直接决定直播营销的最终效果，那些以为品牌直播也可以"零成本"的企业有些过于天真了。

那么问题来了，直播企业和个人采用什么方法才能利用直播做好内容营销呢？一个新兴事物必然会经过发轫、探索、成熟、蓬勃等的阶段，直播的内容营销也是如此。本节将解析几个国际最前沿的企业直播案例，博采众长，总结归纳企业利用直播践行内容营销的三个重点方向。

直播内容营销有三种呈现方式（见图13-1）。

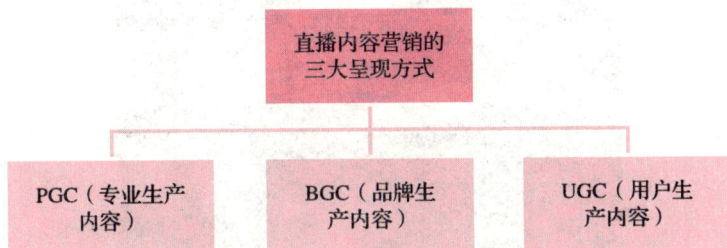

图13-1　直播内容营销的三种呈现方式

PGC：专业生产内容

不知你是否听说过PGC这个互联网术语，它指的是专业生产内容，泛指内容个性化、视角多元化、传播民主化、社会关系虚拟化。目前，大多数企业和个人的直播营销的销售转化都倚赖于PGC。

说到直播营销领域的转化工具PGC，其重点在于"P"即professionally，用"P"去聚集焦点热点人物，如明星、网红、名人（非娱乐圈的）。

◆ 明星

说到明星直播，就不得不再次提到那场华丽的"巴黎欧莱雅戛纳电影节明星直播"。

2016戛纳电影节的主赞助商巴黎欧莱雅在"零时差追戛纳"的系列直播中，邀请了巩俐、李宇春、李冰冰、井柏然四位明星，从接明星下飞机到入住酒店等全方位进行场景直播（见图13-2）。欧莱雅在直播前并没有与明星进行话术策划，全程以小编和明星的日常聊天为主，未使用任何专业拍摄设备，未进行专业的灯光布景以及摄影师跟拍，全程仅通过一部智能手机完成。在直播过程中，明星们多次提及欧莱雅的系列产品，主持人也顺势在线呼吁粉丝在天猫搜索"我爱欧莱雅"即可购买明星同款产品，与官网互动配合进行促销。

各路大牌明星凭借其强大的影响力和现场推荐，在直播中成功将品牌产品强

图13-2　李宇春直播"零时差追戛纳"

势带入，植入过程自然、顺利，销售转化效果也非常成功。那款被称为"李宇春同款"的701冰晶粉色唇膏，在直播后四个小时巴黎欧莱雅官网就出现了脱销。

◆网红

网红的影响力毕竟不如明星，企业在请网红直播时，一般要提前拟定好主题和内容，然后邀请多名网红轮番直播，将网红的影响力集中聚合，从而带来海量关注度，如淘宝在"饿货节"期间的网红团体直播就是很好的案例。

在2016年"5.17饿货节"期间，数百名饿货网红主播（见图13-3）霸占了手机淘宝，轮番进行了4天共计96小时的不停歇、无中断的"花式吃外卖"直播。这场周期长、内容密集、规模庞大的直播吸引了数百万人在线围观。

不可否认的是，这场以网红的"花式吃外卖"为主题的直播，还是很有看头

图13-3　网红在"饿货节"的直播

的。这场直播不仅让粉丝们度过了一个精彩而有趣的吃货狂欢节，更有效提升了粉丝的"吃货技能"。这次"饿货节"的主题有：外卖也可以吃得很健康、外卖也可以吃得很优雅、反手剥麻辣小龙虾、用刀叉吃鸡爪、萌妹子连吃50个生煎、健身达人传授吃外卖心得等。直播期间，粉丝们对网红的花样吃法、高难度狂吃技能疯狂点赞、不停留言。

◆ **名人**（非娱乐圈）

除了娱乐明星和网红等网络"大V"外，还有一类名人PFC，那就是企业家。

雷军的小米手机通过饥饿营销成功杀入市场，对于小米无人机的发布他采用了网络营销直播的形式。5月25日晚7点，小米科技通过自家直播平台"小米直播"直播了小米无人机发布。这是一场"1+N"（1个人直播+N多粉丝）的直播发布，在小米无人机试飞前，雷军详细地介绍了小米无人机的功能参数等。然而，出乎意料的是，在试飞过程中小米无人机突然出现径直下跌的"炸机"（坠落）情况，引来网友一片吐槽。这场直播的在线人数超过100万人，吸粉数十万。

通过以上人物和典型案例，可以看出在直播营销中，PGC发挥的作用举足轻重，只有将人物和内容完美结合才能获得品牌预期的曝光量和销售转化量。90%以上的PGC案例都和"电商平台"同步无缝对接，有通过"明星同款"的方式，也有通过"边看边买"的技术手段（即让用户在不退出直播的情况下直接下单购买主播推荐的商品），迅速实现销售转化……这些方法都值得想要进行直播营销的企业借鉴。

BGC：品牌生产内容

对一种新兴工具的运用是极其容易的，真正能拉开差距的除了创意还是创意。如果直播企业和个人仅关注外在表现形式而忽略直播内涵的打造，那么绝对不可能实现预期的营销效果。直播平台只是一种信息传播工具，最终仍然是要服务于营销内容。换言之，直播营销和视频营销、微信营销并没有什么本质区别，重点依然在于内容的创意。但是，目前真正有内涵、能让我们眼前一亮的企业直播营销还是少之又少。

直播营销的BGC，重点在于传播企业的品牌文化，单纯的产品营销已让物质极度富裕的消费者麻木，可以说如今是"得文化者得天下"的时代，BGC必须展现品牌的价值观、文化、内涵等。

接下来看看这个案例：

Waitrose是英国一家中高端超市，以售卖大量新鲜的食材为特色。为了向顾客证明其食材新鲜，Waitrose通过多种形式向消费者传递"放心丸"，先是把GoPro（专业运动相机）装在农场奶牛身上直播，接着又入驻YouTube网站并开通了YouTube专属频道，只要顾客在7天的活动时间里打开他们在YouTube上的专属频道，就能看到食材供应源头的实况画面。

Waitrose直播的内容并无亮点可言，但Waitrose不是空洞忽悠玩套路，而是用这种形式体现其品牌的基本价值观——放心。

可能有些直播的内容就是一件事情的流水账，并不如我们想象的那般有趣，看久了甚至觉得有点无聊，但是以食品安全为主题的直播要的就是这样的效果，真实还原食品的生产过程，人们需要的就是放心和新鲜。直播中奶牛咀嚼青草时发出的沙沙声、母鸡"咕咕哒"的声音……这些声音似乎是一颗颗定心丸，让看过直播的顾客得到了莫大的心理安慰。

UGC：用户生产内容

一切没有UGC（用户生产内容）的直播都是自娱自乐。要说直播这种形式并不新鲜，为何单单在2016年被炒得如此火爆呢？原因在于智能手机的普及、移动互联网的盛行使直播成本骤减，人人都可以直播，在"移动+互动"模式的完美结合下，我们看到"直播"的内容边界被无限延伸和拓展。

那么，企业和个人的直播营销就要思考一个问题：怎么让这种"无边界的内容"成为一场网友可参与的内容——因为用户参与度是直播的最核心要素。

很多人对直播营销里的UGC认识并不全面，认为UGC就是仅指直播营销里网友的弹幕评论，这样理解UGC未免有失偏颇。相信大家都爱看小品吧，我们知道一部成功的小品离不开好的导演、演员和剧本，那么UGC就类似于小品的导演，而PGC或BGC则是演员和剧本，导演所起的作用是引导演员将好的剧本呈现出来，排练过程中导演必然要时刻与演员互动，根据现场情况甚至还需改编剧本，但他的最终目的是让这部小品得到观众的喜爱。

同理，UGC除了要和PGC/BGC互动，还要改变PGC/BGC，改变的最终目的是让PGC/BGC更有趣、丰富，具有猎奇性、可参与性（情绪感染：吸引更多网友参与）、社交性（志同道合的网友形成社群）。只有这样，粉丝才会心甘情愿一直守在直播前并全程参与。

最后，我们来看一场能带来品牌曝光量和销售转化的直播中，PGC、BGC、

UGC三者之间的关系图（见图13-4）。

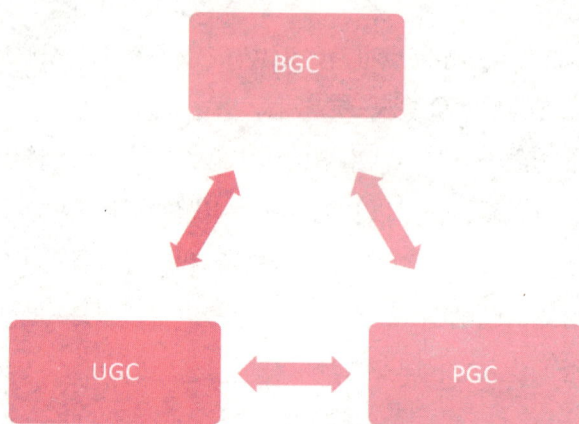

图13-4　PGC、BGC、UGC三者之间的关系

通过上图，我们不难看出UGC、BGC和PGC三者之间是相互依赖、相互影响的。因此，企业和个人在进行一场直播营销时，要考虑的内容要素就是这三者。

BGC：企业和个人想直播什么内容，即直播营销的内容主题、调性、诉说的品牌价值等。

PGC：怎样让企业直播的内容更有脉冲式的眼球效应，获得更多的流量并实现流量变现。

UGC：怎样打造直播营销的终极内容形态，如参与式内容，让网友沉浸在直播内容中并自发互动。

企业和个人只有实现PGC、BGC、UGC三者的结合，才能打造一场成功的直播营销。

为什么你进行了直播营销，产品还是卖不出去？你的直播内容为什么不能让观众信服？想想看，是不是你的直播PGC、BGC、UGC三者没有很好的融合？从现在开始改变，为时不晚。

第2节　社群营销——找到目标客户所在的社群并引爆它

所谓社群营销，就是企业借助社会上一些有名气、有影响力的人，或者依托一些关注量大的媒体平台，对品牌或产品进行宣传，扩大知名度，获得利润。社群营销这种方式与传统营销不同，它能够通过直播直接与观众、粉丝对话，建立起品牌和粉丝之间的信任，塑造直播企业和个人良好的形象，进而达到销售产品的目的。

直播+社群营销的载体并不局限于微信，各种平台都可以做社群营销，比如论坛、微博、QQ群甚至线下的社区等。

套用那句广告词"听说，下雨天巧克力和音乐更配哦"，听说，直播和社群也很配哦，我们从以下两方面可以说明。

其一：社群营销为直播提供前置引流

直播企业和个人为了实现传播量的最大化，一般会提前在网站或者海报上预告直播时间以及房间号，但这样的方式太被动、转化率太低。如果我们建立一个社群，把所有感兴趣的用户拉到这个群，前期通过情绪铺垫、气氛渲染，加上部分粉丝的配合，当直播开始的时候直播的关注度就会很高。

其二：直播为社群提升活跃度

社群为直播提高转化率，同样，直播也为社群增加活跃度。一个高人气的社群绝对离不开精彩的内容，而直播就是非常好的内容资源。相对于普通的图片、文字输出，视频直播传递的信息量更大、形式更新颖，并且直播具有即时性，能使社群更活跃。

社群营销已经成为直播企业和个人的重要直播营销手段。既然社群营销有那么多优势，那我们就来看一下社群营销所带来的效果。

豆果美食是全球领先的美食互动平台，随着时代的发展，人们的要求和需求在变化，仅仅获得一些另类食谱已经不能满足用户的需求。豆果美食看到了直播的影响力，于是在花椒直播平台上进行了美食内容的直播。通过直播吸引到足够多的粉丝后，豆果美食开始把这些粉丝"吸"进QQ群或微信群。在群里面，每个粉丝都可以发表自己的菜谱、做饭的心得、图片，QQ群或微信群成了粉丝的一个社群，而这些小社群又全都在豆果美食这个大社区中。因此，豆果美食成为用户分享美食的人气社区，顺理成章，豆果美食以社群的名义打开了一片市场，成为亲民且高人气的分享社群应用。

当然，这只是社群给直播企业带来颠覆的一个案例，在偌大的互联网中，各行各业都在利用最新的社群概念改变和颠覆着企业的未来及发展。所以，无论什么行业，如果你正处在传统营销的瓶颈或者正想转变，不妨搭建一个社群平台，让社群促进你的发展。

选择合适自己的社群

我们意识里的社群可能就是社区，即许多人居住的地方，其实，网络社群也可以这么理解，就是一群志同道合的人聚集的地方。较知名的线上社群有豆瓣、天涯、猫扑等，这些社区本身也具有沟通交流的功能，但用户最多的还是QQ社群和微信社群。

为了更好地让直播企业和个人选择适合自己的社群，我们把微信社群和QQ社群做了比较。直播企业和个人可以通过对比来挑选合适的社群（见表13-1）。

表13-1　微信与QQ社群功能对比

性能		微信社群	QQ社群
创建群	群规模	500	2000
	建群要求	直接拉人和面对面建群。 1. 超过40人，你的邀请需要对方同意； 2. 超过100人，对方需要通过实名验证才能接受邀请。	需要填写群的分类及群名。 1. 普通用户可以创建200~500人群； 2. 年费会员可以创建1000人群； 3. 超级年费会员可以创建2000人群。

续表

性能		微信社群	QQ社群
创建群	入口群显示	1. 消息列表显示； 2. 保存的群可以在通讯录中查看。	1. 消息列表直接显示； 2. 消息列表+群助手显示； 3. 联系人中查看。
	群公告	2000字，单次只显示一条	15~500字，允许多条，可设置置顶。支持文字、表情、图片、视频。
	群特色	无	群介绍、群标签、可升级同城群等。
	群推广形式	1. 群二维码； 2. 个人邀请。	1. 群二维码； 2. 群链接； 3. 群主及管理员邀请； 4. 群成员邀请； 5. 搜索QQ群号； 6. 通过标签、名称形式查找。
群运营	群成员头衔	支持设置群昵称	群成员可以修改群昵称，管理员可以设置成员头衔。
	群成员权限	除群主外，所有的群成员权限都是一样的。	群主拥有最大权限，其次是管理员，可以踢人、禁言、传群文件等，最后是群成员。
	群玩法	群红包、群收款等	除了通信功能，还有匿名聊天、送礼物、音乐、投票、群订阅、群问问、群作业等20余项功能。

通过上表的比较，我们可以直观地看出，QQ群更开放，功能更多、更全面，管理更方便，但是这并不意味着QQ群就是你最好的选择，你的选择取决于你的用户聚集在哪里。如果你是一个微商，但是却在QQ上建一个群，就有点舍近求远了。考虑到直播的大多数用户是年轻人，而这群人基本上是80后、90后、00后，他们使用QQ比较多，因此，建议直播企业和个人把QQ作为直播的主战场。

如何打造有影响力的社群

社群营销已经成为直播的必要营销手段，但是其方式成千上万，直播企业和个人该如何打造有影响力的社群，以起到"四两拨千斤"的效果呢？在此介绍六个妙招，相信会对你的社群营销有所启发。

◆**举行震撼的欢迎仪式**

大家都有这种体验：当我们进入一个新群的时候，会显示是谁邀请你进入群、加入群的人以及很多人的QQ名。这时候，大多数朋友会有一种好奇和淡淡的不安之感。如何消除这种感觉并逐步建立信任呢？欢迎模板如下：

热烈欢迎×××加入××群

这种扑面而来的欢迎会让人觉得这个群非常热情，当然在语言组织、表达形式上还可以更加完善。

总体来说，举行欢迎仪式的操作比较简单，但是一个新群建好之后，直播企业和个人一定要坚持做这件事，简单的事情重复做，这是一种潜移默化的教育，教育大家一起跟随，在跟随中使大家逐渐形成习惯，有了这个习惯，就有了打造有影响力社群的基础。

◆**完善群规则**

无规矩不成方圆，有了群规，所有进入群的人才会按照规则办事。因此，除了令人震撼的欢迎仪式，直播企业和个人还要在群的宗旨、规则方面给新进入的人做一个言简意赅的介绍，并且尽可能写一篇"××群新人必知必读"，做成模板收藏，每有3~5人进群就发一遍，让那些刚进群的人一目了然。

下图是从百度下载的社群规则，供大家参考（见图13-5）。

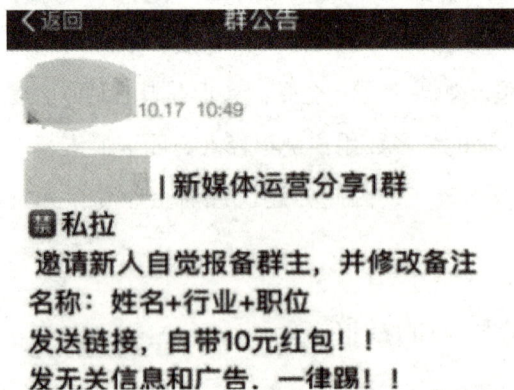

图13-5　群规则示意图

完善群规则这个步骤，很多群没有做，所以新人进入新群后也不知道干什么。在打造群影响力的过程中，应该将各种群文案收藏起来，在需要的时候马上发到群中。同一个口令重复千万遍就是执行力，当群里不断地重复群的价值观以及群规则时，慢慢地，所有群成员都会自动发群规，而不再需要群创建者每天发，这样就会形成群文化。当然，刚建群的1~2个星期还是需要群主自己发群规带动群文化的。

◆ 为群友提供价值

当群有了群文化之后，接下来，就要提供一些价值。因为每个进入群的人都在等待，等待群主发布活动。

人们进入一个群，不外乎几个需求：出于对主播和企业的热爱、掌握新的资讯、拓展人脉、寻找一些新项目或者新机会等。我们提供的价值可以从粉丝的需求开始（见图13-6）。

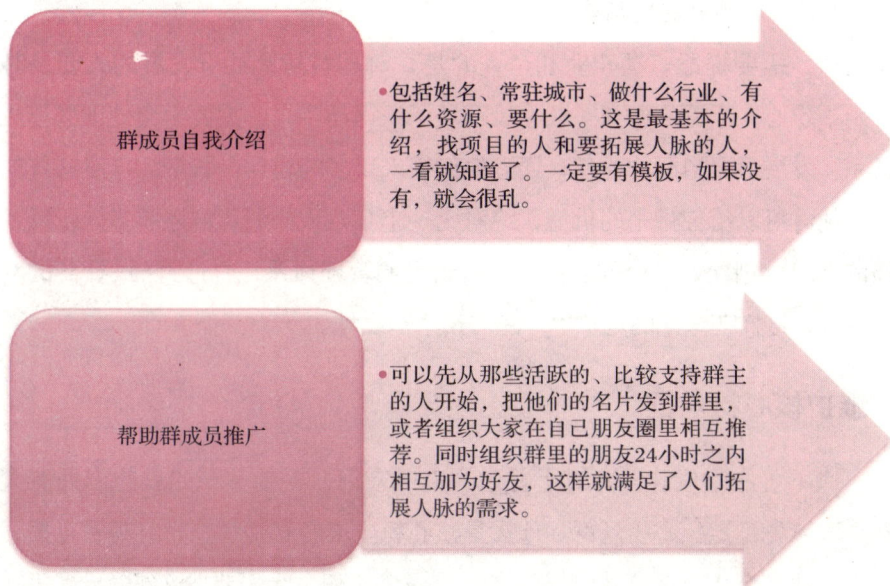

群成员自我介绍	• 包括姓名、常驻城市、做什么行业、有什么资源、要什么。这是最基本的介绍，找项目的人和要拓展人脉的人，一看就知道了。一定要有模板，如果没有，就会很乱。
帮助群成员推广	• 可以先从那些活跃的、比较支持群主的人开始，把他们的名片发到群里，或者组织大家在自己朋友圈里相互推荐。同时组织群里的朋友24小时之内相互加为好友，这样就满足了人们拓展人脉的需求。

图13-6　为群友提供价值的两大技巧

◆ 定时清理人员

直播企业和个人在清理群内人员时，可以参考下面的话术：

今天晚上20：00本群将清理一部分长期潜水不说话的小伙伴，在线的朋友请打1。

发完上边那句话后再继续说"今天要搞个活动",先清理一部分人后再开始活动。这种行动主张很有意思,你会看到很多人在群里签到,群里一下子就会活跃起来。

◆ **建立闪聚闪离群**

直播企业和个人因为直播预热,常常需要做闪聚分享群。闪聚闪离群的生存周期是24小时,当你向群内人员分享了直播的时间或话题后,在群内的气氛非常好的时候,可以告诉大家,本群已经完成使命,明天中午12点准时解散,请大家互加好友。当你宣布的时候群友往往会大呼,这么有价值的群为什么要解散、下一次怎么相聚等问题,这时你要在群里推出下一次分享的内容,告诉他们添加群主微信签到,可以进入下一次的分享群。事实证明,每一次解散群都会为新群主吸引来几百位精准的粉丝。解散群是为了让群更有价值,没有人去维护的群、没有主题的群,就没有必要留着。

最后,需要提醒直播企业和个人的是,对那些扰乱社群发展的人要及时清理,别不忍心,千万不要"一颗老鼠药坏了一锅汤",一定要学会处理群里成员的关系,发展适合自己的粉丝,通过他们带来更多的粉丝。长期活跃度良好的几百人的社群可以给你带来的价值,绝对比一个几万人的僵尸群还要多。所以,在直播的同时要创建好自己的社群,完善自己的管理体系,打造直播+社群的双向运营模式,这样在未来的竞争中才能占据不倒之地。

维护核心粉丝群

一口不可能吃成胖子,对于普通的直播来说,不要一开始就想着拥有大量粉丝,应该先稳定核心粉丝群。什么是核心粉丝群?就是那些始终观看直播,并对直播企业和个人有深度认同感的人。直播企业和个人先要把这部分人聚集在一起,大家多交流,让群成员畅所欲言,在轻松的氛围下相互认识。

在稳定了核心粉丝群之后,直播企业或者个人可以根据群聊天内容,延伸出一种亚文化,这种亚文化能够很好地指引直播的运营。为了方便管理,可以在社群里找一个具有号召力和管理能力的小伙伴对社群进行基本的维护。

如果直播企业和个人一开始就直接大刀阔斧地建设大群、固定内容,可是连核心粉丝都没到位，那么这个群就缺乏一个有力的支柱，很容易垮棚。有了核心粉丝群效果就不一样了，核心粉丝会带领整个群往正确的方向发展，不用担心会跑偏。

直播企业和个人在维护核心粉丝群时可以使用准入制。设置一个门槛，只让核心粉丝进群，不让打着核心粉丝名义的人进入。

第3节　粉丝营销——如何让粉丝成为免费推销员

商业的变化日新月异，不管是企业还是个人，想要发展长远，都必须借助网络的力量。如今每个人都和网络紧密相连，微博、QQ、朋友圈我们都不陌生，庞大的"网民群体"成了商家争夺的对象，买粉丝、买"水军"的现象比比皆是，这种现象就支持了"粉丝经济"。

网络营销讲究"粉丝才是硬道理"。在适应时代发展方面，很多直播个人和企业的转型极为迅速，而如何有效地吸引粉丝、开创粉丝经济也成为直播企业和个人的必修课。

直播企业和个人离不开粉丝，但直播类型不同，粉丝群也不同。粉丝多的直播企业和个人流量就大，观看率高，变现能力强。可以说，粉丝已成为直播企业和个人未来兴衰和成败的主宰。

互联网时代，不管是直播企业还是直播个人，拥有大量粉丝和极高的关注度是非常让人羡慕的。在这个"粉丝就是金钱"的时代，只有粉丝够多，利润才能得到保障。

意识到这一点之后，很多直播企业和个人开始在粉丝营销上大做文章。粉丝营销成功了，直播营销也就成功了。纵看如今直播+粉丝营销成功的案例，是否有规律可循呢？本节系统地介绍了几种粉丝营销的方法，希望能为直播企业和个人决战商海、成功创建直播千万粉丝团助一臂之力。

粉丝体验是最强的"直播+粉丝营销"

衡量粉丝忠诚度的标准，就是看他们是否愿意帮你的产品或品牌做宣传。只有他们的体验达到或超出了预期，他们才会帮你做宣传，告诉朋友和同事。如果一款产品和品牌的用户体验非常好，它必然会被众多用户主动传播。

粉丝体验，其实就是粉丝在使用你的产品或观看你的直播时产生的感觉，如果粉丝的感觉是好的，你的产品必然会销售火爆，直播必然会成功；如果粉丝的体验不怎么样，你的产品必然面临被淘汰的命运，直播肯定也是无人问津。因此，直播企业或个人如果想通过直播销售产品或进行品牌推广，除了要尽量完善自己的产品外，更重要的是，在直播时要让粉丝产生一种愉悦感、成就感、优越感，这样，粉丝才可能获得好的体验，直播也才有可能获得长久的生命力。

虽然粉丝体验被很多做直播营销的人翻来覆去地说，但却鲜有人认真地研究过它的具体操作方法。那么，直播到底如何做才能让粉丝有好的体验呢？美宝莲在这方面做得非常到位，我们可以学习一下。

2016年4月14日，美宝莲为了营销最新款口红"唇露"，在多家直播平台上进行了现场直播。为了让粉丝真实地感受到产品的时尚性和功能性，杨颖首先直播了在上海南浦大桥奔赴现场的情况，让粉丝看到没有使用"唇露"口红的杨颖的样子（见图13-7）。接着，杨颖又直播了在化妆间使用"唇露"口红化妆的细节，让粉丝直观感受到杨颖使用"唇露"口红后的美丽与时尚。同时，为了更好地让粉丝体验到"唇露"口红的使用效果，美宝莲推出了一个直播的H5，将杨颖和50位最热门的网红集合在一起，让粉丝

图13-7　杨颖直播奔赴现场

体验"唇露"口红带给他们的震撼（见图13-8）。

图13-8　杨颖和50位最热门的网红直播

美宝莲的这次直播营销可谓是粉丝营销的经典之作，直播一小时仅腾讯视频同时在线人数就超过500万，美拍直播8万，熊猫TV直播15万。直播结束后，最终卖出10000支"唇露"口红，实际转化销售额达142万元人民币。

怎样才算是真正意义上的极致的粉丝体验？美宝莲直播的案例或许会给我们一些启示。要想带给粉丝极致的体验，不仅要让粉丝觉得好，还要让粉丝愿意把这个东西带回家，从使用它，到愿意使用它，离不开它，最后直到它改变粉丝的生活方式，这才是真正做到极致的粉丝体验。

对于粉丝体验，必须要贯穿直播的每一个细节，以及粉丝使用产品的各个环节，并自始至终地为粉丝考虑，将"粉丝体验至上"作为指导原则。通俗地说，就是直播企业和个人要找到粉丝的需求，了解粉丝最需要的是什么。

小米科技公司事业部总经理唐沐总结了自己对粉丝体验的实战经验，笔者借用他的话来告诉直播企业和个人如何做好粉丝体验：找到痛点，定义场景；体验做透，方案优雅；保持克制，体验闭环；小步快跑，快速迭代。

针对不同的粉丝群体，采取不同的营销策略

直播的众多粉丝，可以分为以下三大类（见图13-9）。

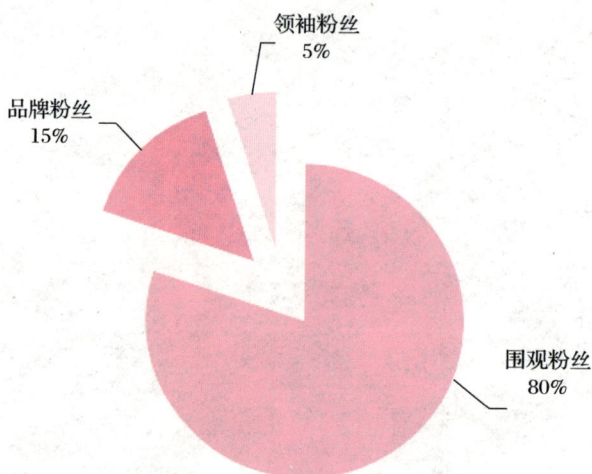

图13-9 直播中粉丝类型所占的百分比

围观粉丝大多来自直播活动，这些粉丝的需求是有趣的内容和活动。在直播中，这类粉丝可以起到聚集人气的作用，还可以成为传播信息的基础粉丝。

品牌粉丝大都来自品牌的长期积累，除了需要有趣的内容外，他们更喜欢获得客户服务及利益，这类粉丝是忠实粉丝，也是最典型的消费者样本，还是市场调研和品牌调研的最佳对象，他们有助于企业提升产品和改进品牌形象。

领袖粉丝大都来源于公关资源，作为意见领袖型粉丝，他们可以在传播中引导方向，增强传播的穿透力。

在直播时，企业和个人可以根据三类不同的粉丝群体，采取不同的营销策略。具体来说，我们可以通过创意活动直播和有趣的内容直播等聚集围观粉丝；可以用直播中热情的互动和调查研究及品牌改进，巩固品牌粉丝；在直播中通过对粉丝的关怀、尊重、引导和分享，吸引领袖粉丝。

粉丝营销的五大系统

构建以直播为核心的粉丝营销是一项系统工程，主要包括五大系统（见图13-10）。

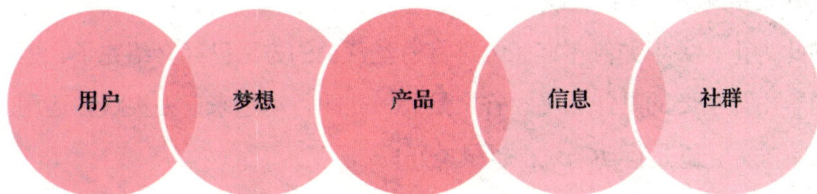

图13-10　粉丝营销的五大系统

为了让你更好地在直播中做好粉丝营销，下面将对这五大系统的具体操作进行简单讲解。

用户：直播企业和个人在直播的过程中，一切都要以用户为中心，尽可能了解用户的一切。精准定义自己的用户，一开始越聚焦越好，不要试图讨好所有人，让爱你的人更爱你，恨你的人更恨你。想象自己是用户会有哪些需求，如何保证用户的利益。经常思考用户到底需要什么，我们的直播是否能满足用户的需求。

梦想：任何直播最初只是一个想法，看似遥不可及，最终成为现实，可见人因梦想而伟大。直播主持人要勇于释放自我，展示自己的独特个性，敢于发光，主动分享，用梦想的力量去感召志同道合的人，因吸引而关注，因喜欢而跟随。打造主持人的个人品牌，将梦想、价值观、生活方式照进用户的世界。

产品：直播企业或个人如果想将产品销售出去，就要分析用户痛点，打造爆款。专注于产品生产，将产品做到极致。直播主持人要参与到产品的具体工作中，做到对产品了如指掌，确保产品是用户想要的。

信息：以直播平台和社会化媒体为主阵地，确保与用户的互动交流及时高效。直播主持人要为产品和企业代言，向用户传递信息。

社群：集合粉丝，进行社群化运营。建立规则，以共同的价值观统领社群，以特有的生活方式营造社群文化，让粉丝有归属感。线上线下结合，把人气聚合起来，尝试将粉丝活动和客户体验转变成一种生活方式。基于身份归属，让粉丝参与到产品研发、渠道开发、传播推广中来。

这五大系统遵照"从粉丝中来，到粉丝中去"的原则，始于精准化用户，终于组织化社群，过程中以梦想为价值引领，以产品为服务载体，以直播为沟通方式。这五大系统相互支撑，缺一不可。

到此为止，关于如何在直播中进行粉丝营销的方法已经介绍完了，但你知道以上内容中最重要的是什么吗？答案是——立即行动起来，去实践去运用。粉丝营销并不难办，就是行动起来，越早越好！

第4节　口碑营销——产品极速传播的技巧

口碑营销的根本目的和作用，是在消费者心中留下好感、建立起信任。现在大家在网上购物都有一个习惯，就是打算买某一件商品时，会先看看消费者对该产品的评价，然后再决定是否购买。当然，没有任何一件商品是完美无缺的，所以消费者的评价也不可能是百分之百的好评，但是评分较高的商品往往会引起消费者的购买欲望，评分高的商品是口碑好的产品，而口碑好的产品可以吸引更多的消费者。

口碑是所有直播企业和个人持续健康发展的重要因素，是其营销成功的基石。口碑营销从传统的口口相传演变而来，通过与直播的融合，发展成为一种新兴的直播营销方式，能够为企业降低营销成本，防范未知的传播风险，表现出很高的商业应用价值，因此受到了广泛的关注。与传统营销方式相比，直播+口碑营销拥有不可比拟的优势。具体来说，"直播+口碑营销"主要有以下几点优势（见图13-11）。

既然直播+口碑营销有如此多的好处，你一定会问：如何做好"直播+口碑营销"？这正是笔者接下来要介绍的。

可信度高	成本低
针对性强，可操作性强	消费者感受直观

图13-11　直播+口碑营销的优势

用产品撑起口碑

如今，已经进入"以口碑选择产品的时代"，而企业的良好口碑已经不能仅通过直播的方式来实现，更多的还要依靠优良的产品品质、超过用户预期的产品。雷军曾经说："一个企业要想拥有好的口碑，好的产品就是原动力和发电机，也是所有营销的基础，如果企业的产品很给力，哪怕直播做得差一点，企业的口碑也不会差到哪里去。相反，如果产品不行，或者消费者不喜欢，那么很有可能会带来负面的口碑效应，不但对直播营销没有帮助，反而会在人们的口口相传中将企业逼上绝路。"

所以直播企业和个人想要有一个好口碑，好的产品是第一步，也是关键的一步。对于企业来说，口碑就是生命；而对于"直播+口碑营销"来说，产品就是生命。产品好比是一把"双刃剑"，既支撑着直播，又支撑着口碑，而不过关的产品只能让企业的口碑和生命变得岌岌可危。

随着互联网经济的不断发展，消费者越来越重视他们拿到手的产品的质量，也就是说口碑的传播和营销最终还是要依靠产品的质量来说话。对于直播企业和个人来说，要想打赢口碑这场仗，要想直播营销取得成功，就必须过产品这一关。

善用社会化媒体这个口碑传播的加速器

伴随着电子商务和社会化媒体的发展，社会化媒体也成为消费者交流口碑信息的重要渠道之一。消费者为了做出正确的购买决定，往往会通过参考口碑来制定购买计划和决策。随着移动互联网的普及，网络口碑也成为消费者购买决策的又一重要参考。互联网上的评论数量十分庞大，消费者可以根据自己的需求筛选所需的内容。而对于直播企业和个人来说，好口碑需要让更多的消费者更快地知道，因此需要善用社会化媒体这个口碑传播的加速器。

社会化媒体环境下的口碑营销，结合了传统口碑营销和普通网络口碑营销的特点和优点。对于消费者来说，通过网络他们既可以看到亲朋好友的评价，还能看到来自世界各地的评论。而对于直播企业和个人来说，企业既可以加速口碑的传播，又能根据消费者的评论来有针对性地改进或遏制口碑的恶化。具体来说，可以通过下表详细了解一下三者的区别（见表13-2）。

表13-2　传统口碑、普通网络口碑、社会化媒体口碑的特点对比

口碑类型	口碑传播范围	信息流动速度
传统口碑	熟人，范围小	缓慢
普通网络口碑	陌生人，范围广	迅速
社会化媒体口碑	熟人+陌生人，范围广	迅速

在社会化媒体的大环境下，口碑的传播在沟通渠道、传播方向、匿名性、同步和异步四个方面与传统的口碑传播存在差异性。

直播企业和个人要做好社会化媒体下的口碑营销，首先要掌握社会化媒体口碑营销的四个渠道（见图13-12）。

当然，每个直播企业和个人的产品和经营情况都不一样，所以在利用社会化网络渠道建立口碑时的做法也不尽相同，甚至是同一家企业，在不同的直播阶段使用的口碑推广渠道也不尽相同，很少有放之四海而皆准的方法。直播企业和个人可根据自己的情况选择合适的传播渠道。

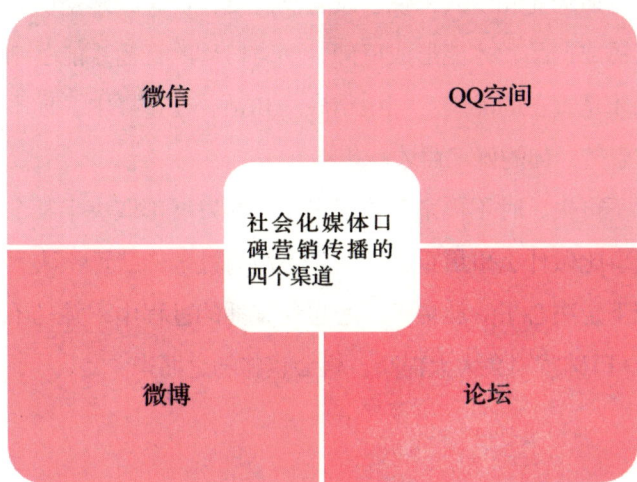

图13-12　社会化媒体口碑营销传播的四个渠道

想要做好口碑营销，就要让用户满意

直播企业和个人想要做好口碑营销，就要让用户满意。如果只知道做口碑营销而不注重用户的满意度，那口碑营销就不是为企业的产品做宣传，而是在扩大产品的负面消息。

小米科技创始人雷军曾说过这样一句话："一个公司最好的评价是用户的口碑，同时用户口碑也是一个企业的生命线。一个公司想要处理负面影响，需要花很多的时间和资金去处理，还未必能消除影响，但是用户口碑会很快将你公司的形象传播出去，所以我说，用户口碑是电商行业的生存底线。"

诚如斯言，对于直播企业和个人来说，如果用户不满意，企业又拿什么谈营销？拿什么谈粉丝忠诚度？对于消费者来说，在日常生活中，如果觉得某企业的产品非常好，甚至超出了自己的预期，那他的第一反应一定是告诉身边的人，因为每个人都有着自己的圈子。而这个人身边的人又会传播给自己的小圈子，就这样一个一个小圈子，慢慢地就都会连接在一起，形成一个巨大的圈子，而关于这个"产品"的消息便以惊人的速度传播开来。但是如果起初这个人传播的是负面消息，古人告诉我们"三人成虎"，那毫无疑问这些负面消息也会迅速传播开，同时也会越传越恶劣、越严重，最终会给该产品带来严重的负面影响。

所以对于直播企业和个人来说，没有满意度，口碑就是空谈。要知道，只有用户满意的直播或产品，才能形成口碑，而有口碑的直播才能营销成功，只有营销成功的产品才是真正的品牌。归根结底一句话，在直播中，你服务好了用户，用户才会给你点赞，你的好名声才能传播开来。

所谓"机不可失，时不再来"，很多事情的发展都取决于某个关键时刻，很多时候如何做事比做什么事更重要。我们不应有过多的犹豫不决，一般说来，有七分把握就应下定决心了。放更多的心思在直播的过程中，并马不停蹄地去做，那么你的直播+口碑营销会大大提高，机会也将随之而来。

微人脉

王军前

微 信 号：15005189888

公　　司：江苏早早康生物科技有限公司、六早全国运营中心

人物故事：安徽人，跟诸多创业者一样，拥有一颗梦想的种子。生于平凡又不甘于平凡，走进创业者行列！2012年投资八里河水世界，实现开业当年盈利3000万；2016年五兄妹共同创办南华集团，同年布局大健康，六早面向世界。

李安琪 Lee Angela

微 信 号：angelaleesawkuan

公　　司：天使科技国际有限公司angela technology international co.,ltd

人物故事：东南亚直播电商创始人。yeye直播电商平台founder，东南亚网红孵化创办人，天使科技国际创办人，天使娱乐国际创办人。

李连生

微 信 号：MZJR840804

公　　司：深圳前海红润资产管理有限公司

人物故事：福建籍客家人，毕业于上海财大会计专业，出过洋留过学，出道后当过会计、教师、公务员，长期从事经济管理工作，原本仕途一帆风顺，却对资本市场情有独钟，毅然辞官下海从事基金管理工作，现为深圳红润资产管理有限公司主要合伙人、总裁，旗下管理两只股权投资基金、3只产业基金，基金总规模接近30亿元。

肖　安

微 信 号：xxinnnian

公　　司：兰琴珠宝有限公司

王瑞麟

微 信 号：wrl945

公　　司：山东龙口尤林食品有限公司

人物故事：萌萌琪零食品牌联合创始人、创萌国际·城麟联盟创始人、创萌国际联合创始人、17火签约太极讲师、创萌国际金牌讲师、90后创业优秀代表、微商资深操盘手。拥有资深微营销经验，带领众多微商创业者致富，曾获得萌萌琪品牌最佳团队奖等多项奖项。

郑应和

微 信 号：yidiancan

公　　司：深圳市易点餐无线科技有限公司

人物故事：深圳市易点餐无线科技有限公司创始人、董事长，金淇一路通（深圳）股份有限公司联合发起人、总裁，海惠网电商平台首席运营官，易鸣科技（深圳）有限公司创始人、董事长。

李坤铼

微　　信：lkl1314168

公　　司：微去科技有限公司

人物故事：李坤铼，贵州人，专注于商业模式策划，营销推广策划，30天打造微去全国连锁推广平台，整合38个联合创始人，人脉资源广。代理加盟覆盖六省十个城市！助力公司香港国际版成功挂牌！

黄小虹

微 信 号：625342432

人物故事：17火团队YoYo黄小虹，蒙奈儿品牌微股东、蒙奈儿YoYo团队创始人、Mostiny金牌总代理、从事微商韩妆批发3年、韩国IFBC商学院半永久高级纹绣师。因专注而专业，因专业而漂亮！私人定制——只为追求完美的你。

张　扬

微 信 号：zun1234567

公　　司：武汉牛牛文化传播有限公司

人物故事：张扬来自九朝古都洛阳，武汉牛牛文化传播有限公司创始人、武汉和丰盛世教育科技有限公司总经理，热爱舞台、热爱演讲，被誉为新生代魅力女性演说家，新生代招商女神！

昆 叔

微 信 号：djkone1986

公　　司：杭州趴体文化传播有限公司

人物故事：85后连续创业者，曾就读于杭州电子科技大学电子商务系，辍学后曾创办音乐厂牌"红趴"和"362"，自办潮牌"原宿bling"，先后就职于澳门大金沙娱乐管理公司、成都芭比娱乐管理公司、杭州精视传媒、奥美广告，曾担任策划总监、品牌总监等职。2014年正式创业，目前经营着两家公司，东策传媒和趴体科技公司创始人。自主拍摄了一档网综真人秀节目《趴趴跟我走》，也是国内首档城市派对达人&网红真人秀节目，正在筹建网络达人孵化培训及经纪业务。

晏小龙萍

微 信 号：18823828685

公　　司：智慧之光集团

人物故事：大学期间，在井冈山参加大学生优秀团干活动，受到现国家副主席李源潮的亲切接见。大学毕业后，带领团队扎根市场，塑造品牌形象，开拓某培训公司省级千万级市场，不到两年时间，成为该集团最年轻的全国创业导师。

万杰（法拉利）

微 信 号：FALALI0925

公　　司：河南世纳医药科技有限公司

人物故事：2002年湖北警官学院毕业，放弃当公务员的机会选择自己创业，期间日收入达到一万元，2004年底，由于年轻气盛，最终创业失败，负债累累。2005年初，背井离乡去往温州，从每月200元的学徒做起，两年的时间晋升为化妆品公司总经理。2014年选择互联网创业，2014～2015年获得全国微商团队冠军、风云人物、团队领袖等称号。

张振伟

微 信 号：z496852372

公　　司：湖南青年帮电子商务有限公司

人物故事：大学辍学创业，2014年创办自己的外贸公司，主要帮助外国朋友和客户代购中国商品，现在公司已经搬回湖南邵阳新宁，同时从事微商销售老家的农产品，主要帮助农户通过网络销售脐橙。2015年成功帮助20户农户销售30万斤脐橙，希望以后帮助全村农户销售脐橙。

骚 博（真实姓名：彭博）

微 信 号：231344730

公　　司：惠州报业传媒集团有限公司财务

惠州报业传媒广告有限公司财务

广东人民出版社惠州出版有限公司财务

惠州报业新文创传媒有限公司财务

人物故事：惠州日报财务、惠州新浪微博名人汇理事长、411移动电商购物节暨第二届世界微商大会联合发起人、第二届世界微商大会最具人气微商导师、傲华会社群联合发起人、SOS商学院首席外交官。

顾 淼

微 信 号：gm0370

公　　司：英普瑞斯公司

人物故事：美肌是一款植物功能型面膜粉，更是我新事业的起点。它让我们同音共律，在这里，您收获健康美丽，我收获肯定鼓励。接下来，我们都要收获更多。付出的，可能只是一点点勇气。

丽 姐（真实姓名：张亚丽）

微 信 号：Zsxy123

公　　司：北京一林云商科技有限公司、洛阳仁和云商网络科技有限公司、洛阳家禾云商科技有限公司

人物故事：北京一林云商董事、仁和集团仁和云商洛阳CE0、洛神天团创始人、名仕汇企业家俱乐部创始人、中国微商操盘手。

陈精诚

微 信 号：200930705

公　　司：荔枝娱乐CEO

人物故事：湖南荔枝娱乐创始人兼CEO、90后连续创业者。从开始创业至今七八年，涉足过电商、团购、教育、广告等多行业，创办湖南荔枝娱乐，主营网红经济、粉丝经济、IP变现。

何 淼

微 信 号：316721169

人物故事：80后创业者，毕业于吉林工程技术师范学院，主要从事工程图文制作，室内外装饰设计图纸等！

周文清

微 信 号：zhou157802897

公　　司：香港盛隆集团有限公司、HAPPINESS国际有限公司、天津盛隆创世有限公司、贝壳尔天津药业有限公司

人物故事：2008年毕业于俄罗斯哈巴罗夫斯克太平洋国立大学，2009年9月创立香港盛隆集团有限公司，11月在哈萨克斯坦成立HAPPINESS国际有限公司，2012年在乌克兰、俄罗斯成立HAPPINESS国际有限公司，2013年在中亚各国成立HAPPINESS国际有限公司，目前在十几个国家有公司。

胡海彦

微 信 号：aifeier0610

公　　司：都葭商贸有限公司

人物故事：江湖人称小杨钰莹，17岁那年，她为了解决家庭负担，毅然决然放弃学业，挑起家里的担子，做过酒水、服装、房产销售，苦涩和辛酸并没有绊住她的脚步，后创立了自己的内衣品牌，5个月拥有了2000人的微商团队，如今都葭内衣培养了百位月入过万的宝妈，曾获得2016微商最佳创业导师的称号。

座 右 铭：不努力你根本就没有失败的资格。

余雪辉

微 信 号：ICX360

公　　司：宁波佳星电器有限公司、宁波加乐多电子商务有限公司

人物故事：1999年大学毕业，以创二代身份接手佳星电器工厂，运用电子商务，把工厂的外贸产值从5000万人民币发展到5000万美元；2007年产销分离，成立霍姆利德国际贸易公司，从0起步，做到3000多万美元；2011年成立加乐多电子商务有限公司，是宁波市首个电子商务园区e点电子商务产业园的发起人之一；2013年发起慈溪家电馆项目。

房　莉

微 信 号：Fl1995210

公　　司：四川省蜜言肌生物科技有限公司

人物故事：来自四川绵阳地区的95后女孩，一没有富裕的家庭，二没有娇美的长相，三没有高文凭，虽然事业与生活上很坎坷，但她仍坚强乐观，她用瘦弱的肩膀撑起自己的创业梦。她从人们的质疑声中走来，到现在使用她产品的人都对她的品牌和人品深信不疑。

罗舒榕

微 信 号：sr661614

人物故事：她来自广东，1993年在大学期间就曾创业，现居深圳。从零经验学生党白手起家逆袭成为百万女神，用自己的力量获得自己想要的生活，反哺父母。2016年成为17火联合创始人，与李七喜携手同行，在事业和个人品牌上有所提升！她说：微商改变了我，不管是做人还是做事业。女孩要么任性，要么认命，你想做什么就去做，女人必须活得漂亮！

赵雁嵩

微 信 号：xinbantang

公 司：萌萌琪零食

人物故事：2014年大学毕业后被分配在山区从事水利工作，但他依旧坚持梦想。2015年通过自己不断摸索，成立了自己的零食品牌，正式进入微商界并迅速爆红。2016年认识恩师李七喜，着手网红经济与个人IP建设，利用两个月的时间吸引粉丝几十万，并获得微商男神、微商红人、微商十大导师等称号。

解云雄

微 信 号：627350297

公 司：创业导师

人物故事：他8岁立下大志，17岁得到台湾富商郭台铭指点，曾两度患重度忧郁症，并且走了出来。他的人生目标是：创建像苹果、三星一样的世界超一流企业，成为中国最具影响力的企业家！成为乔布斯、李健熙一样的商业巨子。

卢俊成

微 信 号：ljc5277

公 司：广州聚朵网络科技有限公司、大同指影网络科技有限公司

人物故事：广州聚朵网络科技有限公司CEO、上海开市元互联网科技有限公司执行董事、上海暨尚生物科技有限公司执行董事、江西恒好互联网科技有限公司执行董事、聚鼎集团股东、聚朵云创始人，主要著作《传统企业怎么做电商》。

萌爸爸小沈

微 信 号：ssjxs1991

公 司：——环球贸易有限公司

人物故事：年仅25岁，已是一个5岁半混血萌娃的爸爸了。迅飞军团创始人、如露品牌创始人、90后人气网红、微商知名运营官、操盘手、资深微营销实战创业导师。

朱章满

微 信 号：18627990800

公 司：武汉群音汇电子商务有限公司

人物故事：出生于黄冈密卷的故乡，2015年创办群音汇电子商务有限公司，公司的使命是英雄召唤英雄，吸纳众多志同道合之士。2016年成为17火联合创始人与李七喜携手同行，在事业和个人品牌上有所提升！

江 椰

微 信 号：yiko_baby

公 司：九鑫集团、满婷品牌

人物故事：90后创业楷模，出身平凡的幼儿教师，跨界做微商成为亿万女神。现在是微商高级讲师、国家级心理咨询师、中国女性创业高级分析师、90后企业家、双网微商模式发起人、电购微商、双网微商创始人。

刘庆阳

微 博：刘庆阳Mars

公 司：上海鹰狼文化传播有限公司

人物故事：Darker Knight DK黑骑士中国年轻精英奢圈专属Club创始发起人，合作过艺术画展、在线综艺、大电影等。DK Club汇聚了城市新一代高颜值高学历的知性女士与富有魅力和生活品味的精英男士，并提供私人管家服务。

蕾 蕾

微 信 号：907926097

公 司：多燕瘦减肥服务（上海）有限公司

人物故事：80后创业者，山西太原人，从事幼教10年，通过报纸、杂志、电台、网络等方式为全国有需要的妈妈群体传播育儿经，太原市幼教行业首批讲师团讲师，太原市青少年宫"教育顾问"，曾在全国知名育儿杂志发表文章。2014年告别年薪25万的幼教工作，投入微商大军，现任多燕瘦减肥服务（上海）有限公司梦想董事，并创立爱尚国际千人团队，带领更多有志青年打拼属于自己的一片天！

王 笑

微 信 号：x17749651235

公 司：广州寰天大通生物科技有限公司

人物故事：90后女孩，从事幼教事业兼职于广州寰天大通生物科技有限公司。

杨海菊

微　信　号：mm355130

公　　　司：以琳集团维东娜品牌

人物故事：小学毕业就出外打拼，从事酒店行业七年。2016年6月创立了维东娜品牌，2016年10月12日受河南牧业、中原工学院的邀请到学校讲专业的护肤课程，感受到自己的经验能给学生们带来更多帮助。在未来的发展中，不仅为了自己，更要为那些需要解决肌肤问题的人而努力。

叶殷宇

微　信　号：Wnnie3587

公　　　司：AME 香港爱琪荟集团

人物故事：首饰品牌连锁廿六年经验，带领创办的公司在香港联交所主板上市，任集团副主席。2014年转型互联网+平台，现任AME 香港爱琪荟集团董事长，协助传统企业走进多媒体网红经济新时代。亦为"爱在六次元"公众号创始人，是企业家修心的正能量平台。

大淘老师

微　信　号：331250803

手　机　号：18188881688

公　　　司：广州市松浦电器有限公司（环保节能LED太阳能灯）

人物故事：他是互联网营销领域的一名"老兵"，他简直不像"老板"！别人是不断地招员工，而他却不断地"送员工"。8年里从自己的公司送出去200多位员工，并与这些员工合作，让每位员工都学会用互联网做生意赚钱、年收入过百万！

熊　思

微　信　号：xiongsi222

公　　　司：逗逗狗公司

人物故事：90后创业者，14年下半年接触互联网，学习了一些大伽的营销方法和策划。这是个变化的时代，也是一个充满机会和挑战的时代，我渴望变化，因为变化会使人有动力，也会让人不停地学习，只有这样我们才有机会，去创造属于自己的未来。

莉莉酱

微　信　号：Cjj12322

公　　　司：合同会社——恒河沙

人物故事：世纳国际日本分公司董事长、世纳国际联合创始人、X·T国际联盟万人团队创始人、微营销金牌讲师、微营销心理咨询师、微营销创业导师。

叶陈华爱

微信号：AB1715772834

公　　司：华爱集团

人物故事：80后，当初取这个名字，是想让自己的内心保持"善"的初心。后来这份信念让我开始打造"华爱集团"，它是一家集大金融、大数据、大平台、培训等为一体的国际型企业。2017年，将在浙江舟山新区（美丽故乡）开设金融样板公司；2018年将扩大金融业务，以代理、加盟等形式进行全国布点。

影响的人越多，成就越大，我的使命是：在有生之年，帮助更多需要帮助的人！

张凯文

微信号：txwbzkc

公　　司：文山东方风行广告有限公司

人物故事：出生在云南文山一个偏僻的小乡村，家境贫寒造就了他永不退缩的品质。现经营着两家广告传媒公司及一个互联网品牌"七美人"。曾在广告营销行业用一年时间买车买房并积累了创业的第一桶金。

孙　菊

微信号：sunju122

公　　司：互联网环球旅游俱乐部、珠宝镶嵌工厂

人物故事：一位积极、阳光、充满正能量的90后姑娘，出生在贵州遵义，毕业于音乐学院。自小喜欢音乐，大学进修了声乐和国际经济与贸易专业。毕业后从事过艺术培训，美妆销售类工作，在不断尝试中找到自己所热爱的事业。从小受到父亲影响，不放弃内心的追求，想要给家人更好的生活，不被观念所限制，所以选择既可以带来快乐又能改变自己的事业！

胡　凯

微信号：hilida

公　　司：长沙星弦网络科技有限公司、湖南四国蚁智能科技有限公司

人物故事：长沙人，以"老"编导的员工身份沉浸湖南广电这片电视土壤多年，喜欢做节目、做策划、做一切烧脑的事。

现任长沙星弦网络科技公司总裁、湖南优特网（www.hnute.com）CEO。湖南优选特产（微信公众号：hunanyoute）致力于塑造湖南特色形象，向全世界呈递湖南的特产外交名片。

时刻给公司员工和客户灌输一个理念：网络平台唾手可得，内容运营方为王道。希望大家把"内容"放在销售里，把故事放在产品里，这样的品牌传播，才会经久不衰。

明宝磊

微 信 号：15036811

公　　司：淄博天行文化传媒有限公司

人物故事：9年互联网实战经验。软件达人。曾帮助数万微商通过软件提高工作效率，国内最早一批玩转微信小视频的人，现任WTV未来视频营销学院院长，曾获得"2016微商风云人物奖"，现任网红微商TD策划师，专门进行网红微商的打造与策划包装。

张　允

微 信 号：yileyuankeji

公　　司：易经英语创始人、成都易乐园科技有限公司董事长

人物故事：易经英语创始人，成都易乐园科技有限公司董事长。花费8年时间运用易经的思想破解了26个字母的千古之谜，发现了26个字母的真实排序表，发现了古人发明单词的方法，破解了大学四级词汇超过95%的单词（约4300个），并运用易经的思想发明了独特的语法理论。目前搭建了互联网英语学习平台，立志造福全世界的英语学习者！

何立飞

微 信 号：h201314lf

公　　司：联合国学院

人物故事：大学毕业后在一家培训公司工作，后做过旅游和金融行业。目前全力做联合国学院，它是全球第一个免费在线教育平台，是全球第一个教育区块链应用平台，是全球第一个直接赚钱的学习平台，是一个把教育、金融、互联网完美结合的知识经济体。我并不优秀，也没有什么特别的天赋，但我相信正义的力量，更相信天道无亲恒爱善人，我希望找到志同道合的伙伴，一起来做联合国学院这份事业。

妖　儿

微 信 号：985067478

公　　司：珠海市伊宝商贸有限公司

人物故事：90后创业者，爱微购平台创始人。做微商前是一名护士，现在是公司CEO，千万身价。她是"微商时代"、"微商来了"等节目的嘉宾，各大卫视热播微商创业故事的微商届明星。凭着一股不认输的劲儿和独特的眼光在微商届创下销售神话。妖儿还是高级营销师，电购微商第一人。

陈明辉

微 信 号：wmshd16888

人物故事：初中毕业就参加工作了，做过工厂、酒店、快递员。

汐 汐

微信号：xixi3768。

人物故事：高级营养师、瞳模、热门主播、淘宝店主、微商店主。

柔 蓉

微信号：mydreamtrips520

公　　司：环球旅游俱乐部 旅游分享师

人物故事：来自美丽的海南岛，是一位热爱生活、喜欢旅游、崇尚健康、自由的80后宝妈。现任海南泓缘盛世鼎品商城的讲师。喜欢边吃边玩边旅游边赚钱，你就联系我。

邵黎杰

微信号：ANJIE695436702

人物故事：80后创业者，山东济宁人，2007年在南方做仓管，在一场火灾中差点见不到明天的太阳，经历长达一年半的治疗，康复后下海经商，任长裕农资总经理。曾做实体店鲜奶吧，经营不善亏损23万。我是被火炼过的钢，越是困难越要迎难而上，后来投入微商大军，创立了自己的千人团队"MOLI凝聚力"，月流水100多万。带领千万有志青年、宝妈、草根，完成自己的创业梦。我坚信天道酬勤，厚德载物！

邓宪征

微信号：13286680000

公　　司：北京麦链网络科技有限公司

人物故事：微商新零售第一人，专注于结构化、系统化微商团队打造，引流裂变。

北京麦士集团总裁、北京麦链网络总裁。旗下拥有麦士抗引力、麦中医、奇轻、一清本草等品牌。集团公司独立开发的APP-麦链合伙人，月流水过亿。麦链合伙人APP独创的两大平台、三大保障、四大系统已经打造数十位千万级别微商大咖、数百位百万微商大咖。

星 云

微信号：ff935181029

公　　司：天津星云电子商务有限公司

人物故事：美国新雷燕国际集团副总裁，天津星云电子商务有限公司总裁。市场营销专业出身，曾是一名市场营销的普通员工，一步步走来，至今10年，在电商培训、电商运营等互联网行业均取得了出色的业绩。2014年成为中国微商平台领域的耀眼明星，创立了中国首款酵素高端奢侈品牌——唯美爱，并在短短半年内创造了过亿的利润，成为微商界的传奇，被天津媒体评为"80后美女总裁"、"天津十大美女企业家"。

陈宝林

微 信 号：673920109

公　　司：北京华谊星辉国际文化传媒&深圳星影风尚文化传播 COO

人物故事：90后创业者，山东淄博人。大学毕业后，先到上海创业，失败。后养精蓄锐转战北京、深圳，并顺应"互联网+"的时代潮流，入股北京华谊星辉国际文化传媒和深圳星影风尚文化传播，布局网红产业，以推广绿色、健康文化的网络视频互动为出发点，并为此花费巨资进行深入研究学习。之后，联合发起跨界网红综艺互动选秀真人秀《网红来了》。秉承全方位发展理念，从选拔、培训、互动到包装、运营等，各环节逐一渗透，帮助每一位热爱网络互动的主播实现梦想，打造万众瞩目的职业网红！

崔诗涵

微 信 号：13130333737

公　　司：伊兰美特电子商务有限公司

人物故事：崔诗涵，女神总部创始人、膜西密语合作伙伴、17火联合创始人。

小tea

微 信 号：tea801486

人物故事：一个做着自己小生意的小女人，也是两个孩子的妈妈。三年前在美国生活时认识了现在品牌公司的老总，我喜欢美，更喜欢分享美，试用了所有护肤产品后，回国做了微商，刚开始并没有想做多大规模，只是觉得好玩自己又能用。三年来一直保持公司销量前十，产品得到大家的认可。更重要的是，认识了很多朋友和代理，充实了自己的人生。

高溪遥

微 信 号：happystone001

公　　司：上海氧趣生物科技有限公司

人物故事：中国故事派演说第一人，中国微电商职业测评第一人，氧能商学院院长。十年来专注营销和演说。个人价值观：成长，并帮助别人成长；体验和经历，并帮助别人体验和经历。

侯耿哲

微 信 号：190823699

人物故事：英国雅欧集团亚太地区总裁、广州雅心化妆品有限公司董事（护肤厂）、广州万姿化妆品有限公司董事（彩妆厂）、深圳福富美基因科技有限公司联合发起人、K大咖社群成员、海吃会市场顾问、SGG成员。

司徒绍麟

微 信 号：situ761

公　　司：广东信德集团

人物故事：2008年互联网创业老兵，微电商大咖，大健康领域风云人物

水　云（黄伟光）

微 信 号：47685676

公　　司：广州市阿豆科技有限公司

人物故事：二次创业者，同时也是一名自媒体人，曾做过电商和新媒体运营，在这两方面都获得一定成就。目前与团队致力于运营内容创业，分别运营以介绍吃喝玩乐为主的"大胃美食"（原"大胃鹏"），解说游戏的"幻之云仔"，和以旅游为主的"记游者"公众号。

李远哲

微 信 号：halloweenpaul

人物故事：90后优秀创客、吉冠网络创始人兼执行董事长、TCL十分到家O2O校企渠道负责人、美索不达米亚特邀讲师、90后CEO社群—领客青年会员单位。2013年创立校园电子商务协会和校园阿里巴巴快递服务站，创立微信公众号"MaGo校园服务"，专注解决校园最后一公里物流问题，后续发展成为广州花都区院校级最佳综合上门服务平台，目前已实现自动化运营3年，2015年创立吉冠网络科技，专注于提供实体商户O2O服务，作为阿里巴巴支付宝口碑优质服务商，吉冠网络于2016年11月正式成为妙招洗衣片联合发起单位。

丽　人（汤惠婷）

微 信 号：tszm5858/skv5858

人物故事：一个因追梦而成就辉煌的90后女孩。15岁为了减轻父母负担外出打工，希望通过自身努力改变命运。5年间进过工厂、卖过家具、当过模特，但始终未能成就梦想。但是，这个倔强的女孩心中始终坚守着一个信念，那就是：现在不等于未来，学历不等于能力，只要坚持不懈，就一定能够梦想成真。2014年，目光敏锐的她，捕捉到了微商行业的广阔前景并果断投身其中，从此，掀开了改变家族命运的新篇章！

程　进

微 信 号：huishenkejifuwu

公　　司：深圳市汇神科技有限公司

公司介绍：2014年他创立了汇神科技，是集外汇EA研发、租售、编程及服务为一体的专业外汇EA服务商，至今汇神科技EA用户已超300人，使用EA交易总资金量已达300万美元之多。

马墅阳

微信号：6331288

公　　司：香港例莎国际内衣有限公司

人物故事：香港例莎国际内衣有限公司 CEO、汕头市新源内衣罩杯有限公司联合创始人、东莞市富方包装有限公司创始人、东莞市星应网络科技有限公司联合创始人、森舟梦想汇VIP会员、K大咖明星会员。

袁　盼

微信号：yp15764210127

公　　司：17火

人物故事：月入60万的90后创业者、千人精英团队领袖、微商网红创业家导师第一人、蒲公英国际联盟创始人、百万网红领导人、落地实战微商品牌操盘顾问、皇家商学院院长、巡回各个高校演讲的大学生创业典范。她是微商网红中当仁不让的新生代，数据为王粉丝称霸。最会玩的93年实力派营销专家。

林良欢

微信号：linlianghuan90

公　　司：珠海人人行文化传媒有限公司

人物故事：中国首创"三合一销售文案"撰稿人、人人行集团第一写手、人人行集团/闽惠融集团股东、著有《破译文案密码》。

孔卫军

微信号：18235658319

人物故事：曾用名孔令辉，1984年4月4日出生于山西省晋城市，孔子第76代孙，网络昵称：孔哥，曾一度引爆朋友圈及网络。国学·数字传说传播者、同心汇俱乐部创始人、山西青年夜校创业导师、孔哥梦想汇创办人、微创业孵化基地创办人、"小狗当家"坚果营销、性格色彩演说家(乐嘉老师学生)、山西同心汇工贸公司创始人、令辉国际文化传媒公司创始人，畅销书《不会玩自媒体，你还敢创业？》作者。

胡　辉

微信号：h17858011919

人物故事：个人创业15年，创办了自己的公司。现担任浙江富美国际总裁、浙江飞翔国际总裁、微商共享圈联合发起人。参加过浙大MBA管理培训、人力资源和营销专业学习。目前已投资一款全球人参第一品牌——正官庄红参茶，并进军微商，广交天下豪杰。

周志强

微 信 号： unitedstar0

公　　司： 泰国联星集团董事长

人物故事： 周志强，早年从事外贸，后创建了自己的服装品牌，玩彩派对装，同时，为呼应一带一路，他布局东南亚，将时尚、文化、地产、投资事业集于一身。

秦子珺

微 信 号： S3344K99A HU11899

公　　司： 河南杞只有你商贸公司、河南养元素生物科技公司、河南众生源科技有限公司、河南汇小贷金融服务公司

人物故事： 70后二次创业者，从事营养饮食健康行业，希望能为需要营养健康指导支持的你做我们力所能及的帮助！

刘振新

微 信 号： 329323621

公　　司： 杭州妍创化妆品有限公司

人物故事： 妍创联盟创始人、万人团队领袖、世界经济论坛杰出青年，7年平面设计师经验，5年电商经验。

猫先生（韩智宇）

微 信 号： xiaohuo1900

人物故事： 当代艺术家、作家，获那不勒斯美术学院硕士学位，北京猫先生文化传媒有限公司创始人、猫先生流行文化创始人、猫族文化探索之旅社群发起人、猫族爱心机构社群发起人、"猫文化城镇"筑梦思想者。

卢俊成

微 信 号： ljc5277

公　　司： 广州聚朵网络科技有限公司、大同指影网络科技有限公司

人物故事： 1984年出生于内蒙古呼和浩特，从事过餐饮、化妆品、服装鞋贸、房地产营销等行业，有丰富的销售实操经验，并且擅长发现市场趋势，有效利用计算机技术、互联网技术优化升级商业模式，在所经营的行业中，都能占有一席之地。2013年底，接触移动互联网社交平台，成为第一批微电商新商业模式的开拓者。2014年至2016年，先后打造了多个微电商品牌，建立了两家新型移动电商平台，并成功在深圳交易所及上海交易所挂牌上市，被业内称为微营销魔术师、移动互联网大数据营销第一人。主要著作《传统企业怎么做电商》。

刘夏露

微 信 号：15157017767

公　　司：威武军团创始人、维康源生物科技有限公司股东、七木健康枕股东

人物故事：刘夏露来自浙江衢州，她一直被圈内人士称为露爷。小小的身躯，大大的能量，带领着一万多人的团队创造财富，实现人生梦想。她的人生永远围绕着一句话：如果不认命，那就去拼命！而她最大的梦想就是让中国5亿人用上她们的专利枕头。

徐东风

公　　司：龙川三农电商、龙川微商联盟、龙川创业俱乐部、龙川教师俱乐部

人物故事：龙川微电商生态圈建设者，推动促进龙川微电商产业发展，现入驻龙川县电子商务公共服务中心，力挺农村电商发展，为打造家乡龙川县域电商完整生态圈作贡献。目前，龙川创业俱乐部收费会员有128人，俱乐部商城上线三个月流水突破10万，龙川人在深圳同乡社群有16833人，龙川微商联盟368人。

尹维安

微 信 号：18621728872

人物故事：香港最早一批互联网创业者之一，1996年毕业于美国罗格斯大学，并于同年在香港创立香港国际网络有限公司。尹维安的香港公司于1999年卖给上市公司中华网，之后，尹维安继续创业，成立万国商业网，并带领团队融资五百万美元。曾建立超过五百人的团队、创过年销售千万业绩的规模。尹维安有丰富的互联网创业、营运、产品规划、营销等经验。精通国、粤、英语，熟悉国内外网站经营模式，善于网络平台营运策划。自己曾经创业的有B2B、外贸B2C、搜索、SEO/SEM等相关平台。

李素贤

微 信 号：18861456222

公　　司：海洋国际-素贤

人物故事：来自贵州的90后创业女孩，从摆地摊开始赚第一桶金，2013年步入微商行业，开始真正的创业项目。朵色彩妆品牌执行董事CEO 、海洋国际创始人、花油品牌联合创始人。热爱生活、爱交朋友、热爱工作，正能量爆棚的阳光女孩 。

董　静

微 信 号：18614058772

公　　司：叁億商贸有限公司

人物故事：董静，香港叁億集团董事长、大皇贴品牌创始人、微商创业导师、微商行业领导者。

李祖文

微 信 号： lzw_930054157

公　　司： 广东思埠集团有限公司

人物故事： 来自素有"湖北南大门"之称的中国温泉之城——湖北咸宁，现在是广东思埠集团创业导师、广州恒达商贸执行董事、广州隽秀商贸创始人，以帮助他人实现梦想为己任，已成功帮助上百人实现逆袭。

杨　阳

微 信 号： bingbing97

人物故事： 她曾经是个模特，造型总监，现在线下经营餐饮和服装。2013年加入微商行业，从几百元的投资到现在的百万元，她庆幸在微商这个"横行霸道"的时代选择了它，成就了自己和一大群拼搏的人。她有野心和魄力，她说不要把赚钱当成压力，而要把赚钱当成乐趣，喜欢并深爱你的行业。

颜子馨

微 信 号： 13332553388

公　　司： 香港卡宾集团有限公司、东莞市卡宾环保科技有限公司

人物故事： 来自湖南，东莞市卡宾环保科技有限公司合伙人、市场运营总监（CMO）。主打产品洁约一秒洁净擦，一款神奇的清洁海绵，全球无菌洁净擦开创者。2016年7月开始微商模式运营，3个月时间，团队由87人裂变到10000多人，月流水突破500万元。超级演说家、招商女神，独创微商落地式营销策略。

徐梓轩

微 信 号： 601777884　18924933119

公　　司： 塑美童颜（香港）生物科技有限公司、中华魅力女人会总会长、中山爱优美文化传播有限公司、aym女神军团创始人

人物故事： 中华魅力女人会执行主席、塑美aym女神军团创始人、爱优美文化传播有限公司董事长、塑美童颜（香港）生物科技公司执行董事。拥有10年抗衰美容业发展经历和5年形体礼仪培训行业创办经历。

宫晓龙

微 信 号： 13405320537

公　　司： 青岛天来一禅园网络科技有限公司

人物故事： 边防武警转业，自主创业，2011年皈依佛门，法名：净悟。

刘乙君

微 信 号：liuyijun0515

公　　司：童佳乐电子商务有限公司、云乐信息科技发展有限公司、淘单库网络科技有限公司

人物故事：来自于湖南永州，出生于农村家庭，因为家里穷，赚钱欲望特别强烈，穷人家的孩子早当家。17岁开始研究互联网，利用互联网赚钱，上大学后开始创业，创建了深圳淘单库网络科技有限公司和长沙云乐信息科技发展有限公司。

袁敏钧

微 信 号：Richar888888

公　　司：御鼎集团

人物故事：袁敏钧来自美丽的魔都上海，2012年加入御鼎集团成为董事，现任上海世盖国际贸易有限公司总经理、上海世钧国际物流有限公司总经理、上海吕美人医疗美容整形医院市场运营经理。

步绍乐

微 信 号：bushaole123

微博@步绍乐

人物故事：85后，从事传统行业十余年，2015年转战微商，带领团队数十人，月入五万以上。

天行团队创始人、微营销实战创业导师。

王春元

微 信 号：411619258

人物故事：TheQueen轻奢珠宝品牌创始人，90后，珠宝行业里最会搞营销的，搞营销里最具文艺范儿的。毕业之前靠写稿子赚钱，毕业之后就职于国内知名房企大客户渠道部门，深爱着营销工作。后创立轻奢珠宝品牌，不到一年就挣到人生第一个一百万，用最短的时间拿下了珠宝设计师资格证。公司主要以线上品牌为主，承接私人订制，原创潮牌饰品，以及最博人眼球的出厂价钻石，号称：宇宙最低价的钻石批发商。

乐　涛

微 信 号：kelun516

公　　司：众人乐改善（深圳）企业管理咨询有限公司

人物故事：他用6个月时间成为5S管理领域网络红人，目前课程被广州广播电视大学纳入永久性大学教材，被哈尔滨工业大学（中国大学前20强）邀请为常年特邀精益5S管理讲师；被几十家上市企业聘请为企业精益5S管理顾问。

杨　烨

微 信 号：15751059300

公　　司：金西瑞杰商贸有限公司

人物故事：女，江苏扬州人，现任金西瑞杰商贸有限公司董事长、硕士研究生创业联合会领头人。2013年获得常州大学物理系硕士学位，2014年开始致力于打造专业微商大V，个人打造万人团队。自创的28天微商魔鬼培训系统，成就了一大批月收入百万的微商大咖。

杨烨具有敏锐的市场洞察力，目前致力于微商大咖的培养，并与各地政府和大学联合开办创业培训班，带领更多的待业人员创业致富。

婷　姐

微 信 号：18664651468

公　　司：广州汉妆化妆品厂

人物故事：拥有16年的化妆品OEM加工、品牌策划经验，不断研究特色新颖护肤品，为客户提供品牌高端定制服务，覆盖日化、药妆、电商、微商等领域。

郑建勋

微 信 号：Ken561542

公　　司：广州市旖旎职业培训学校

人物故事：英文名Ken，浙江嘉兴人，8岁开始学习美术，曾经是一位军人。中国最大美甲学校广州市旖旎美甲职业培训学校创办人，从业20年，2004年被评为中国首届十大美甲师、被劳动部评为最佳全能美甲师、中国美甲标准协会副会长、CPMA商业联盟副理事长、2012年美国落杉矶25国美甲大师赛冠军、法国FLYNAILS学校教授、中国欧美外聘讲师第一人。出版美甲专业书籍二十本，访问二十多个国家和地区，学生遍布海内外。被媒体誉为中国"美甲教父"，至今活跃在教育第一线，为国内美甲领域培训专业人才。人生格言"不进则退"。

司徒飞

人物故事：集团公司董事长、足球运动员、足球总教练、足球经纪人，一生为足球做贡献。

罗紫庭

微 信 号：13760815861

公　　司：求美整形医院

人物故事：罗紫庭医生，出生于医学世家、擅长于更新微整形思想。罗紫庭医生征战整形业多年，有着与众不同的独家秘招——中国独家日式整骨，小颜徒手整形创始人。

袁鹿铭

微信号：18663810042

公　　司：烟台萌萌网络科技有限公司

人物故事：萌萌网络创始人，出生于山东海阳地雷战的故乡，2009年因为梦想，放弃稳定的工作，从事互联网市场推广工作，两年时间，一个拉杆箱陪着他把市场做到6个省，同时积累了人生第一笔创业资金。2010年夏正式开始互联网创业，几经沉浮，几多失败，最终发现烧钱式的互联网推广并不适合自己，更不符合自己的价值观。也是在这段时间，一直在思考几个问题：财富是如何产生的？ 有没有一种生意可以不需要销售就可以获利？有没有一种生意不需要投资就可以让很多人赚钱？如果有的话，那一定会是很多普通人的福音。事实上这种生意是存在的，在互联网中，网民才是网站价值的创造者，但是由于技术垄断，网民没有权限分享网站盈利的蛋糕。这是一件很奇葩的事情，相当于一批农民在一片土地上耕耘，最后收获了却与农民没有关系。2015年冬，开始开发萌萌网络3.0版本，萌萌网络的核心理念是帮助大家拿到本该属于自己的东西。

王　辉

微信号：1391777222

公　　司：新蔡百业联盟

人物故事：启思享文案团创始人、微商新媒体《微商大伽说》平台创始人、匠人派创始人；致力于帮助中小企业架构软文营销、新媒体营销、内容营销、品牌策划、微电商转型孵化，著有畅销书《爆款软文速成36计》等。

刘　冲

微信号：306605072

公　　司：梦凡生物科技董事长、萌动电子商务CEO、筑美联合创始人、心念品牌联合创始人、筑梦者平台创始人

人物故事：网名"极品护垫男"，从传统行业转型移动互联网，2014年尝试微商，成立自己的自主品牌，3个月流水过亿。2015年成立了彩妆、护肤、养生三维一体的营销平台，2016年成立了自己的商学院，看到了微商的变革，人口红利消失后，逐渐转向精耕细作。

储　丽

微信号：182 2663 8122

人物故事：合肥金帆钢膜结构工程有限公司董事长、合肥金帆健康科技发展有限公司董事长。公司承接各政府机关单位、企事业单位建筑工程，同时是首善标哥天杞园瘦身减重膳食最高级别官方代理商、浪莎集团互联网电子商务最高级别代理商联合创始人。

李　露

微 信 号：gzdan201314

人物故事：广州妍炜网络科技有限公司创始人，天生有美术天赋，这让她在韩国江南一号半永久私人定妆有一席之地，想学习找她。

毛见闻

微 信 号：GCD9581

人物故事：入行两年时间，举办过互联网营销大会、微商1000人大会、优士圈私董会、企业级私密会、微电商沙龙等超过50场活动，身边聚集大量牛人资源。2016年发起高端社群"微商操盘手"，主要针对传统转微商的老板、品牌创始人、团队老大，举办深度干货的活动、对接渠道、共享行业资源，干微商没有顶层的资源、信息、人脉是很可怕的。

刘桓铄

微 信 号：chuangyidi

人物故事：北大法学学士，毕业后先后在北岳出版社、凤凰联动、中国美术出版社从事图书出版，参与过沈从文、柏杨、汪国真、周国平、刘心武、易中天等名家的图书编辑和策划工作。后创立北京谛赛恩公司，提供工业设计、品牌设计和营销服务。出版诗集《一个人的聚会》，目前涉足微商研究和实践，热衷企业家的修学和联盟活动。

女神惠子Luckybaby

微 信 号：591024989

公 　　司：广州惠爱生物科技有限公司

人物故事：一个80后实力派网红模特，3年微商之路帮助了上万人成就了自己的梦想。座右铭：不忘初心，越努力越幸运。

广东电视台微商领袖受邀嘉宾、聚成企业管理顾问有限公司高级讲师、慧宏教育平台教练导师、广州惠爱生物科技有限公司董事长、香港问叹品牌执行董事、微商DS联盟惠爱团队创始人、微商团队建设服务导师、资深微营销实战创业导师。

樊　瑞

微 信 号：wangyuan5260

公 　　司：云南睿梵企业管理有限公司

人物故事：樊瑞，2007年毕业于云南大学，80后创业者，2007年首次创业就取得了不错的成绩，2009年进入国企学习，2013年第二次创业阳灼商贸有限公司，2014年公司获得飞跃式发展，先后与多家公司合作，并获得千万财政补贴。2015年获得云南大学、大理大学创业导师称号，同年6月，成立云南睿梵企业管理有限公司，任董事长。

张 菁

微 信 号：2031925200

公　　司：重庆伊风尚贸易有限公司

人物故事：趁世界还小，一起把微商做大，当风尚联盟创始人张菁女士怀着这样的信念，助越来越多人借由微商之路实现梦想，收获事业的成功与人生幸福时，一支感恩拼搏、和谐友爱的团队也正一日千里飞速成长。这位闯荡互联网创业圈15年，风一样的传奇80后女子，江湖人称风风。她是遇事果决、雷厉风行的"拼命三娘"，大学还没毕业，就摸索着开起了淘宝店，凭借对用户需求的精准洞察和日渐娴熟的互联网技术，几年时间便建立了属于自己的独立线上商城。人生第一桶金让她坚定了想做就放手做的风格，在2014年风风敏锐地嗅到微商的商机，她毫不犹豫地离开了已成为自己"舒适区"的电商领域，转战微商。

郑 源

微 信 号：ZY13930104000

公　　司：广东万喜电器燃气具有限公司

人物故事：担任市场部总经理，多年营销战略策划经验，2014年设计策划了万喜电器全新广告，推广万喜中国喜的整体全案设计，2015年协助编排了万喜中国喜的企业神曲，并联合国内顶尖广场舞设计团队编排了万喜中国喜广场舞在全国推广，以这种接地气的方式将万喜品牌推广到老百姓身边。2016年策划设计了万喜电热水器——爱喜澡系列产品外观、企业VI及全套产品手册，现担任广东省策划协会会长。

梦 凡

微 信 号：jxs1788

公　　司：广州梦凡信息科技有限公司

人物故事：没背景、没颜值、没学历，但那又怎样，成功永远属于那些肯努力、懂坚持的人。优品淘导购网站创始人、品牌运营策划导师、北泰财智联合创始人、潇湘精英汇社群发起人、5G新时代代理商。

苏城城

微 信 号：1610682638

公　　司：广东沙龙投资有限公司、广州粤凯贸易有限公司

人物故事：小时候受爸爸妈妈的影响，长大要做个对社会有贡献的人，所以非常努力，19岁走出农村到珠海，打工创业，虽然过程中有许多的酸甜苦辣，而我却充满了快乐。后来到了深圳、广州，继续打拼成立了几家公司，2016年，正式进入影视传媒、电商、微商，更向往在不同的行业尝试、去跨界整合、去突破一些传统的思维模式！

罗帆

微信号：13882384887

人物故事：出生于凉山州，创业的过程经历了很多挫折和不易，但是不管是天赋还是运气她都是幸运的。HOSOO鸿栩国际董事长、天使投资人，拥有两大内衣厂、三大专线自主品牌、医院、传媒及大健康渠道，她的今天源于她敏锐的商业嗅觉及顺应人性的团队管理理念。

徐文静

微信号：pay5387

人物故事：全惠你微信支付公众号创始人、广州区中山区微信支付市场总监。有四年的微商、电商和互联网经验，从事过会计、财务、美容和策划等工作，多年来一直在全国各地奔跑学习，是土生土长的广东中山人。2014年第一次创业，为互联网+商业模式，近年来从事微信支付行业。

旷和平

微信号：18874804911

公　　司：微软微创

人物故事：微软微创中国护航联盟、唐骏资本商学院、Wise护航计划领袖的旷和平，因在唐骏生日私宴上神速拍、神速发企业家、"大佬"照而被唐骏命名为"神拍哥"。旷和平在大佬资本圈享有极高的声誉，同时，共和国演讲家彭清一教授、亚洲名嘴张锦贵教授也给予了高度赞扬。

胡煜

微信号：TheonlyMuse1117

公　　司：邦德联盟创始人、邦德微商俱乐部创始人、邦德私密壹院靓颜会所创始人、奕骄百万品牌商、汇爱科技股东、星利电商星咖特购官方、果界醇露官方。

人物故事：胡煜，来自武汉，相信生命中的每次遇见都有意义，正如通过这本书认识的读者。他是一个热爱生活、热爱自由的人，也是一个爱折腾的人。

凌秋爽

微信号：728421684

公　　司：香港秋爽商贸有限公司

人物故事：香港秋爽商贸有限公司执行董事、临沂秋爽商贸有限公司董事长、LACELING蕾丝面膜品牌创始人。花费一年多时间呕心沥血打造首款个人品牌，秉承良心诚信的原则，只想将最好的自创品牌推荐给大家。不甘按部就班跟从家人，选择独立创建团队、组建公司，过程虽然辛苦，但是却能让自己加速成长，认为压力越大动力越大，人没有压力不能走得太远。

李 坤

微 信 号：WMBH666 15956726161

公　　司：上海梦辰生物科技有限公司、安徽亿赢网络科技有限公司

人物故事：2016年独立创新微商新销售模式、创建中国好面膜APP平台。

苏 薇

微 信 号：sw878777

公　　司：西安英达国际教育

人物故事：从业10年的国际教育工作者，同时也是西安英达国际教育的创始人兼CEO，以"匠人"的精神，精心雕琢和设计每个学生的未来。在中国这个教育大变革的时代里，秉承着对国际教育的热爱和坚持，致力于做到西北乃至全国，最专业、最符合国外大学教育理念的行业领军者。

宝大人

微 信 号：15350271118

公　　司：微世纪电子商务（赣州）有限公司

人物故事：来自江西赣州，明星团队创始人，水娃集团分公司总经理。8年互联网工作经验，4年微商团队经验，擅长互联网创业培训、全网推广。

何洪娟

微 信 号：juan764235756

人物故事：小河说创始人，1992年出生于福建省福清市，意大利华侨。香港美诺集团科技有限公司创始人、深圳市完美颜绎美容护肤用品有限公司CEO、深圳市微银云科技有限公司CEO。创业者、企业家、超级演说家、52强微商女王，被誉为成长速度最快的"90后霸道女总裁"。

伍纹慧

微 信 号：xiaowenzi35

人物故事：一个善沟通、强思维的艺术女，同时也是一个80后、二胎宝妈，一个很有野心并且很努力的女人，结婚前通过自己的努力爬到了高管职位，怀孕期间因为严重的妊娠反应不得不放弃工作，无意间发现了微信朋友圈做生意这个商机，开始了微商生涯，到现在已经有三年多的职业微商经验，2016年年初开始代理跨境电商洋葱海外仓项目，现在是核心代理商兼吉吉商学院专业讲师，短短一年时间，旗下有一百个店主，业绩做到了全国前十！数量每天都在增长，为了孩子，我放弃了很多，但是也收获了很多，因为我找到了家庭与事业的平衡点，我可以兼顾家庭的同时拥有自己的事业！我很感恩也很满足！